元至順本四書集義精要

第一册

元 劉因撰

元至順元年江浙行省刻本

山東人民出版社

圖書在版編目（CIP）數據

元至順本四書集義精要 /（元）劉因撰 .— 濟南：山東人民出版社，2024.3
（儒典）
ISBN 978-7-209-14308-0

Ⅰ．①元… Ⅱ．①劉… Ⅲ．①四書－注釋 Ⅳ．① B222.12

中國國家版本館 CIP 數據核字（2024）第 036335 號

項目統籌：胡長青
責任編輯：張艷艷
裝幀設計：武　斌
項目完成：文化藝術編輯室

元至順本四書集義精要
〔元〕劉因撰

主管單位　山東出版傳媒股份有限公司
出版發行　山東人民出版社
出 版 人　胡長青
社　　址　濟南市市中區舜耕路517號
郵　　編　250003
電　　話　總編室（0531）82098914
　　　　　市場部（0531）82098027
網　　址　http://www.sd-book.com.cn
印　　裝　山東華立印務有限公司
經　　銷　新華書店

規　　格　16開（160mm×240mm）
印　　張　71.75
字　　數　574千字
版　　次　2024年3月第1版
印　　次　2024年3月第1次
ISBN　978-7-209-14308-0
定　　價　172.00圓（全四册）

《儒典》選刊工作團隊

學術顧問　杜澤遜　李振聚　徐　泳

項目統籌　胡長青

責任編輯　劉　晨　劉嬌嬌　張艷艷

　　　　　吕士遠　趙　菲　劉一星

前言

中國是一個文明古國、文化大國，中華文化源遠流長，博大精深。在中國歷史上影響較大的是孔子創立的儒家思想，因此整理儒家經典、注解儒家經典，爲儒家經典的現代化闡釋提供权威、典范、精粹的典籍文本，是推進中華優秀傳統文化創造性轉化、創新性發展的奠基性工作和重要任務。

中國經學史是中國學術史的核心，歷史上創造的文本方面和經解方面的輝煌成果，大量失傳了。西漢是經學的第一個興盛期，除了當時非主流的《詩經》毛傳以外，其他經師的注釋後來全部失傳了。東漢的經解衹有鄭玄、何休等少數人的著作留存下來，其餘也大都失傳了。南北朝至隋朝興盛的義疏之學，其成果僅有皇侃《論語疏》幸存於日本。五代時期精心校刻的《九經》、北宋時期國子監重刻的《九經》以及校刻的單疏本，也全部失傳。南宋國子監刻的單疏本，我國僅存《周易正義》、《爾雅疏》、《春秋公羊疏》（三十卷殘存七卷）、《春秋穀梁疏》（十二卷殘存七卷），日本保存了《尚書正義》、《毛詩正義》、《禮記正義》（七十卷殘存八卷）、《周禮疏》（日本傳抄本）、《春秋公羊疏》（日本傳抄本）、《春秋正義》（日本傳抄本）。南宋兩浙東路茶鹽司刻八行本，我國保存下來的有《周禮疏》、《禮記正義》、《春秋左傳正義》（紹興府刻）、《論語注疏解經》（二十卷殘存十卷）、《孟子注疏解經》（存臺北『故宫』），日本保存有《周易注疏》《尚書正義》（凡兩部，其中一部被清楊守敬購歸）。南宋福建刻十行本，我國僅存《春秋穀梁注疏》、《春秋左傳注疏》（六十卷，一半在大陸，一半在臺灣），日本保存有《毛詩注疏》《春秋左傳注疏》。從這些情況可以看出，經書代表性的早期注釋和早期版本國内失傳嚴重，有的僅保存在東鄰日本。

鑒於這樣的現實，一百多年來我國學術界、出版界努力搜集影印了多種珍貴版本，但是在系統性、全面性和準確性方面都還存在一定的差距。例如唐代開成石經共十二部經典，石碑在明代嘉靖年間地震中受到損害，明代萬曆初年西安府學等學校師生曾把損失的文字補刻在另外的小石上，立於唐碑之旁。近年影印出版唐石經拓本多次，都是以唐代石刻與明代補刻割裂配補的裱本爲底本。由於明代補刻采用的是唐碑的字形，這種配補本難以區分唐刻與明代補刻，不便使用，亟需單獨影印唐碑拓本。

爲把幸存於世的、具有代表性的早期經解成果以及早期經典文本收集起來，系統地影印出版，我們規劃了《儒典》編纂出版項目。

《儒典》出版後受到文化學術界廣泛關注和好評，爲了滿足廣大讀者的需求，現陸續出版平裝單行本。共收録一百十一種元典，共計三百九十七册，收録底本大體可分爲八個系列：經注本（以開成石經、宋刊本爲主。開成石經僅有經文，無注，但它是用經注本删去注文形成的）、經注附釋文本、纂圖互注本、單疏本、八行本、十行本、宋元人經注系列、明清人經注系列。

《儒典》是王志民、杜澤遜先生主編的。本次出版單行本，特請杜澤遜、李振聚、徐泳先生幫助酌定選目。特此説明。

二〇二四年二月二十八日

目録

第一册

第二册

第三册

第四册

皇帝聖旨裏江浙等處儒學提舉司至順元年四月二
十七日承奉
江浙等處行中書省掾史張炎承行四月二十三
日劄付該准
中書省咨翰林國史院呈據待制歐陽玄備据
謝端李黼應奉蘇天爵等呈欽惟
國家近年以来開設科舉取士以明經爲本明經以四書
爲先然四書止用朱氏集註其他门人記録之語或
問論辯之書所以倡明四書羽翼集註者尚多
有之朱氏既殁時人會粹爲四書集義其書數
百萬言中間或有朱氏未定之説讀者病焉
故集賢學士劉公夢吉以高明之資思廣道術

刋生謝文炳

始即其書刪煩撮要為三十卷名曰四書集義
精要蓋聖賢之道具在四書四書之旨得集註
而後著集註之説得精要而益詳若將此書於
江南學校錢粮内刊板印行流布於世使學者
因精要以求集註之説因集註以明四書之旨則
聖賢之學庶幾傳布者廣其於
國家設科取士之制明經化俗之方豈曰小補具呈照詳得
此本院看詳上項四書精要有益聖經可裨世
教如准屬官所言移咨江南行省刊板相應具
呈照詳得此都省議得故集賢學士劉夢吉
四書集義發明經旨宜廣其傳以淑後學合允
所請今將本書隨此發去咨請照驗移請本省

官提調仍委儒進官員依上如法繕寫成秩校
勘對讀無差於各路贍學錢粮內刊梓印布
施行准此省府除外今將本書八册隨此發去合
下仰照驗委自儒進官員與杭州路官依上如
法繕寫成秩校勘對讀無差刊梓印布先行從
實計料合該工物價錢保結開申毋得因而冒
破動擾違錯具委定官職名申省奉此

供給　江浙等處儒學提舉司司吏高德懋
　　　杭州路總管府司吏孫巻達

繕寫　賈天祐　葉雍
　　　王居中　謝瑋

對讀湖州路儒學學錄錢　益

江浙等處儒學提舉司吏目史　介

杭州右錄事判官楊　興

杭州右錄事判官孔　也先不花

江浙等處儒學副提舉孫　質

承直郎杭州路揔管府判官郝　瑛

奉議大夫杭州路揔管府治中　脱帖木兒

資德大夫江浙等處行中書省左丞　伯帖木兒

四書集義精要卷一

大學一

序

問一有聰明睿智能盡其性者則天必命之以爲億兆之君師曰既有許多氣魄才能必不但已必統御億兆之衆人亦自然歸之如三代以前聖人皆然及孔子始不得位蓋氣數之差至此極故不之及然亦閑他不得亦做出許多事以教天下後世是亦天命也僴

○問外有以極其規模之大而內有以盡其節目之詳曰此蓋要先識其外面規模如此之大而內用工夫以實之所謂規模之大凡人爲學便當以明明德新民止於至善及明明德於天下爲事不應只要獨善其身便已須是志於天下所謂志伊尹之所志學顏子之所學也同上○以明德新民爲節目則止於至善是規模之大道夫○問異端之教何以其高過於大學而無實曰吾儒必讀書逐

一就事物上窮理彼乃一切掃去而空空寂寂然乃謂事已了若將些子事付之便都沒柰何如古人禮樂射御書數數尤爲最末事若而今行經界則筭法亦甚有用若時文整篇整卷又要何用即徒然壞了許多士子精神賀孫

經前章章句

明德乃直指全體之妙銖○問明德是心否曰便是心中道理此道理光明鑒照豪髮

不差寓 ○天之賦於人物者謂之命人與物受之者謂之性主於一身者謂之心有得於天而光明正大者謂之明德敬仲 ○心屬火乃光明發動之物所以具得許多道理義剛 ○虛靈不昧便是心此理具足於中無少欠闕便是性禪家則但以虛靈不昧者爲性而無具衆理以下之事夔孫 ○問虛靈不昧是說心乎說德乎曰心德皆在其中子細看寓 ○明明德如人自云天之所以與我者未嘗

昏但知其不昏便不昏矣僩○在明明德一句當常常提撕人只一心爲本存得此心於事物方知有脉絡貫通處方子○怵然一念自覺其非便是明之之端夔孫○明德未嘗息時時發見於日用之間如見非義而羞惡見孺子入井而惻隱見尊賢而恭敬見善事而嘆慕皆明德之發見也但當因其所發而推廣之僩○問學者當因其所發而遂明之是如何曰人固有理會得處如孝於親友於

兄弟如水之必寒火之必熱不可謂其不知但須因其已知之理而益窮之以求至乎其極廣○學者貴復其初至於已到地位則不著箇復字可學○讀書須要爲己先須立志聖人教人只在大學第一句明明德上以此立志蓋卿○道之以德德是明德道之以此德是新民也驤○至善猶今人言極好方子○善字輕至字重節○明德統言在己之德本無瑕垢至善指言理之極致隨事而在答

何叔京

○以人言則曰明德以理言則曰至善

○問必至於是而不遷曰未至其地則求其至既至其地則不當遷動而之他也德明

○不及於止則是未當止而止當止而不止則是過其所止能止而不止則是失其所止僩

○止如火之必熱如水之必深如食之必飽如飲之必醉若知所止便見事事決定是如此決定着做到如此地位欠闕些子便自住不得賀孫

○問注謂知之則志有定

向或問謂能知所止則方寸之間事事物物皆有定理語似不同曰亦同木之○問知止而後有定須是物格知至以後方能如此若未能物格知至但當隨所知分量而守之乎曰物格知至也無頓上聲斷都知到盡處方能知止有定只此一事上知得盡則此一事便知得當止處便知止有定不應知未到盡頭但歎然在此而不知做工夫也僩○定以理言故曰有靜以心言故曰能義剛○靜是就

心上言安是就身上言同上○靜安頗相似
安蓋深於靜也去僞○知止只是識得一箇
去處既已識得即心中便定更不他求如求
之彼又求之此即是未定定而后能靜靜而
后能安此亦相去不遠但有淺深耳德明○
定對動而言初知所止是動者方定方不走
作如水之初定靜則定之久物不能撓安則
靜之廣無適而不安安然後能慮慮者思之
精審也人之處事於叢雜急遽之際而不錯

亂者非安能之乎 僴 ○問覺意思虛靜時應物少不中節不虛靜時應物便錯亂曰然然公亦但能守得塊然黑底虛靜不曾守得那白底虛靜所謂虛靜須將那黑底打成箇白底使其中東西南北玲瓏透徹虛明顯敞如此方是虛靜若但守得黑底虛靜何用 同上

○知是閑時知得處是到手後須要處置得是 答李敬子

○定靜安是未有事時胷次洒然處是正與事接處對同勘合也 答李孝繼

○問知止已是思慮了何故靜安下復下箇慮字既靜安了復何所慮曰知止只是先知得事理如此便有定能靜能安及到事至物來乃能慮慮能字自有意思謂知之審而后能慮慮之審而后能得賜○定靜安慮得五字是功效次第不是功夫節目定靜安三字須分節次其實知止後皆容易進能慮能得最是難進處多是至安處住了能慮去能得地位雖甚近然只是難進挽弓到臨滿時分外

難開答王子合○工夫全在知止能字盖滔
滔而去自然如此者履孫○學者工夫却在
明明德新民止於至善上知止能得此處却
未甚緊要聖人但說一知止能得樣子在此
寓

經後章章句

治國明明德於國齊家明明德於家○
問意聽命於心者也今曰欲正其心先誠其
意則是意乃在心之先矣曰心卒難摸索心

譬如水水之體本澄以風濤不停故水亦搖動必風濤既息然後水之體能靜（僴）○誠其意但作虛字看如正字之類上蔡云誠是實理苟謂實理人即於理上說不於心上說矣未是（端蒙）○心言其統體意就其中發處言正心如戒懼不睹不聞誠意如慎獨（閎祖）○若論淺深誠意工夫較深正心工夫較淺若論大小誠意較緊細而正心脩身地位又較大又較施展（賀孫）○知意皆出於心知則主

於別識意則主於營爲知近性近體意近情近用端蒙○格物是夢覺關格得是覺格不得是夢誠意是善惡關又曰人鬼關誠得是人誠不得是鬼又曰過得此關方是人不是賊過此二關以上工夫較省逐旋開去至於治國平天下地步愈闊却須要照顧得到人傑○知至意誠是凡聖關隘未過此關雖有少善猶是黑中之白已過此關雖有小過亦是白中之黑道夫○意未誠時譬人之犯私

罪也意既誠而心猶動譬人之犯公罪也蓋
卿○程子謂一心之中如有兩人焉將爲善
有惡以間之爲不善又有愧恥之心此正交
戰之驗程子此語正言意不誠心不實處大
凡意不誠分明是吾之賊我要上他牽下我
要前他牽後此最學者所宜察○人須
是真知意方能誠因指燭曰點燭在室中先
明洞達無處不照雖欲將不好物來亦沒安
頓處僩○致知非欲知人之所不知者也只

是人面前者如義利兩事昨日雖見得義當爲而却又說未爲也無害見得利不可爲却又說爲也無害此是知未至也今日見得義當爲而決爲之利不可爲而決不爲之心下自肯自信得及此是知至也　植

○格物是零碎說致知是全體說　時舉

○知與物至切近物才格則知已至故云在更無次第也　闓祖

○人多以理爲懸空之物大學不言窮理而云格物亦欲人就事物上求之方見實也　德

明○致是推致方爲也至是已至致從人從至是人從旁推至○物格而后知至以下著而字則是先爲此而后能爲彼也端蒙

○問八條目一節畢進一節耶隨其所在而致力耶曰有國者不應曰我家未齊待我齊家畢而後來治國有家者不應曰我身未脩待我身脩畢而後來齊家無此理也但細推次序須當如此若隨所遇之當爲者則一齊爲之始得僩

○致知格物是窮此理正心誠

意脩身是體此理齊家治國平天下是推此理銖○學者之讀此而不得其要者如數遺契之齒而求有獲亦沒世窮年而無所得矣答朱子繹○壹是一切也漢書一切顏師古注猶如以刀切物取其整齊泳○自則近道矣以上爲前章自古之欲明明德於天下以下爲後章前章略提綱領後章細分條目鉅細相涵首尾相應極爲詳備蓋夫子所誦古經之言而曾子記之經筵講義

傳一章

古注云顧謂常目在之也此語最好只是照管得那本明底物事在即孟子所謂求放心也方子○因說天之明命曰這箇物事即是氣便有許多道理在裏人物之生都是先有這箇物事便是天當初分付底既有這物事方始具是形以生便有皮包裹在裏若有這箇無這皮殼所亦無包裹如草木之生亦是有箇生意了便會生出芽蘖出來便有皮包

褁着而今儒者只是理會這箇要得順性命之理佛老也只是理會這箇物事老氏便欲長把住這氣不肯與他散便會長生久視佛氏也只是見這物事便放得下所以生死禍福都不動只是他去作弄了又云各正性命保合大和聖人於乾卦發此兩句最好人之所以爲人物之所以爲物都是正箇性命保合得箇和氣性命便是當初合下分付底保合便是有箇皮殼包褁在裏如人以刀破其

腹此箇物事便散却便死夔孫

傳二章

苟誠也要緊在此一字賀孫○鼓之舞之之謂作如擊鼓然自然使人跳舞踴躍然民之所以感動者由其本有此理但上之人既自有以明其明德時時提撕警發則下之人觀瞻感化各自有以興起其同然之善心而自不能已耳僩○無所不用其極觀上文三引詩書而此以無所二字總而結之則於自新

新民皆欲用其極可知矣自新固新民之本然天下無一物非吾度内者亦無一事非吾之所當爲者譬如百尋之木根本枝葉生意無不在焉但知所先後則近道耳豈曰專用其本而直棄其末哉 答江德功

傳三章

緝熈是工夫敬止是功效 寓 ○君止於仁以體仁足以長人居上不寛等語觀之可見蓋爲人上者無此意思即上下乖睽壅隔而無

以相有矣答滕德章○明道曰與其非外而是內不若內外之兩忘也說得最好便是不獲其身行其庭不見其人不見有物不見有我只見其所當止也如爲人君止於仁不知下面道如何只是我當止於仁爲人臣止於敬不知上面道如何只是我當止於敬只認我所當止也以至父子兄弟夫婦朋友大事小事莫不皆然道夫○世上固是無限事然大要也只是幾項大頭項如爲君止於仁等

須看見定是著如此不可不如此自家何故却不如此意思如何便是天理意思如何便是私欲天理發見處是如何如何却被私欲障蔽了 賀孫 ○究其精微之蘊是就三者裏面窮究其蘊推類以通其餘是外面推廣如夫婦兄弟之類 淳 ○至善一章工夫都在切磋琢磨上 自脩 ○切而不磋琢而不磨瑟僴而不赫喧民不能忘而不至沒世雖善非至也又曰瑟僴赫喧若有主於中而不能發於

外不是至善務飾於外而無主於中亦不是至善銖○瑟僩赫喧不是做工夫處是成就了氣象如此穆穆文王亦是氣象也寓○僩舊訓寬大每看經子所載或從心或從手之不同然皆云有武毅之貌所以注中直以武毅言之恂鄭氏讀爲峻始謂只是恂恂如也之恂何必如此及讀莊子木處則惴慄恂懼然後知鄭氏之音爲當道夫

補傳

格物以理言致知以心言恪　○問何謂理曰理是有條理有文路子文路子當從此去自家即從此去不從此去自家即不從此去須尋文路子在何處循之而行節　○理如一把線相似有條理又指一竹籃曰一條竹篾如此去一條又如此去直是一般理橫是一般理有心便存得許多理同上　○張子謂物有未體則心有外體是置心在物中究見其理亦格物致知之意也木之　○心與理一不是

理在面前爲一物理便在心之中心包蓄不住隨事而發因笑曰說到此自好笑恰似那寺中藏相似除了經函裏面點燈四方八面皆如此光明粲爛但今人亦少能看得如此廣

○理不是在面前別爲一物即在吾心人須是體察得此物誠實在我方可譬如修養家所謂鈆汞龍虎皆是我身内之物非在外也同上

○有是理方有是物事如草木有子方生出草木如人有此心去作事方成此事

若無此心如何成此事夔孫○問物之無情者亦有理否曰如舟只可行之水車只可行之於陸天不曾生箇筆人把兎毫來做筆才有筆便有理恪○人莫不有知如孩提之童知愛其親及其長也知敬其兄以至飢則知求食渴則知求飲是莫不有知也但所知者止於大略而不能推致其知以至於極耳時舉○問表裏曰表者人物之所共由裏者吾心之所獨得表者如父慈子孝雖九夷八蠻

也出這道理不得裏者乃是至隱至微至親至切切要處因舉語大天下莫能載語小天下莫能破又說裏字云莫見乎隱莫顯乎微此箇道理不惟一日間離不得雖一時間亦離不得以至終食之頃亦離不得 夔孫 ○問表裏之說曰所謂博我以文約我以禮便是博我以文是要四面八方都見得周匝無遺是之謂表至於約我以禮又要逼向身已上來無一毫之不盡是之謂裏 木之 ○表便是

那外面裏便是就自家身上至親至切至隱
至密貼骨貼肉處今人處事多是自說道且
恁地也不妨這便只是不曾知到貼底處若
是知到貼底處自是決然不肯恁地了 義剛
○須是表裏精粗無不到有一種人只就皮
殼上做工夫却於理之所以然者全無是處
又有一種人思慮向裏去多然又嫌眼前道
理粗於事物上都不理會此乃談玄說妙之
病其流必入於異端 銖 ○粗是那大綱精是

那裏面曲折處明作○問全體大用處曰赤子匍匐將入井皆有怵惕惻隱之心舉此一節體用亦可見體與用不相離如此身是體起來運行便是用坐則此身全坐便是體行則此身全行便是用道夫○將那道理來事物上與人看就那事物上推出那裏面有這道理微顯闡幽僩○窮理之初如攻堅物必尋其罅隙可入之處乃從而擊之則用力爲不難矣孟子論四端便各自有箇柄靶仁

義禮智皆有頭緒可尋即其所發之端而求其可見之體莫非可窮之理也謨○道理極是細膩心粗者入那細底不得僩○以聖賢之意觀聖賢之書以天下之理觀天下之事人多以私見自去窮理只是你自家所見去聖賢之心尚遠在祖道○問補傳何不效其文體曰亦曾效之竟不能成劉原父却能效古人爲文其集中有數篇論全似禮記必大

○程子所謂格至也格物而至於物則物理

盡者意句俱到不可移易某之謬説實本其意然亦非茍同之也蓋自十五六時知讀是書而不曉格物之義往來於心餘三十年近歲就實用工處求之而參以他經傳記内外本末反覆證驗乃知此説之的當恐未易以一朝卒然立説破也答江德功

四書集義精要卷一

四書集義精要卷二

大學二

傳六章

毋自欺乃解誠意之義但知未至禁之雖力而或未能止唯知至然後禁之不難而無不能止也 答吳伯豐 ○致知者誠意之本也慎獨者誠意之助也 銖 ○知之不至則不能慎獨亦不肯慎獨惟知至者見得實是實非灼然如此則必戰懼以終之此所謂能慎獨也

同上 ○先知得到更須於細微處用功若不知得到如此鶻突雖十目十手衆所共知處亦自七顛八倒更如何慎得獨 賀孫 ○誠意章皆在兩箇自字上 人傑 ○自欺自慊兩事正相抵背才不自欺其好善惡惡即是求自快自足如寒而思衣以自温飢而思食以自飽而無牽強苟且姑以爲人之意才不如此即其好惡皆是爲人而然非有自求快足之意也故其文曰所謂誠其意者毋自欺也又

繼之曰如惡惡臭如好好色即是正言不自欺之實而其下句乃云此之謂自慊即是言如惡惡臭如好好色便是自慊非謂必如此而後能自慊也答孫敬甫○自慊則一自欺則二僴○自慊之慊大意與孟子行有不慊相類然細思之亦微不同孟子訓足意多大學訓快意多橫渠云有外之心不足以合天心初看亦只一般然橫渠亦是訓足意多賀孫○欺人亦是自欺特其甚者耳僴○今人

當獨處時此心非是不誠只是不奈他何非是此心要馳騖但把捉他不住此已是兩般意思至如見君子而后厭然詐善時已是第二番罪過了相道○如好好色如惡惡臭皆是真情既是真情則發見於外者亦自可見如種麻則生麻種穀則生穀此謂誠於中形於外節○幾正是那欲發未發之時當於此致謹使教自慊莫教自欺義剛○十目十手即上文人之視己如見其肺肝然之意不可

道人不見人曉然共見如此甚可畏也淳○十目十手不是怕人見蓋人雖不我知而我已自知自是甚可惶恐了其與十目所視十手所指何以異哉時舉○十目十手言小人閒居爲不善其不善形於外者不可揜如此德潤身心廣體胖言君子愼獨之至其善之形於外者昭驗如此銖○心本是闊大之物但因愧怍了便卑狹便被他隔礙了僩○心廣大則體安舒經筵講義○問自欺今改本

注云心之所發陽善陰惡則其好善惡惡皆爲自欺而意不誠矣舊注云人莫不知善之當爲然知而不切則其心之所發必有陰在於惡而陽爲善以自欺者故欲誠其意者無他亦曰禁止乎此而已矣今注恐不如舊注之明白而易曉也曰誠其意者毋自欺也此語極細功夫極密盖言爲善之意稍有不實照管少有不到處便爲自欺未便說到心之所發必有陰在於惡而陽爲善以自欺處若

如此說則大故無狀有意於爲惡非經文之本意也所謂心之所發陽善陰惡乃是見理不實不知不覺陷於自欺正如金已是眞金了只是鍛鍊得微不熟微有查滓去不盡顔色或白或青或黃便不是十分精金矣非是陰有心於爲惡而詐爲善以自欺也所謂毋自欺者正當幾微毫釐處用工只幾微之間少有不實便爲自欺豈待至於如此耶此處語意初未說到麗處蓋謂其自欺未說到與

人說時方謂之自欺所以前後學者多說差者蓋爲慊連却下文小人閒居爲不善一段看之所以差也僩○問近又改自欺注云自欺者心之所發若在於善而實則未能無不善也若字之義如何曰若字蓋言外雖似都善其實中心有些些不愛此便是自欺同上○問近又改自欺注云外爲善而中實未免於不善之雜或者謂當作中實容其不善之雜蓋謂知其不善之雜爲非是而又容之乃爲自

欺曰初是不奈他何不能不自欺至容字又是第二節罪緣不奈他何所以容在此蓋以謂有纖毫不善之雜即是自欺矣自欺只是欠了分數如金之淡者不可不謂之金只是欠了分數如爲善有八分欲爲有二分不爲此即是自欺是自欠了分數也次日乃言吾之說即說得自欺之根自欺却是容字之意蓋知其不善之雜而又蓋庇以爲之此方是自欺如人有一石米却只有九斗欠了一斗

此欠者便是自欺之根自家却自蓋庇了嚇人說是一石此方是自欺也次日又言再思此章之說人之毋自欺即要如好好色如惡惡臭也不然即自欺矣毋自欺者如爲善若少有自欺者即當斬根去之而真如惡惡臭則可小人閒居爲不善一段則反說也閒居爲不善即惡惡不如惡惡臭也見君子而後厭然揜其不善而著其善即好善不如好好色也若只如此看之則此章文義皆貼實而

平易坦然而無曲折舊說太闊而高然有一樣人如舊說者欲節去之又可惜但終非本文之意耳同上○此章舊說是使學者無所用其力也中庸所謂明辨此章今始辨得分明夔孫○或問自欺有三樣一則全無實而專事假託掩覆於外者此其尤者也一則雖知好善惡惡之爲是而隱微之際又苟且以自欺者一則知有未至隨意應事而不自覺陷於自欺者曰是有此三樣意思然却不是

三路只是一路有淺深之不同燾

傳七章

忿懥是怒之甚者履孫○看有所二字所謂有所則是被他爲主於内反爲他所動也道夫○四者心之所不能無也但不可使之有所私耳才有所私便不能化梗在胷中令人多是才忿懥雖有可喜之事亦所不喜才喜雖有當怒之事亦不復怒便是蹉過事理了便是視而不見聽而不聞食而不知其味了

譬如鏡有人形在裏而第二人來定照不見又如衡先有一物在上則又如何稱得同上
○心不可有一物外面酬酢萬變都只是隨其分限應去都不關自家心事才係於物心便爲其所動其所以係於物者有三或是事未來自家先有箇期待底心或事已應過去了又却長留在胷中不能忘或正應事之時意有偏重便只見那邊重都是爲物所繫縛既爲物所繫縛便是有這箇物事到别事來

到面前應之便差了這如何會得其正聖人之心瑩然虚明無纖毫形迹一看事物之來若小若大四方八面莫不隨事順應此心元不曾有箇事賀孫○心在此一事不可又夾帶那一事若方喜此一項事更有一事來須放了前一項只平心就後一項理會不可又夾帶前喜之心在此前在潭州有一公事合恁地直截斷緣中間情有牽制被他撓數日忽然思量透便斷了集同官看覺當時此

心甚正要知此正是正心處同上○問正心章人之心要當不容一物曰這説便是難才説不容一物却又似一向全無相似只是這許多喜怒憂懼只要從無處發出不可先有在心下非特此幾項如此凡事先安排要恁地便不得如人立心要恁地嚴毅把捉少間只管見這意思到不消恁地處也恁地便拘逼了有人立心要恁地慈祥寬厚少間只管見這意思到不消恁地處也恁地便流入於

姑息苟且去又如人説是我做官大要抑强
扶弱及遇着當強底事也去抑他如有心於
好名遇着近名底事便愈好之有心於爲利
遇着近利底事便貪欲同上○問忿懥好樂
乃在我之事可以勉强而不爲如憂患恐懼
乃是自外來者安得由己曰雖是自外來者
須要自家有箇道理處置得不恐懼憂患但
只管累其本心亦不濟得事孔子畏匡文王
囚羑里死生在前聖人元不動心處之怡然

只看此便是要見得道理分明自然無此患明作○謂聖人以喜怒動其志固為不可若謂都無動則是聖人之心如木石而喜怒之見於外者特為僞耳豈有是理哉此等處須是存養體驗自做得些工夫當自見之難以淺識懸斷也答曾無疑○問心不在焉視而不見聽而不聞只是說知覺之心却不及義理之心曰才知覺義理便在此方子○問既誠意矣而有憂患之類何也曰誠意是無惡

有憂患忿懥之類却不是惡但是有之則是有所動又曰好樂之類是合有底只是不可留滯而不化無留滯則此心便虛 節

傳八章

或問畏敬曰家人有嚴君焉吾之所當畏敬者也然當不義則爭之若過於畏敬而從其令則陷於偏矣 人傑 ○哀矜謂如有一般大姦大惡方欲治之被他哀鳴懇告却便恕之道夫 ○問敖惰曰敖了都不管他便是惰 義

剛○敖惰輕賤惡重履孫○五者各有當然之則只不可偏如人飢而食只合當食食才過些子便是偏渴而飲飲才過些子便是偏如愛其人之善若愛之過則不知其惡即是因其所重而陷於所偏惡惡亦然泳○心須卓然立在九者之外謂忿懥至敖惰而勿陷於九者之中方得其正聖人之心周流應變而不窮只爲在內而外物入不得及其出而應事接物又不陷於彼夔孫○忿懥之類在

心上理會如親愛之類又在事上理會心上理會者是見於念慮之偏事上理會者是見於事爲之失去僞○正心是萌芽上理會若脩身及絜矩等事却是各就地頭理會恪

傳九章

問其家不可教切疑可字當爲能字曰彼之不可教即我之不能教也可之與能彼此之詞也若作家不能教則不詞矣答李敬子○保赤子是慈如保赤子是使衆寓○孝弟二

者雖人之所同有然守而不失者亦鮮唯有
保赤子一事罕有失之者故聖賢於此特發
明夫人之所易曉者以示訓亞與孟子言見
孺子入井之意同處謙一作壯祖○傳之九
章大率皆躬行之事而未及乎爲政八章亦然

傳十章

老老長長恤孤是治國之事皆人君躬行以
化其下者至於有夫三者之效則國治矣故
欲平天下者必須先有此箇本領效驗然後

有以爲地而致其絜矩之功所謂平天下在治其國者也答陳膚仲○興孝興弟不倍上行下效之意上章已言之矣此章再舉之者乃欲引起下文君子必須絜矩然後可以平天下之意不然則天下終不免於不平也故此一章首尾皆以絜矩之意推之而未嘗復言躬行化下之說然則治國平天下雖無二道然設施之際不可謂無異也答王子合○學者不合誤認老老長長爲絜矩僩○若但

興起其善心而不有以使之得遂其心則雖能興起終亦徒然如政煩賦重不得以養其父母又安得以遂其善心須是推己之心以及於彼使之仰足以事父母俯足以育妻子賀孫 ○能使人興起者聖人之心也能遂其人之興起者聖人之政事也廣 ○我欲孝弟而慈必欲他人皆如我之孝弟而慈不使一夫之不獲者無一夫之不得此理也只我能然而人不能然則不平矣人傑 ○絜矩者度

物而取其方也以下文求之可見今曰度物以矩則當作矩絜乃得其義 答江德功 ○荀子莊子注云絜圍束也是將一物圍束以爲之則也其十二三時聞范丈如圭所言如此渠甚自喜以爲先儒所未嘗到也 道夫 ○六句所惡皆是就人身上説六句毋以方是推己以及物之事 僴 ○要緊在毋以字上 賀孫

○平天下謂均平也所惡於上毋以使下所惡於下毋以事上此與中庸所謂所求乎臣

以事君未能同意但中庸是言其所好者此言其所惡者也德明○己欲立而立人己欲達而達人是兩摺說只以己對人而言若絜矩上之人所以待己己又所以待人是三摺說賀孫○問各得其分不相侵越廣狹長短平均如一曰所惡於左便是左邊人侵了自家左邊界分而我惡之故我亦不以此待右邊之人而不侵他右邊之左如此方得左邊界分分明又以所惡於右者度之方得右邊

界分分明上下前後亦莫不然則四至所向皆得均平而界分方整無偏廣偏狹之病矣

答陳安卿　○如自家有一丈地左家有一丈地右家有一丈地左家侵著我五尺是不矩我必去訟他我若侵著右家五尺亦是不矩合當還右家上下左右前後不相侵越如伐冰之家不畜牛羊之類節　○上下四旁都只是這一樣心將那頭折轉來比這頭在我之上者使我如此而我惡之則知在我下者亦

似我如此故我更不將所責上底人之心來待下則自家在中央上面也占許多地步下面也占許多地步便均平方亚若將所責上底人之心來待下便上面長下面短不方了下之事我如此而我惡之則知在我上者亦似我如此若將所責下底人之心去事上便又下面長上面短了左右前後皆如此待前底心便折轉來待後待左底心便折轉來待右如此便方每事皆如此則無所不平矣古

人小處亦可見得如並坐不橫肱恐妨礙左邊人又恐妨礙右邊人左右都不相妨此便是以右之心交於左以左之心交於右如戶開亦開戶闔亦闔有後入者闔而勿遂開亦開闔亦闔此是不以後而變乎先之意闔而勿遂此又是不以先而拒乎後之意便是以前之心先於後後之心從於前左右前後處得都好寓○舉而不能先先是早底意思不能速用之意泳○問至此而天理存亡之機

決矣何也曰初言得衆失衆再言善不善已切矣終之以忠信驕泰分明是就心上説出得失之由以決之忠信乃天理之所以存驕泰乃天理之所以亡寓

○問明道發己自盡爲忠循物無違爲信曰推發此心更無餘藴如十分話對人只説七分便爲不盡循此事物不違其實如大曰小小曰大此之謂違於物忠信只是一事自發己自盡言之則名爲忠自循物無違言之則名爲信伊川見此語

尚晦故更云盡己之謂忠以實之謂信

○雖有善者如今人說會底閎祖

四書集義精要卷二

四書集義精要卷三

大學三

或問

後生初學且看小學之書那箇是做人底樣子廣○小學涵養此性大學則所以實其理也可學○古人自能食能言便有教一歲有一歲工夫到二十來歲聖人資質已自有三分矣大學只出治光彩而今都蹉過不能更迴去做得只據而今地頭便劄定脚跟做去

栽種後來根株補塡前日欠闕如二十歲覺悟便從二十歲做去便年至八九十歲覺悟亦當據見定做去 寓 ○失時而後學須百倍其功方趲補得前許多欠闕處人一已百人十已千若不如是只見沒長進如何要塡補前面 賀孫 ○小學不傳伊川却是帶補一敬字 可學 ○古人於小學中已自把捉成了故於大學之道無所不可今人既無小學之功却當以敬爲本 驤 ○問程子云主一之謂敬

無適之謂一曰只是莫走作且如讀書時只讀書着衣時只着衣理會一事時只理會一事了此一件又作一件此主一無適之義道夫○問主一曰勿貳以二勿參以三是不要二三不東以西不南以北是不要走作淳○敬是終始一事節○敬只是收斂自家精神專一在此又曰主一又是敬字注解要之事無大無小常令自家精神思慮盡在此遇事時如此無事時也如此賀孫○問人心常要活

活則周流無窮而不滯於一隅或疑主一則滯滯則不能周流無窮矣曰然所謂主一者何常滯於一事不主一則方理會此事而心留於彼此乃滯於一隅道夫○問謝氏說曾點章云曾點胷中無一事而說克己則乃云心與事一無一忘一助之失曰心與事一蓋謂作此一事則主在此事惟其心與事一故能胷中無一事也必大○才主一便覺意思好卓然清明不然便緩散清索了沒意思橫

湏曰心清時少亂時多其清時視明聽聰四體不待羈束而自然恭謹其亂時反是説得更精切廣○人常湏收斂身心使精神常在此似擔百十斤擔相似湏硬着筋骨擔賀孫○問尹氏不容一物之説曰心主此一事不爲他事攙亂便是不容一物也僩○尹氏曰其心收斂不容一物又曰今人入神祠時直是更着不得些子事只有箇恭敬此最親切人若能専一此心便收斂緊密都無些子空

鐔若此事思量未了又走去那邊心便成兩路 賀孫 ○整齊嚴肅便是主一 義剛 ○心念不整肅意思便寬緩如讀書即湊泊他那聖賢意思不著 僩 ○問常惺惺之說佛氏亦有此語曰其喚醒此心則同而其爲道則異吾儒喚醒此心欲其照管許多道理佛氏則空喚醒在此無所作爲此其異也 同上 ○主一無適之謂敬此等語須力行之方得真實意味 荅曾擇之 ○四句不須分析只作一句看

無不通貫木之　○敬有死底敬有活底敬只守着塊然擎跽曲拳合眼點坐之敬遇事而不濟之以義辨其是非則不活若熟後敬便有義義便有敬敬義夾持循環無端則内外透徹從周　○人不可有厭煩好静之心在世上無無事底時節要無事時除是死也隨事來便須應他有事無事自家之敬元未嘗間斷也若事至面前而自家却自主静頑然不應便是心死矣義剛　○執持令此心常在方

是能持敬今之言持敬者只是説敬非是持敬若此心常在軀殼中爲主便須常如烈火在身有不可犯之色事物之來便成兩畔去又何至如是纏繞（大雅）○聖賢説行篤敬執事敬則敬字本不爲默然無事時設（荅周舜弼）○問或問理在先氣在後曰理與氣本無先後之可言但推上去時却如理在先氣在後相似又問理在氣中發見處如何曰如陰陽五行錯綜不失條緒便是理若氣不結聚

時理亦無所附着祖道○天地之間有理有氣理也者形而上之道也生物之本也氣也者形而下之器也生物之具也是以人物之生必稟此理然後有性必稟此氣然後有形其性其形雖不外乎一身然其道器之間分際甚明不可亂也若劉康公所謂天地之中所謂命者理也非氣也所謂人受以生所謂動作威儀之則者性也非形也禮運之言其曰天地之德者理也其曰陰陽之交鬼神之

會者氣也詩曰天生烝民有物有則周子曰無極之真二五之精妙合而凝所謂真者理也所謂精者氣也所謂則者性也所謂物者形也上下千有餘年之間言者非一人記者非一筆而其説之同如合符契非能牽聯配合而強使之齊也此義理之原學者不可不察　答黄道夫

○問理氣先後曰有是理便有是氣但理是本今且從理上説氣如太極動而生陽動極而靜靜而生陰不成動已前便

無靜程子言動靜無端陰陽無始蓋此亦且從其動處說起若論其動以前又有靜靜以前又有動如云一陰一陽之謂道繼之者善也此繼字即動之端若只一闔一闢而無繼即是合殺了又問繼是動靜之間否曰是靜之中動之始也且如四時到冬月萬物皆歸根若不生來年便都息矣蓋是貞而復生元無窮如此義剛

○問先有理後有氣之說曰不消如此說今安得知其初爲先有理後有

氣耶但以意度之則疑此氣或依傍此理行及此氣之聚則理亦在焉盖氣則能凝結造作理却無情意無計度無造作只此氣凝聚處理便在其中且如天地間人物草木禽獸其生也莫不有種定不能無種而白地生出一物此皆氣也　僩　○問理氣似不可分先後曰要之也先有理但不可說是今日有是理明日却有是氣亦須有先後且如萬一山河都陷了畢竟理却只在此　泳　○問有理而後

有氣未有人時此理何在曰亦只在此如一海水或得一甕或得一椀都只是這海水但彼爲主我爲客他較長久我得之不久耳義剛

○仁禮屬陽義智屬陰袁仲機乃引楊子雲於仁也柔於義也剛謂仁當屬陰義當屬陽殊不知舒暢發達即有剛之意思今觀天地之化草木發生自是條暢洞達無所窒礙此便是陽剛之氣如云采薇采薇薇亦陽止薇亦剛止蓋薇之生也挺直而上此處皆可見收斂藏縮即有陰之意思以氣之呼吸言之則呼爲陽吸爲陰吸收

歛而呼舒暢也鄉飲酒義云温厚之氣盛於東南此天地之仁氣也嚴凝之氣盛於西北此天地之義氣也僩

○仁體剛而用柔義體柔而用剛盖仁有流動發越之意而其用則慈柔義有商量從宜之義而其用則決裂也廣

○陰陽之爲五行有分而言之者如木火陽而金水陰也有合而言之者如木之甲火之丙土之戊金之庚水之壬皆陽而乙丁己辛癸皆陰也以此推之徤順五常之理可見

答黃商伯 ○稟木氣多者少剛強稟金氣多者少慈祥推之皆然 可學 ○木之神爲仁火之神爲禮神字猶云意思也且如一枝祟如何見得是仁但其意思却是仁 僩 ○問健順五常曰健稟其陽之理順稟其陰之理五常稟其五行之理人物皆稟焉如犬之善嚙者即其健不嚙者即其順又如草木直者硬者是稟其健軟者弱者是稟其順 同上 ○問氣之正且通者爲人氣之偏且塞者爲物如何

曰物之生必因氣之聚而後有形如火爐鎔鐵其好者在一處其查滓又在一處而理則同理者如一寶珠在聖賢如置清水中其光自然發見在愚不肖如置濁水中須澄去其濁則其光方見在萬物則如置泥中不復可見然物類中亦有知君臣母子知祭知時者亦是其中有一線明處然而不能如人者只爲他不能克治耳祖道○惟人得其正故是理通而無所塞物得其偏故是理塞而無所

知且如人頭圓象天足方象地平正端直以其受天地之正氣所以識道理有知識物受天地之偏所以禽獸横生草木頭生向下尾反在上物之間有知者不過只通一路人則無不知無不能所以與物異者此尔然人爲氣所拘亦有只通得一路者或厚於此而薄於彼或通於彼而塞於此有人能盡通天下利害而不識義理或工於百工技藝而不解讀書如唐明皇友愛諸弟終身不變然而爲

君則殺其臣爲父則殺其子爲夫則殺其妻便是有所通有所蔽亦是氣禀亦是利害昏之僩○問動物有知植物無知何也曰動物有血氣故能知植物雖不可言知然一般生意亦可默見若戕賊之便枯悴不復悅懌澆灌之便敷榮甞觀一花樹朝日照耀之時欣欣向榮有這生意皮包不住自迸出來若枯枝老葉便覺憔悴蓋氣行已過也邵康節云植物向下頭向下本乎地者親下故濁動物

向上頭向上本乎天者親上故淸獼猴之類能如人立故特靈鳥獸頭多橫生故有知無知相半又曰如枯槁之物謂之無生意則可謂之無生理則不可如附子不可爲大黃大黃不可爲附子燒是木則有是氣至成灰亦各有味德明○問人禀天地五行之氣然父母所生是與氣相值而然乎曰是此氣須從人身上過然又有異處如磁窰中器物聞說千百件中或有一件紅色極好者此是異禀

惟人亦然瞽鯀之生舜禹亦猶是也人傑○
問堯舜生丹均瞽叟生舜恐不全在人亦是
天地之氣曰人氣便是天地之氣然就人身
上透過如魚在水水入口出腮但天地公共
之氣人不得擅而有之又曰二氣五行交際
運行之際有清濁人逢其氣所以如此非人
之氣所能與也德明○物久自有弊壞秦漢
而下二氣五行自是較昏濁不如太古之清
明淳粹且如中星自堯至今已差五十度矣

夔孫○二氣五行騰倒到今其雜也久矣但其運行交錯則其美惡却各自有會處此上智下愚之所以分也答李孝繼○清濁偏正等說乃本正蒙中語而呂氏中庸說又推明之答李晦叔○問介然之頃一有覺焉則其本體之明已洞然矣曰如擊石之火只是些子才引着便可以燎原介然之覺一日之間其發也無時無數但要人識認得操持充養將去僩○問昨以知止與能慮比易中深與

幾今或問中却兼下極深研幾字覺未穩曰當時下字亦未子細要之只着得研幾字木之

○問或問於明明德於天下處只言誠意正心脩身而不及致知又益以親親長長而不及齊家以上願聞其指曰若欲正心誠意須是格物致知然若說道各格其物各致其知則似不成言語且致知所以明之也而親親長長即齊家之大者答李敬子

○問心之神明曰神是恁地精彩明是恁地光明賀

孫

○問妙衆理而宰萬物曰道理固本有用知方發得出來若無知道理何從而見所以謂之妙衆理猶言能運用衆理也運用字有病故下妙字宰宰制也無所知覺則不足以宰制萬物道夫

○問所以然之故與所當然之則曰所以然之故只是上面一層如君之所以仁蓋君是箇主腦人民土地皆屬他管自是用仁愛試不仁愛便行不得非是說爲君了不得已用仁自是理合如此試以一家

論之爲長者便用愛一家之人惜一家之物若天使之然每常思量着極好笑自那原頭上便如此了又如父之所以慈子之所以孝蓋父子本同一氣只是一人之身分成兩箇其恩愛相屬自有不期然而然者其他大倫皆然皆天理使之如此豈容强爲哉且以仁言之只天地生這物時便是箇仁他只知生而已從他原頭下來自然有箇春夏秋冬金木水火土初有陰陽有陰陽便有此四者故

賦於人物便有仁義禮智之性仁屬春屬木且看春間天地發生藹然和氣如草木萌芽初間僅一針許少間漸漸生長以至枝葉花實變化萬狀便可見他生生之意非仁愛何以如此緣他本原處有箇仁愛溫和之理如此所以發之於用自然慈祥惻怛孟子說惻隱之端又與慈仁不同惻隱是傷痛之切蓋仁本只有慈愛緣見孺子入井所以傷痛之切義屬金是天地間一箇自然清峻剛烈之

氣所以人禀得者便自然有羞惡斷制之心禮智皆然盖自本原而已然非旋安排如此也昔龜山問一學者曰當見孺子入井時其心怵惕惻隱何故如此學者曰自然如此龜山曰安得只說自然了便休須是知其所自來則仁不遠矣此語極好僩○君而仁當然之則也君如何却須要仁所以然之故也謨

四書集義精要卷三

四書集義精要卷四

大學四

傳一章或問

問克能也或問中却作能致其克之之功如何曰克字雖訓能然比能字有力允字有文義雖同而聲響頓異即見其有力無力之分如克之與能是也僩○問常目在之真若見其參於前倚於衡也則成性存存而道義出矣曰凡人不知省察常行日用每與是德相

忘亦不自知其有是也今所謂顧諟者只是心裏常常存着此理在成性存存也一出言則言必有當然之則一行事則事必有當然之則即道義出矣初豈實有一物之可以見其形象耶 壯祖 ○問天未始不爲人而人未始不爲天曰天即人人即天人之始生得於天也既生此人則天又在人矣 僩 ○人之明德即天之明命雖是形骸間隔然人之所以能視聽言動非天而何 賀孫

五章或問

學而無覺則亦何以學爲也哉此程子曉人至切處道夫　○　人知鳥喙之殺人不可食斷然終不食是真知之也知不善而猶或爲之是特未能真知也所以未能真知者緣於道理上只就外面理會裏面却未理會得十分瑩淨所以有此一點墨這不是外面理會不得只是裏面骨子有些見未破所以大學之教使人即事即物就外面看敎周匝又須裏

面理會體驗教十分精切也賀孫○見道理分曉便處事不錯此與偶合者天淵不同如私欲氣稟之累若這邊分明了那邊自然容著他不得蓋觀理分明便勝得他明作○大學之道必以格物致知爲先而於天下之理天下之書無不愽學審問慎思明辨以求造其義理之極然後因吾日用之間常行之道省察踐履篤志力行而所謂孝弟之至通乎神明忠恕之道一以貫之乃可言耳蓋其所

謂孝弟忠恕雖只是此一事然須見得天下義理表裏通透則此孝弟忠恕方是活物如其不然便只是死底孝弟忠恕雖能持守終身不致失墜亦不免但爲鄉曲之常人婦女之撿押而已何足道哉答曾無疑○某常說天下事無他只是箇熟與不熟若只一時恁地約摸得都不與自家相干久後皆忘却如借得人家事一般少間被人取將去又濟自家甚事賀孫○問人之思慮有邪有正若大

段邪僻之思却易制惟其許多無頭面不緊要之思慮不知何以制之曰此亦無他但覺其不當思者即不思之久而純熟自無此等思慮矣前輩有欲澄治思慮者于坐處置兩器每起一善念則投白豆一粒于器中每起一惡念則投黑豆一粒于器中初時黑豆多白豆少久後白豆多黑豆少後來遂不復有黑豆最後則雖白豆亦無之矣然只是箇死法若更加以讀書窮理工夫則去不正之思

處何難之有又如人喜作不要緊事如寫字作詩之屬初時念念要做更遏捺不得若能將聖賢言語來玩味見得義理分曉則漸漸覺得此重彼輕久久不知不覺自然剝落消殞去何必横生一念要别尋一捷徑盡去了意見然後能如此嘗有爲去意見之説者此皆是不柰煩去修治他一箇身心了學者但當就意見上分眞妄存其眞者去其妄者而已若不問眞妄盡欲除之所以游游蕩蕩虛

度光陰都無下功夫處廣○理之所存既非一物所能專則所格亦非一端而盡道夫○講論文字應接事物各各體驗漸漸推廣自然寬闊德明○今日格一物明日格一物積習既多自當脫然有貫通處乃是零零碎碎湊合將來不知不覺自然醒悟人傑○一物不理會這裏便闕此一物之理淳○一身之中是仁義禮智惻隱羞惡辭讓是非與夫耳目手足視聽言動皆所當理會至若萬物之

榮悴與夫動植小大此可以如何使此可以如何用車之可以行陸舟之可以行水皆當理會道夫○隨所遇之事便當理會萬事只是一理不應只求大者要者理會其他都不管譬如海水一灣一曲一洲一渚無非海水不應道大底是海水小底不是程子曰窮理非謂必盡窮天下之理又非謂止窮得一理便到但積累多後自當脫然有悟處程子語言氣象自活與衆人不同今人務博者却要

盡窮天下之理務約者又謂反身而誠則天下之物無不在我此皆不是且如一百件事理會五六十件了這三四十件雖未理會也大槩可曉了某在漳州有訟田者契數十本自崇寧起来事甚難考其人將正契藏了更不可理會某但索四畔衆契比驗四至昭然及驗前後所斷情僞更不能逃又說嘗有一官人斷爭田事被其撥了案其官人却来那穿款處考出窮理亦只是如此　○問程

子說一事窮不得別窮一事與延平先生說不同曰程子是說一項難窮底事延平先生說是窮理之要若平常遇事此一事不透又理會別一事則終身不長進　賀孫○問以類而推曰是從已理會得處推將去如此便不隔越若遠去尋討則不切於已　必大○既是教類推不是窮盡一事便了　履孫○問萬物各具一理而萬理同出一原曰釋氏有一月普現一切水一切水月一月攝之語亦窺見

這些道理周子通書只是說這一事道夫○問天地之所以高深鬼神之所以幽顯曰天只是氣非獨是高只今人在地上便只見如此高要之他連那地下亦是天只管轉來旋去天大了故旋得許多查滓在中間世間無一箇物事如此大故地如此大地只是氣之查滓故厚而深鬼幽神顯鬼陰也神陽也氣之屈者謂之鬼氣之來者謂之神洋洋然如在其上焄蒿悽愴此百物之精也神之著也

此即是那發生之精神神者是生底以至長大故見其顯便是氣之伸者今人謂人之死爲鬼是死後收歛無形無跡不可理會即是那氣之屈者同上○問觀物察已因見物反求諸已此說亦是程子非之何也曰此理是天下公共之理人人都一般初無物我之分如赤子入井皆有怵惕知人如此即知我亦然不消比並自知寓○問合内外曰内外未嘗不合自家知得物之理如此則因其理之

自然而應之便見合内外之理至草木禽獸亦皆有理草木春生秋殺禽獸好生惡死仲夏斬陽木仲冬斬陰木皆自順陰陽道理自家知得萬物均氣同體見生不忍見死聞聲不忍食肉非其時不伐一木不殺一獸不殺胎不夭殀不覆巢此便是合内外之道同上

○天地之所以高厚一物之所以然蓋極大小而言之以明是理之無不在而學問之功不可一物而有遺尔若其所以用力之地則

亦不過讀書史應事物如前之云尔豈茫然放其心於汗漫紛綸不可知之域哉 答吳伯豐

○一草一木固皆有理然其格之也亦須有緩急先後之序豈遽以爲存心于一草木器用之間而忽然懸悟也哉 答陳齊仲

○問理則一而分不同所謂分莫只是用不同如君之仁臣之敬子之孝父之慈與國人交之信之類是否曰其體已略不同君臣父子國人是體仁敬慈孝與信是用問體用皆異曰

如此一片板只是一片板只是一箇道理這一路子恁地去那一路子恁地去如一所屋只是一箇道理有廳有堂如草木只是一箇道理有桃有李分得愈見不同愈見理大恪

○問大學中載程子所言致知格物不同曰當時荅問各就其人而言之而今須是合許多不同處來看作一意爲佳人傑

○程子謂一草一木皆所當窮又謂恐如大軍游騎出太遠而無所歸便是此等話說得好平正不

向一邊去淳○前既說當察物理不可專在性情至此又言莫若得之於身爲尤切皆是互相發處道夫○立誠意只是實用力所以下立字與經文誠意之說不同同上○敬字是徹上徹下之意格物致知乃其間節次進步處耳答林擇之○須居敬以窮理若不敬則講學又無安頓處居敬窮理譬如兩足左足行則右足止右足行則左足止又如物懸空中左抑則右昂右抑則左昂其實只一事

廣○涵養中自有窮理工夫窮其所養之理窮理中自有涵養工夫養其所窮之理賀孫○涵養於未發見之先窮格於已發見之後德明○方其未發必有事焉是乃所謂靜中之知覺復之所以見天地之心也及其已發隨事觀省是乃所謂動上求靜艮之所以止其所也然則靜中之動非敬其孰能形之動中之靜非敬其孰能察之故曰學者莫若先理會敬敬則自知此矣文集○其如今雖

便靜坐道理自見得未能識得涵養箇甚德
明○今人將持敬致知來做兩事持敬時只
塊然獨坐更不去思量却是今日持敬明日
去格物豈可如此道夫○靜中私意橫生當
以敬爲主而深察私意之萌多爲何事就其
重處痛加懲窒久之純熟自當見效不可計
功於旦莫答任伯起○敬則此心不放事事
皆從此出此心至靈細入豪芒纖芥之萌便
知便覺六合之外莫不在此又如古初去今

是幾千萬年若此念才發便到那裏下而方来又不知幾千萬年若此念才發便也到那裏這箇神明不測至虛至靈是甚次第却不去養他自旦至莫只管展轉於利欲中都不知覺賀孫 ○窮理工夫須銖積寸累工夫到後自然貫通若操存工夫亦豈能常操其始也操得一霎時旋旋到一食時或有走作亦無如之何能常常警覺久後自能常存則自然光明矣人傑 ○性者道之形體道者性之

發用處性是那道底骨子見於行謂之道性是體道是用率性之謂道亦此義 僩 ○問或問引降衷以下八言亦有序否曰當時只以古今為次第未有他意也 荅陳安卿 ○問或問云天地鬼神之變鳥獸草木之宜莫不有以知其所當然而不容已下不容已字如何曰春生秋殺陽開陰閉趲來趲去自住不得陽極了陰便生陰極了陽便生後面只管來相趲如何住得 寓 ○問飲食之間孰為天理

孰爲人欲曰飢而食者天理也要求美味人欲也節○五峯胡氏説極精然却有病者只説得向裏来不曾説得外面所以語意頗傷急迫蓋致知本是廣大須用説得表裏内外周徧兼該方得其曰志立乎事物之表敬行乎事物之内此語極好而曰而知乃可精便有局定氣象他便要就這裏便精其知殊不知致知之道不如此急迫須是寛其程限大其度量久久自然通貫他言語只説得裏面

一邊極精遺了外面一邊所以其規模之大不如程子且看程子所說今日格一物明日格一物積久自然貫通此言該內外寬緩不迫有涵泳從容之意所謂語小天下莫能破語大天下莫能載也 僩 ○志立乎事物之表立志便要卓然在這事物之上不論甚麼都不能奪得他又不恁地細細碎碎這便是志立乎事物之表 道夫 ○李先生涵養得自是別真所謂不為事物所勝者古人云無疾言

遷色他真箇是如此如尋常人出去近處必徐行出遠處行必稍急先生出近處也如此出遠處也如此尋常人呼僮僕呼之一二聲不至則聲必厲先生呼之不至聲不加於前也又如坐壁間有字某每常亦須起頭一看若先生則不然方其坐時固不看也若是欲看則必起就壁下視之其不爲事物所勝大率若此道夫○當時諸公所聞於程子者語意不全或只聞一時之語或只聞得一邊所

以其說多差後來却是集諸家語録湊起衆說此段工夫方始渾全然則當時門人親炙者未爲全幸生於先生之後者未爲不幸蓋得見諸家記録全書得以詳考所以其法畢備僩

○或問中近世大儒温公也推其說者李周翰也必窮物之理同出於一爲格物者呂與叔說也窮理只是尋箇是處者謝氏說也天下之物不可勝窮然皆備於我非從外得者楊氏說也今日格一物明日格一物爲

非程子之言者尹氏說也物物致察而宛轉歸己者胡文定公說也即事即物不厭不棄而身親格之者五峯胡氏復齋記中語也

九章或問

問所引書下一句亟合本文而上一句不幾反乎曰爾惟德罔小正言其不可小也與此正合 壯祖 ○問先吏部說有諸己而後求諸人無諸己而後非諸人曰此是說平常人若自家有諸己又何必求諸人無諸己又何必

非諸人如孔子說躬自厚而薄責於人攻其惡毋攻人之惡至於大學之說是有天下國家者勢不可以不責他然又須自家有諸己然後可以求人之善無諸己然後可以非人之惡 賀孫

十章或問

程子曰義之所安即利之所在蓋萬物各得其分便是利君得其爲君臣得其爲臣父得其爲父子得其爲子何利如之此利字即易

所謂利者義之和利便是義之和處程子當初解得亦未親切不似此語却親切正好去解利者義之和義初似不和分别後萬物各止其所却是和不和生於不義義則無不和和則無不利矣　寓

四書集義精要卷四

四書集義精要卷第五

論語一

學而上

首章

或問學之為效何也曰所謂學者有所效於彼而求其成於我之謂也以己之未知而效夫知者以求其知以己之未能而效夫能者以求其能皆學之事也曰習之為鳥數飛何也曰說文文也習之字從羽從白月令所謂

鷹乃學習是也曰學而時習何以説也曰言人既學而知且能矣而於其所知之理所能之事又以時反覆而温繹之如鳥之習飛然則其所學者熟而中心悦懌也盖人而不學則無以知其所當知之理無以能其所當能之事固若冥行而已矣然學矣而不習則表裏扞格而無以致其學之之道習矣而不時則工夫間斷而無以成其習之之功是其胷中雖欲勉焉以自進亦且枯燥生澁而無可嗜之

味危殆杌隉而無可即之安矣故既學矣又必以時習之則其心與理相涵而所知者益精身與事相安而所能者益固從容於朝夕俯仰之中凡其所學而知且能者必皆有以自得於心而不能以語諸人者是其胷中油然悅懌之味雖芻豢之甘於口亦不足以喻其美矣此學之始也曰以善及人而信從者衆若何而樂耶曰理義人心之所同然非有我之得私也向也吾獨得之雖足以為悅矣

然以之告人而人莫之信以之率人而人莫之從則是獨擅乎此理而舉世倀倀不得與於其心之所同也是猶十人同食一人既飽而九人不下咽則吾之所悅雖深亦何為而能達於外耶今吾之學所以得於己者既足以及人人之信而從者又如此其衆也則將皆有以得其心之所同然者而吾之所得不獨為一己之私矣夫我之善有以及乎彼彼之心有以得乎我吾之所知者彼亦從而知

之也吾之所能者彼亦從而能之也則其歡忻交通宣揚發暢雖宮商相宣律呂諧和亦不足以方其樂矣是學之中也曰人不知而不慍何以為君子也曰常人之情人不知而不能不慍者有待於外也若聖門之學則以為己而已本非為是以求人之知也人知之人不知之亦何加損於我哉然人雖或聞此矣而信之有不篤養之有不厚守之有不固則居之不安而臨事未必果能眞不動也令

也人不見知而慍之泰然且略無纖芥含怒不平之意非成德之君子其孰能之自是日進而不已焉則不怨不由下學上達雖至於聖人可也此學之終也或曰學有大小此所謂學者其大學耶曰不然也學而習習而說凡學皆然且洒掃應對之事正門人小子所宜先者聖人豈略之哉曰程子之於習有兩義焉何也曰重複思繹者以知者言也所學在我者以能者言也學之為道不越乎兩端

矣曰時習之所以說諸說孰近曰夫習而熟熟而說脉絡貫通最為親切程子所謂浹洽者是已曰朋来之樂奈何曰惟以程子之言求之然後見夫可樂之實耳且其以善及人而信從者衆之云才九字尒而無一字之虛設也非見之明而驗之實其孰能與於此曰悅樂皆出於心而程子有内外之辨何也曰程子非以樂為在外也以為積滿乎中而發越乎外爾悅則方得乎内而未能達乎外也

曰不愠之說孰為淂曰程子得之至論其所以然者則尹氏為尤切使人之始學即知是說以立其心則庶乎其無慕於外矣○凡未至而求至者皆謂之學雖圃稼射御之微亦曰學配其事而名之也而此獨專之則所謂學者果何學也蓋始乎為士而至乎聖人荅張敬夫○又曰首句五字雖有虛實輕重之不同然字字皆有意味無一字無下落而者承上起下之辭之者指其所知之理所能之事而

言也同上○熟故悅到悅時自不肯休今人所以作輟者但未熟耳以善及人而信從者衆此說地步闊蓋此道理天下所公共我獨曉之而人不曉得也自悶今有朋自遠方來則從者衆故可樂不知而不慍也是難慍非大段怒但心中略有不平意便是慍此非得之深養之厚何以至此義剛○大抵私小底人或有所見則不肯告人持以自多成甚模樣君子存心廣大故以及人爲可樂祖道○程子但

言浹洽於中則悅雖不正解悅字而悅字之意已明（答張敬夫）浹洽二字宜細看譬之浸物於水水若未入只是外面稍濕裏面依前乾燥必浸久則透內皆濕程子之言有深意（過）○如江海之浸如膏澤之潤渙然氷釋怡然理順然後為得此即時習而悅之注釋也（答呂子約）

○坐如尸立如齊謝氏說得亦踈率須是說坐時常如尸立時常如齊便是（義剛）○人不知而不慍尹氏之說最為的當蓋如此而言乃

見爲己用心之約處若以容人爲說竊恐爲己之心不切而又涉乎自廣狹人之病其去道益遠矣答陳明仲○人不知而不慍學固非欲人知亦非有意欲人不知是以人知之不加喜人不知不加慍此聖門所發義理之正也老氏知我者希則我貴矣此異端自私之見與聖門氣象迥然不同記謝氏論語疑義

二章其爲人也孝弟

或問仁何以爲愛之理也曰人禀五行之秀

以生故其為心也未發則具仁義禮智信之性以為之體已發則有惻隱羞惡恭敬是非誠實之情以為之用盖木神曰仁則愛之理也而其發為惻隱火神曰禮則敬之理也而其發為恭讓金神曰義則宜之理也而其發為羞惡水神曰智則別之理也而其發為是非土神曰信則實有之理也而其發為忠信是皆天理之固然人心之所以為妙也仁之所以為愛之理於此其可推矣或曰仁為愛

之理矣又以為心之德何哉曰仁之道大不可以一言而盡也程子論乾四德之元猶五常之仁偏言則一事專言則包四者推此而言則可見矣蓋仁者五常之首也而包四者惻隱之體也而貫四端故仁之為義偏言之則曰愛之理此章孝弟為仁之本是也專言之則曰心之德下章所謂巧言令色鮮矣仁是也其實愛之理所以為心之德是以聖門之學必以求仁為要而語其所以行之者則

必以孝弟為先論其所以賊之者則必以巧言令色為甚記語者所以列二章於首章之次而其序又如此欲學者知仁為急而識其所當務與其所可戒也曰程子以孝弟為行仁之本而又曰論性則以仁為孝弟之本何也曰仁之為性愛之理也其見於用則事親從兄仁民愛物皆其為之之事也此論性而以仁為孝弟之本者然也但親者我之所自出兄者同出而先我故事親而孝從兄而弟

乃愛之先見而尤切人茍能之則必有不好犯上作亂之效若君子以此為務而力行之至於行成而德立則自親親而仁民自仁民而愛物其愛有等差其施有漸次而為仁之道生生而不窮矣又豈特不好犯上作亂而已哉此孝弟所以為行仁之本也曰然則所謂性中但有仁義禮智而無孝弟者又何耶曰此亦以為自性而言則始有四者之名而未有孝弟之目耳非謂孝弟之理不本於性

而生於外也曰然則君子之務孝弟特以為為仁之地也耶曰不然仁者天之所以與我而不可不為之理也孝弟者天之所以命我而不能不然之事也但人為物誘而忘其所受乎天者故於其不能不然者或忽焉而不之務則於其所不可不為者亦無所本而不能以自行矣故有子以孝弟為為仁之本蓋以為是皆吾心之所固有吾事之所必然但其理有本末之殊而為之有先後之序必此

本先立而後其末乃有自而生耳非謂本欲為彼而姑先借此以為之地也大率聖賢之言若此類者甚衆皆以是說求之則不失其立言之旨矣曰然則義禮智信為之亦有本耶曰有請問之曰亦孝弟而已矣但以愛親而言則為仁之本也其順乎親則為義之本也其敬乎親則為禮之本也其知此者則為智之本也其誠此者則為信之本也盖人之所以為五常百行之本無不在此孟子之論

仁義智禮樂之實者正為是爾此其所以為至德要道也與又曰謝氏平日論仁常以活者為仁死者為不仁但能識此活物乃為知仁而後可以加操存踐履之功不能識此則雖能躬行力踐極於純熟而終未足以為仁也夫謂活者為仁死者為不仁可矣必以識此然後可以為仁則其為說之誤也○謝氏以覺言仁喚之則應抉之則痛是心之流注在血氣上者覺其理之是非乃心之流注在

理上者覺得痛痒者不便是仁須覺得道理方是仁 植 ○愛之理理是根愛是苗仁之愛猶糖之甜醋之酸 方子 ○程子曰心如穀種其生之性乃仁也生之性即愛之理也 僩 ○耳之德聰目之德明心之德仁以此意去體認 泳 ○愛之理亦是心之德者粗譬之如福州知州兼福建安撫使自安撫使言則統一路州軍自知州言則與漳州知州無異 賜 ○仁如水之源孝弟是水流行之第一池仁民

是第二池愛物是第三池也銖○仁如木親親是根仁民是幹愛物是枝葉故曰行仁以孝弟為本淳○人若不孝弟便是這道理中閒斷了下面生不去承接不來所以說孝弟者其為仁之本僩君子務本本立而道生二句是汎言凡事如此與上文不相干下文孝弟也者方應上文故集註有凡事字明作程子說順德甚好如義主羞惡則有違逆處惟孝則皆是順義剛○試自看溫和柔軟時如何所

以孝弟乃為仁之本泳○孔門只說為仁謝氏乃說知仁其說一轉而為張子韶再轉而爲陸子靜蓋卿

三章巧言令色

或問夫子所謂鮮矣仁程子乃以非仁釋之何也曰夫子之言所謂辭不迫切而意已獨至者也程子則懼夫讀者之不察而於巧言令色之中求少許之仁焉是以推本聖人之意直斷其不仁以解害辭之惑也說經如此

其可謂有切矣而後之說者猶紛紛然置曲說於其間其亦不察也夫或曰辭欲巧令儀令色何以異於此章所謂巧言令色乎曰爲己爲人之不同而已盖意誠在於爲己則容貌辭氣之間無非持養用力之地一有意於爲人而求其說己則心失其正而鮮仁矣○或問巧言爲言不誠者曰攙其所見巧言即所謂花言巧語如今世舉子弄筆端作文字者便是看做這般模樣時其心還在腔子裏

否文蔚小人許以為直色屬内荏則雖與巧言令色者不同然考其矯情飾偽之心實巧言令色之尤者故聖人惡之○絶無二字是程子非仁之意也淳○犯上者鮮矣之鮮對未之有也與鮮矣仁之鮮不同僴○程子曰知巧言令色之非仁則知仁矣與前章程子曰兩條通看若理會得則論語一書凡言仁處皆可通矣明作

四章吾日三省吾身

胡進之

或問程子所謂盡己之謂忠以實之謂信何也曰盡己之心而無隱所謂忠也以其出於内者而言也以事之實而無違所謂信也以其驗於外者而言也然未有忠而不信未有信而不出於忠也故又曰發己自盡謂忠循物無違謂信表裏之謂也亦此之謂而加密焉耳○盡己之謂忠今有人不可以盡告則又當如何曰聖人到此又却有義道夫○以實之謂信以用也泳○發己自盡循物無違明

道語也盡己以實伊川語也明道之語周於事物之理故如此圓轉伊川之語嚴故截然方正簡潔明通道夫○忠信只是一事自我而觀謂之忠自彼而觀謂之信答黄子厚○曾子守約不是守夫約言所守者約耳僩曾子亦不是截然不省別得只是見得此三事上實有纖毫未到處其他處固不可不省特此三事較急耳道夫○曾子三省處集註說亦有病如省察是當下便省察纔有不是處便改不是

胡進之

事過後方始去省省了又却休也銖○問忠信爲傳習之本曰此篇如說則以學文就有道而正焉之類都是先說一箇根本而後說講學燾

四書集義精要卷第五

四書集義精要卷第六

論語二

學而下

五章 道千乘之國

或問包氏謂八十家出車一乘馬氏謂八百家出車一乘孰為淂耶曰車一乘甲士步卒合七十五人而馬牛兵甲糧糗芻茭具焉恐非八十家之力所能給也然與孟子王制之說不同疑孟子未見班爵分土之籍特以傳

聞言之故不能無小誤若王制則固非三代古書其亦無足據矣又云䟽云千乘方三一十六里有畸此等只要理會得古人制度大意道治也作開導字則無義理道之以政方可訓開導也人傑○遇事不敢輕不敢慢乃是主一無適伯羽○楊氏說好若治國不本此五者君臣上下漠然無干涉何以為國南升○此篇皆是就本領上說如治國禮樂刑政尚有多少事而夫子却只說此五者蓋本領所在也義剛○敬事而信是節用愛人使

民之本敬又是信之本閣祖○閣五者相承各有次第曰此等處須看有能如此此後方能如此之意又看有能如此此後又不可不如此之意反復推之乃見曲折答李堯卿

六章弟子入則孝

仁者自當親其佗自當汎愛蓋人是箇生底物事既是生底物便具生之理發出便是愛纔是交接之際便須自有箇恭敬自有箇恩意如何漠然無情不相親屬得聖人說出話

兩頭都平若不親仁又流於兼愛矣僩○而親仁亦是學文之本領蓋不親仁則本末是非何從而知之燾○胡氏解則以學文謂古者有業文之家今觀微子之命蔡仲之命左傳中數處誥命大抵文意相類及以閟宮殷武末章觀之誠恐古人作文亦須有箇格樣遞相師法必大

七章 賢賢易色

或問賢賢而言易色何也曰孔子兩言未見

好德如好色而中庸亦以遠色爲勸賢之事則古人之言其以德色相爲消長也舊矣曰子夏以爲必謂之學者何也曰子夏蓋疾時人之不務本實而徒事空言且以爲是非學者不能亦然其言抑揚之間若有過中之弊故吳氏病之蓋得之矣　致身如送此身與之從其將來如何使　時舉

八章　君子不重則不威

或問有以爲人不如己而不與之友則自謂

人不如己而生自滿之心矣若必勝己者而後友之則勝己者又將視我為不勝己而不吾友矣曰此其意則善矣然致之不詳而慮之或過則亦不得而不論也蓋人之賢否優劣之於心自有準則非彼我好惡之私所能掩也故學者之心雖不敢輕謂人不如己然至於接人待物之際或親或疏或高或下則亦有不容以分別為嫌者故於齒德之殊絕者則尊而師之於賢於己者則尚而友之

其不若己者雖不當就而求之以爲吾友無友之友盖友之也即求之以爲吾友之意然亦必有以矜而容之勉而進之是皆理勢之自然非我之敢爲自隘而亦未嘗輕以絶人也彼賢於我者其視我亦若是耳又何自弃我爲哉且世之陋者之所以樂與不若己者爲友者其故亦可知已盖樂於縱恣故憚直諒者之正己而不敢親安於淺陋故忌多聞者之少己而不肯問至於凡庸嵬瑣之流則

喜其臨己而足以為高便辟僂柔之徒則悅於下己而足以自肆也夫其所以定取舍者如是是以賢智日遠而所與居者無非厮役徒隸之人雖有美材良質亦且忽不自知而墮於小人之歸矣是則聖人安得不一言以警之然亦曷嘗使之輕為自滿而謂人莫己若也哉　主忠信一句主字最重凡事靠他做主　明作　○人若不忠信如木之無本水之無源更有甚底一身都空了　南升　○程子所

謂知其不善則速改以從善曲折專在速改字上著力若今日不改是壞了兩日事明日不改是壞了四日事今人只是憚難過了日子銖

九章 慎終追遠

或問九章之說曰蘇氏洪氏之說亦可觀蘇氏曰略於喪祭則背死忘生者衆而俗薄矣洪氏曰曾子之學以忠信孝弟爲本故其言如此○問追遠只是親遠祖時人不解更有

追念之意曰今湖北上墳雖遠祖亦哭此亦好人之一身推其所自則必有本雖是遠祖畢竟我是其血脉若念及此則自不能無追感之情使老人得見孫子雖十世孫也惜畢竟是自家骨肉人只是不思量至此所以追感之誠不至也義剛 ○慎終追遠伊川云不止於喪祭推之固是如此但本意只是為喪祭同上 ○問註云以此自為則己之德厚恐此章止為化民不見有自為之意曰慎終追遠

自是人所當然不為化民而後為之也故己德厚而民德亦歸趨之雖不明言然味其間隱然有此意也　答汪長孺

十章　夫子至於是邦必聞其政

或問夫子未嘗求聞諸侯之政而子貢有夫子求之之說何也曰此就子禽之言借其求字而反言之以明夫子之未嘗求如孟子之言伊尹以堯舜之道要湯也若謂夫子欲聞其政而為是畀巽以求之則失之矣○易直

易平易也和易也直無屈曲如世人所謂白
直蓋其心不傾險不麄戾即是良善樂記易
直子諒之心昔人改子諒作子良看来良字
却是人之初心子愛良善便是元者善之長
孟子說惻隱之心人皆有不忍人之心皆是
此心聖賢教人先要求此心正為萬善之總
處寓○儉謂節制非儉約之謂只是不放肆
常收斂之意明作○最要看得此五字温是
如何氣象良是如何氣象恭儉讓又是如何

體之於我則見得聖人有不求人而人自来就問之意令人却無非是求自請舉以往並是求雖做到宰相地位也是恁地縱不肯明求也須暗地結託蓋以求人為常而不知其非也此篇多是先以此教人如人不知而不慍如巧言令色如不患人之不己知皆是此意中庸也只是如此衣錦尚絅亦是此意今學者且去理會那不求底道理乃好 時舉○黄榦曰集註特發過化存神之意於註釋之

未曰過化存神則不待見于容貌而人服之又曰德盛禮恭則禮之所以恭者又未甞無其本也觀其言則引而不發味其意則若有所不足于子貢之云者其旨深矣

十一章　父在觀其志

或問此章之旨猶有可取者乎曰晁氏洪氏之說亦善晁氏曰三年無改於父之道此觀行之一節也洪氏曰父沒雖可以行其志然改父之道於三年之中則無愛親之心而其

行亦不足觀矣曰所取於尹游氏之説何也曰尹氏得其用心之本而游氏得其制事之宜二説相須爲不可易矣曰必若尹游之説則夫子之言得無有所不盡者乎曰爲人子者本以守父之道不忍有改爲之心至有所遇之不同則隨其輕重而以義制之耳三年而改者意其有爲而言也其不可改則終身不改固不待言其不可以待三年者則又非常之變亦不可以預言矣善讀者推類而求

之或終身不改或三年而改甚不得已則不待三年而改顧其所遇之如何但不忍之心則不可無耳或曰昔謝方明承前代人不易其政其必宜改則以漸變之使無迹可尋為人子者不幸而父之道有當必改者以是為法而隱忍遷就於義理之中不亦可乎曰吾嘗聞之師矣以為此其意則固善矣然用心每每如此即駸駸然所失多矣若不得已但當至誠哀痛以改之而已何必隱忍遷就之

云乎至哉此言足以徵學者用心之微矣○
父在觀其志已有處變意思必有為而言 節
○道猶事也言道者尊父之辭 人傑 ○聖人
之言未有若此曲折者疑當時亦有事在所
當改而可以未改者故聖人言此 銖 ○纔說
三年無改便是這事有未是處了 僩

十二章 禮之用和為貴

或問禮之有和何也曰禮之所以有是品節
之詳者皆出於人心自然之節聖人制禮特

使人由是以中其節而非以人之所不欲者強之也故行之雖或甚苦而自有不失其和若不本於此而徒勉強於儀貌之間則是徒禮而無和矣○禮是嚴敬之意但不做作而順於自然便是和和非外面物事只就嚴敬之中順理而安泰者便是也　祖道　○人須是窮理見得這道理合當用如此我自不得不如此如入公門鞠躬如也如不容可謂至嚴矣然而自肯甘心為之而無厭倦之意者

乃所以為和也至嚴之中便是至和處如今人被些子燈花落手便說痛到灼艾時因甚不以為痛只緣知道自家病合當灼艾出於情願自不為痛也 銖 ○和是禮中之樂未便是樂如天子八佾諸侯六大夫四士二此又是樂中之禮這便是禮樂不相離 時舉 ○知和而和是一向去求和便是離了禮且如端坐不如箕踞徐行後長者不如疾行先長者如這裏更有甚禮所以不可行也 同上 ○天

下之事嚴而不和者却少和而不節之以禮者却多同上○有禮而不和則尚存其禮之體若一於和則併其本而忘之就此二者言又自有輕重義剛

十三章信近於義

或問所謂約信而合宜則言必可踐何也曰人之約信固欲其言之必可踐也然其始也或不度其宜焉則所言將有不可踐者矣以為義有不可而遂不踐則失其信以為信之

所在而必踐焉則害於義二者無一可也若約信之始而必求其近於義焉則其言無不可踐而無二者之失矣或曰然則葉公所謂復言非信者何耶曰此特爲人之不顧義理輕言而必復者發以開其自新之路耳若信之名則正以其復言而得之也今不警其言不近義之差於前而責其必復其言之失於後顧與信之所以得名者而亂之則亦矯枉過其直矣或者乃引之以釋此句以爲信不

近義則言有不必復者是乃使人不度於義而輕發其言以開誕謾欺僞之習其弊且將無所不至非聖賢所以垂世立教之旨也曰爲恭而中節則遠恥辱何也曰致敬於人固欲其遠恥辱然不合於節文則或過或不及皆所以自取恥辱惟致恭而必求其近於禮焉則其可遠恥辱也必矣或曰先儒又有以爲恭而近於禮然後君子行之以遠恥辱若非禮之恭則寧身被困辱而不爲也其說如

何曰此其意善矣然亦非有子之意也有子之意本為謹其言行以防後患於未然之前所謂言必慮其所終行必稽其所弊者也豈使人不戒於初而徐計之於已然之後崎嶇反側如或者之言哉○近猶云合也古人下字寬如巧言令色鮮矣仁之意廣○恭近于禮如不當拜而拜被人非笑固是辱若當拜而不拜被人責怒亦是辱明作○因如因徐辟之因親又較厚宗則宗主之又較重主猶

於衛主顏讎由之主蓋當時羈旅之臣所至必有主寓○今初間與好人相親後來受他薦舉辟差便是為吾之宗主此是前不失其親後亦可宗也賀孫○信近義恭近禮因不失其親此三句是今目下事言可復遠恥辱亦可宗是將來底事又曰上三句是接物與人之初下三句是久而無弊之效但當初合下便須着思量到無弊處也銖○先儒舊說多為也字所惑如其解也字便只是箇矣字伯羽

○古人文字皆叶韻宗叶音族　淳

十四章　君子食無求飽

敏於事是當做底事須與做了　明作　○事難行故要敏言易出故要謹就有道而正其言行之是非蓋求飽求安是其存心處敏事慎言是其用功處　同上　○此章須是反復看若但不求安飽而不知慎言敏行有甚意思但慎言敏行而不就正於有道則未免有差若工夫不到則就有道亦無可正者聖人之言

周徧無欠闕類如此中庸尊德性道問學數語亦此意廣○平時須是自去講學得七八分了一旦就有道求正只一二言便可剖判臨時旋學也難倪

十五章貧而無諂

貧而無諂富而無驕與貧而樂富而好禮此無次序只看資質與學之所至如何資質美者便自能貧而樂富而好禮如未及此却須能無諂而後能樂無驕而後能好禮也謨○

聖人此語正似說兩人猶言這人貧而無諂富而無驕固是好然不似那一人貧而樂富而好禮更勝得佗寓○子貢引詩之意不是專以此為貧而樂富而好禮底功蓋見得一切事皆合如此不可安於小成不自勉也時舉○集註中所謂義理無窮者不是說樂與好禮自是說切磋琢磨處精而益精尒蓋義理無窮學不可以遽止子貢曉此故曰告往知來植○告其所已言者謂處貧富之道而

知其所未言者謂學問之切　南升

四書集義精要卷第六

四書集義精要卷第七

論語三

為政

首章

或問北辰之為天樞何也曰天圓而動包乎地外地方而靜處乎天中故天之形半覆乎地上半繞乎地下而左旋不息其樞紐不動之處則在夫南北之端焉謂之極者猶屋脊之謂極也然南極低入地三十六度故周回

七十二度常隱不見北極高出地三十六度故周迴七十二度常見不隱北極之星正在常見不隱七十二度之中常居其所而不動其旁則經星隨天左旋日月五緯右轉更迭隱見皆若環繞而歸向之知此則知天樞之説而聖人所以取譬者亦可見矣○史記載北極有五星太一常居中是極星也辰非星只是中間界分也故康節説日月星辰自是四件辰天壤也其極星亦微動惟辰不動乃

天之中猶磨之心也前人說北極便是北辰只說北極不動至洮存中始推之如此此蓋北辰無星緣人要取此以爲極不可無箇記認所以就其旁取一小星謂之極星義剛○問集註舊云行道而有得於身後改身作心何也曰勉強作一二好事非是有得所謂得者謂其行之熟而心安於此也古人製字不苟如德字從心蓋曉此理僩○問集註無爲而天下歸之曰以身率人自是不勞力禮樂刑

政固不能廢只是本分做去不以智術籠絡天下所以無為明作

二章詩三百

情性是貼思正是貼無邪賀孫○問直指全體曰其言或顯或晦或偏或全故不若此句之直截而該括無遺耳答汪長孺○黄氏通釋直指則非微婉全體則非一事直指故明全體故盡○伊川曰思無邪誠也每常只逐看過細思之極有義理蓋行無邪未是誠思無

邪乃可為誠也賀孫○思無邪詩之所以為教毋不敬禮之所以為教寓

三章道之以政

齊之以禮禮者五禮所謂吉凶賓軍嘉須令他一齊如此所謂賢者俯而就之不肖者企而及之明作

四章吾十有五而志于學

不惑是隨事物上見這道理是合如此知天命是知這道理所以然人傑○譬如水人皆

知其為水聖人則知其發源處耳順是見得
那道理爛熟後不待思量過耳便曉義剛○
聖人之志學異乎衆人之志學聖人之不惑
異乎衆人之不惑若必指定聖人十年方一
進固不可若說聖人全無事乎學只懸空說
亦不得道夫○胡氏不失本心一段極好儘
用子細玩味蓋人心皆自有許多道理不待
逐旋安排入来聖人立定許多節目只要人
剔刮將自己心裏許多道理出来而已明作

六章 孟武伯問孝

其佗兩荅固是皆切於學者看此句較切其佗只就道理上說此句於身心上指出 賀孫

八章 子夏問孝

愛而不敬非真愛也敬而不愛非真敬也敬非嚴恭儼恪之謂只小心畏謹便是敬 道夫

○子夏之病乃子游之藥若以色難告子游以敬告子夏則以水濟水以火濟火故聖人藥各中其病 方子

○今人和養與服勞也都

無了且得如此然後就上面更進將去明作

九章吾與回言終日

無所不説便是不違榦○問顏子不違與孔子耳順相近否曰耳順地位高不違是顏子於孔子説話曉得耳順是無所不通淳○退顏子退也答范伯崇○私如慎獨之獨非特無人獨處之地只人之所不知雖在衆中便是獨也當○亦足以發於晬面盎背皆見程子出門如賓使民如祭充之則晬面盎背此

之謂也蕭○深潛是深厚不淺露恁地時意思常藏在裏面了也同上○默識心融融字最好如雪在湯中若不融一句只是一句在肚裏如何發得出来如人喫物若不消化只生在腹中如何能益體膚如孔子告曾子一貫佗人聞之只是箇一貫曾子聞之便能融化故發出忠恕而已来一之○如請事斯語所謂坦然由之而無疑也明作○論語止有顏子喟然之歎與問仁等數章而已吾與回言

終日則言多矣惜乎其不傳也廣

十章視其所以

問集註意之所從來曰齊桓伐楚固義也然其意之所從来乃因怒蔡姬而伐蔡蔡潰遂伐楚此則所為雖是而所由未是也銖○安大率是伲平日存主習熟處伲本心愛如此雖所由偶然不如此終是勉强畢竟所樂不在此後或依舊又從熟處去明作○問視其所以兼君子小人言知其小人不必論也所

由所安亦以觀察君子之為善者耳曰譬之淘米其糠與沙其始也固淘去之矣再三淘之恐有未盡去之沙粃耳人傑○問此章先儒兼善惡說今集註只解向不好邊去恐似無過中求有過非聖人意曰這只平心看看得十分是如此初間看善惡便曉然到觀其所由有不善了又勝得當下便不善者到察其所安有不善又勝得第二項人不是到此處便做不好人看佗只為不是他心肯意肯

必不會有終又曰如委託人如小事尚可隨人所長而付之若大事如何不眞見得其人了而後與所謂可以託六尺之孤寄百里之命臨大節而不可奪必直見此人是如此方可 賀孫 ○視其所以觀其所由察其所安觀人固當如此觀己亦當如此伯夷叔齊古之賢人也一句便可知何故更問怨乎此一句却緫有說話 銖

十一章溫故而知新

或問溫故而知新可以為師之說曰若徒溫故而不能知新則聞見雖富誦說雖勤而口耳文字之外略無豪髮意見譬若無源之水其出有窮亦將何以待學者無已之求哉若尋繹舊聞每有新得則譬諸觀人昨日識其面而今日識其心矣於以為師其庶矣乎夫子之言所謂可云者正以明夫未至此者不足以為師非以為如是而為師有餘也且昔程子晚而自言吾年廿時解釋經義與今無

異然其意味則今之視昔為不同矣此温故知新之大者學者以是為的而深求之則足以見夫義理之無窮而亦將不暇於為師矣○温故而知新觀其語意乃為温故而不知新者設不温故固是間斷了若果無所得雖温得亦不足以為人師所以温得又要知新惟温而不知新故不足以為人師也這語意全在知新上義剛○記問之學不足為人師只緣這箇死殺了若知新則引而伸之觸類

而長之則長活僴

十二章君子不器

所謂體無不具人心元有這許多道理充足若慣熟時自然用無不周如子貢瑚璉只在廟中可用如原憲只是一甘貧之人邦有道亦不能出而立事邦無道亦不能撥亂反正明作

○君子者才德出衆之名德者體也才者用也人傑

十三章子貢問君子

問將先行作一句如何曰程子如此讀然其言而後從之不成句若云而後其言從之方得不若且從周氏讀

十四章 君子周而不比

周者大而遍之義比便小所謂兩兩相比無一人使之不得其所周也但見同於己者與之不同於己者惡之比也 卓

十五章 學而不思則罔

或問學思罔殆之辨既曰昏且危矣而又繫

以無得不安之説不已贅乎曰罔者其心昏昧雖安於所安而無自得之見殆者其心危迫雖得其所得而無可即之安此固兼夫内外始終而言而後足以盡夫罔殆之義也昏以心言無得者無得於理而卒於罔也危以心言不安者不安於理而卒於殆也○只管思量而不學則自家心必不安穩便是殆也

明

作

十六章　攻乎異端

或問有以攻為攻擊之攻言異端不必深排但當反經而已者如何曰不務反經而徒與之角無涯之辨固所以自弊然熟視異端之害而不一言以正之則亦何以袪習俗之蔽而反之於經哉蓋正道異端如水火之相勝彼盛則此衰此強則彼弱反經固所當務而不可以徒反異端固不必辨然亦不可不辯熟觀孟子所以答公都子好辯之問者則可見矣○問楊墨為我疑於義兼愛疑於仁其

禍已不勝言佛氏如何為尤甚曰楊墨只是硬恁地做佛氏家有精微動人處所以士大夫多陷焉問佛氏所以差曰從劈初便錯如天命之謂性佗把這箇便都做虚空說了吾儒見得都是實若見得到自家底從頭到尾大事小事都是實佗底從頭到尾都是空賀孫

○佛氏說空非便不是但空中須有道理始得若只說空而不知其中有箇實底理却何用譬如一淵清水清泠徹底看來一如無

水佗便道此淵只是空都不曾將手去探看是冷是溫不知道有水在其中佛氏之見正如此 南升 ○問集註何以只言佛而不言老曰老便只是楊氏 淳 ○向來見人陷於異端者每以攻之為樂勝之為喜近惟覺彼之迷昧為可憐而吾道之不振為可憂誠實傷痛不能自已不知是年老氣衰而然耶抑亦漸得性情之正而然也 道夫

十七章 由誨女知之乎

知之者以爲知不知者亦爲之知終至於知與不知都無限界矣知之爲知不知爲不知則無自欺之蔽其知固自明矣若不說求其知一節則是使人安於所不知也添入此意其說方完上不失於自欺下不失於自勉廣

十八章子張學干祿

或問子張學干祿而夫子告之如此何也曰人之處已接物莫大於言行而聞見者所以爲言與行之資也然積之不多則孤陋單淺

無以參驗而知所疑殆知而不闕則冒昧苟且無所依據而流於謬妄能闕疑殆則庶幾矣顧於其餘遂以爲已信已安而無事於謹則言行之閒物我交戾而尤悔之積有不能免是將無以行乎州里尚何祿之可干哉誠反是而觀之則夫子所以告子張者其意亦可知矣然自寡聞見而積之多多聞見而擇之審擇之審而猶曰謹其餘焉則其反身亦切矣而聖人之訓猶曰僅足以寡尤悔而已

盖未敢以為絶無也聖人之於言行之際其重之如此而推本所從有始有卒又如此學者亦可以盡心矣曰然則是果可以得禄耶聖人教人眞使以是求禄耶曰程子言之詳矣盖先王之世教民以德行道藝而賓興之故士能謹其言行則有得禄之道然聖人之意則以為君子亦脩其在我者而已其得與不得非所計也故曰禄在其中如曰仁在其中樂在其中直在其中餒在其中皆本於此

而反得彼之觧也豈眞教之以是而求禄哉嗚呼三代之時先王之法行於上者既如彼聖人之教行於下者又如此是雖欲人材之不成風俗之不厚蓋亦不可得已正使士之不賢者或不免於外慕有司之不明者或不足以得人然其所以相求者蓋猶出於脩身謹行之意一得其人則其法固萬世不易之良法也豈若後世專以詞藝取人而不考其言行之素使士之賢者猶不免急於彼而緩

於此有司之良者每恨無以必得行誼才業之人而其不賢且良者則固皆以爲當然而不之怪也然則人材風俗之所成就又安得不愧於古上之人亦何重於此而不之革哉

○大凡言不謹則必見尤於人人既見尤自家安得無悔行不謹則已必有悔已既有悔則人安得不尤各以輕重對說寓

十九章何爲則民服

或問有以爲舉錯當人心則民服而集註不

之取何也曰當人心不若得義之有準則也曰當是時也三家專魯哀公豈得而擅舉錯之權哉曰胡氏有言使公復問孰為枉直而付舉錯之柄於夫子則夫子必有所處矣民心既服公室自張何至乞師於越而卒以旅死哉此言得之矣○不居敬如何窮理如何識人 明作

二十章季康子問使民敬忠以勸

莊只是一箇字上能端莊則下便尊敬至于

孝慈則是兩事孝是以躬率之慈是以恩結之如此人方忠於己舉善而教不能若善者舉之不善者遽刑罰之則彼何由勸哉惟舉善於前教不能於後則是誘引之使趨於善也所以勸義剛

二十一章子奚不爲政

推廣此心以為一家之政緣下言是亦為政故知不是國政明作

二十三章子張問十世可知也

或問夫子之言以三代言之可矣若以繼周者言之則秦已不能因周之禮而損益之矣漢繼而反因秦以爲損益然則夫子之言其不驗乎曰不然也秦滅先王之法漢懲亡秦之禍皆非欲因其禮而損益之者然其所謂君臣父子夫婦之實則秦不能有以甚異乎周而漢亦不能有以甚異乎秦也至於秦之罷侯置守廢德任刑漢之除苛能嬈與民休息亦皆損有餘補不足其勢有不得而不然

者然卒亦不能變其所因之大體也推之萬世亦莫不然雖昏狂乖亂之極不能出此但其得失有多少之差耳然則夫子之言豈可謂之不驗乎○所因之禮是天做底萬世不可易所損益之禮是人做底故隨時變更又曰雖是人謀要是大勢不得不出此燾○三綱五常雖衰亂無道之極亦在如繼周者秦大無道之世也畢竟始皇爲君李斯等爲臣始皇爲父胡亥爲子三綱五常地位占得大

了便是損益亦不甚多此段重在因字損益只些子南升　○損益勢自是如此惟聖人能順其勢而盡其理其下者不能識其損益之宜則或過差如周末文極故秦興必降殺周柔弱故秦必變而為强戾周纖悉周緻故秦興一直情徑行皆事勢之變到這裏要做箇直截世界秦既暴虐漢興定是寬大秦既鑒封建之弊改為郡縣削弱宗族至漢遂大封同姓莫不過制後自武帝以下直至魏末無

非刻削宗室至此可謂極矣晉武起盡用宗室皆是因其事勢不得不然賀孫○損益猶寒極生暖暖甚生寒其勢必如此可知也銖

○問使孔子監前代而損益之及其終也能無弊否曰惡能無弊賀孫○忠則渾然無質可言但樸實白直做將去質則漸有形質制度而未及於文采文則就制度上事事加文采然天下勢自有三者非聖人欲尚忠尚質尚文也不得不忠不得不質不得不文耳彼

時亦無此名字後人見得如此故命此名　僩

○問三統曰即康節十二會之説天開於子地闢於丑人生於寅也　銖

二十四章　非其鬼而祭之

非其鬼而祭之如天子祭天地諸侯祭山川大夫祭五祀士庶人祭其先上得以兼乎下下不得以兼乎上士庶人而祭五祀大夫而祭山川諸侯而祭天地皆所謂非其鬼也　僩

○見得是義而為之不力若從本原看乃是

見未分明所以為之不力 賀孫

四書集義精要論語卷第七

四書集義精要論語卷第八

論語四

八佾

首章

季氏初心也須知其爲不安然見八佾人數之盛便自忍而用之這便是過絶天理失其初心也時舉○後説之意亦自當存蓋只此便是天理發處木之

二章三家者

初成王不賜伯禽則後雖欲僭亦無樣子又曰觀天子之禮於魯宋宋是二王後有天子之禮當時諸侯皆不識天子之禮故於魯宋觀之節

三章人而不仁如禮何

如禮樂何謂其不奈禮樂何也辟如不善操舟必不奈一舟何不善乘馬必不奈一馬何禮樂不爲之用是不爲我使我使佗不得雖玉帛交錯不足以爲禮雖鍾鼓鏗鏘不足以

為樂人傑○心既不仁便是都不醒了自與禮樂不相干如無狀之人去讀六經然六經自是六經與他即無關涉又安得為之用僩○程子說仁者天下之正理固好但少踈仁者本心之全德人若本然天理之良心存而不失則所作為自有序而和銖○問游氏之說則指在外之禮樂言之如玉帛鍾鼓之類程先生所謂無序而不和却是主在內者言之如何曰兩說只是一意緣在我者無序不

和故在外之禮樂亦不爲我用廣○問游氏言心程子主理李氏謂待人而後行蓋心具是理而所以存是心者則在乎人也曰得之道夫

四章林放問禮之本

禮不過吉凶而已上句是汎以吉禮而言下句是専指凶禮而言淳○古人做物滑净無礙處便是易又曰若習治其禮可觀則是樂於喪而非哀戚之情也檀弓喪事欲其縱縱

爾曲禮喪事先遠日皆是存惻怛不忍之意也燾○奢易過於文儉戚則不及而質與其過也寧不及不及底可添得夔孫○儉質底發未盡在奢易底發過去了然都由心發辟之於花只是一箇花心却有開而未全開底開而將披離底其儉質底便猶花之未全開者奢易者便猶花之將披離者且如人之居喪其初豈無些哀心緣他外面裝點得來過當便沒了那哀心人之行禮其初豈無些恭

敬之心亦緣他裝點得來過當便埋沒了那恭敬之心燾○禮正在恰好處泝而上之則儉為本沿而下之則奢為末答呂子約

五章夷狄之有君

或問范呂之説皆以為夷狄有君而無禮義不如諸夏之無君而有禮義如何曰臣之不可無君猶身之不可無首也植遺腹朝委裘蓋出於一時之不得已然自有中國以來其能如是而不亂者蓋亦希矣聖人豈以是為

可常哉○問程子似專責在下者尹氏似專責在上者何如曰亦一意耳皆言上下僭亂不能盡君臣之道如無君也義剛○問亡莫只是有無君之心否曰然銖

六章季氏旅於泰山

或問六章之說曰張敬夫以為當冉有為宰之時始有是事故夫子欲其救之以為之兆其說幾是○天子祭天地諸侯祭其國之山川只緣是他屬我故我祭得他若不屬我則

氣便不與之相感　時舉　○曾宰除人姓外訓

則訓嘗皆當音在增反　廣

七章　君子無所争

或問射之有争而争也君子奈何曰君子恭敬退讓不與人争至於射則皆欲中鵠以取勝也然大射之儀耦進三揖而後升堂射畢又揖而降勝者袒決遂執張弓不勝者襲脱決拾卻左手右加弛弓於其上遂以執弣揖如始升射及階勝者先升升少右不勝者進

北面坐取豐上之觶立飲坐奠於豐下興揖先降其雍容謙遜乃如是是則雖曰有爭而其爭也亦不失其爲君子之道矣此則註疏舊說爲得其旨也○其爭也君子言爭得來也君子　銖

八章　巧笑倩兮

或問子夏所引之詩蓋衛風碩人之篇或以爲素以爲絢兮者夫子删而去之也曰删詩者去其不合於義理者耳今此句之義夫子

方有取焉而反見删何哉且碩人之詩四章而章皆七句不應此章獨多一句而見删又不應因删此句而并及他章例損一句以取齊也蓋不可知其為何詩矣○起予者商回非助我聖人豈必待二子之言而後有所起發耶聖人胸中雖包藏許多道理若無人叩擊則終是無以發揮於外一番説起則一番精神也 柄

九章夏禮吾能言之

或問孔子所言之禮今有存者已乎曰胡氏有言先儒言孔子嘗定禮樂今以此章之旨觀之則三代之禮孔子欲為一書而不果成也至於樂則與詩相須故樂正而雅頌各得其所然亦無全書矣疑其說之或然也○問夏殷之禮無證孔子何從而知之曰聖人固生知然亦當時賢者識其大不賢者識其小孔子廣詢博問所以知之倜○孔子曰我欲觀夏道是故之杞而不足徵也吾得夏時焉

我欲觀殷道是故之宋而不足徵也吾得坤乾焉說者謂夏小正與歸藏然聖人讀此二書必是大有發明處歸藏之書無傳然就使今人得二書讀之豈能有聖人意思 人傑 ○中庸記得好道有宋存焉便見得杞又都無了如今春秋傳中宋猶有些箇商禮在 榦

十章 禘自既灌而往者

或問先儒禘禮之說多矣獨取趙氏何也曰先儒以禘為合祭於太廟上及其祖之所自

出而下及毁廟未毁廟之主祫則合祭於太
廟而不及祖之所自出也惟趙伯循引曾子
問春秋傳以明祫之為合如諸儒之說禘則
直祭其祖之所自出而以其祖配之但設兩
位而不兼群廟之主為其尊遠不敢褻也此
說最為得之而其具於春秋纂例者詳矣其
曰鬱鬯者何也曰禮家以為釀秬為酒煮鬱
金香草和之其氣芬芳而條暢也○問吾不
欲觀集註有兩意曰這其實也只說既灌而

往不足觀若不王不禘而今自當如此說將来賀孫

十一章或問禘之說

禘之說是追遠之中又追遠報本之中又報本如祖考與自家身心未相遼絶似尚易感至如郊祀天地猶有天地之顯然者不敢不盡其心禘則闊遠渺茫難盡感格之道苟非察理之精微誠意之極至安能與於此哉故知此則於治天下不難也木之

○問理無不

明誠無不格曰此尚明得何況其他此尚格得何況其他節○吴斗南說禮不王不禘王如来王之王要荒之君世見中國一世王者立則彼一朝王者行禘禮以接之彼國之君一世繼立則亦一朝歸國則亦行禘禮此說亦有理所謂吉禘於莊公者即此類非五年之禘義剛

十二章祭如在

孔子當祭祖先之時孝心純篤雖死者已遠

因時追思若聲容可接得以竭盡其孝心以祀之也祭外神謂山林陵谷之神能興雲雨者此孔子在官時也雖神明若有若亡聖人但盡其誠敬儼然如神明之來格得以與之接也蓋神明不可見惟是此心盡其誠敬專一在於所祭之神便見得洋洋然如在其上如在其左右然則神之有無皆在於此心之誠否不必求之恍忽之閒也南升○問外神曰如天地山川社稷五祀之類淳○問有其

誠則有其神無其誠則無其神曰鬼神之理即是此心之理 恪 ○謝氏言自家精神即祖考精神這裏盡其誠敬祖宗之氣便在這裏只是一箇根苗來如樹已枯朽邊傍新根即接續這正氣來 寓 ○人之氣傳於子孫猶木之氣傳於實也 此實之傳不泯則其生木雖枯毀無餘而氣之在此者猶自若也 答吴伯豐 ○問祖考精神便是自家精神故祭之可以來格至於妻及外親則不知如何曰但所

當祭者其精神魂魄無不感通蓋本皆從一原中流出初無間隔雖天地山川鬼神亦然也答汪長孺○夢周公忘肉味祭神如神在見得聖人眞一處理會一事便全體在這一事道夫

十三章與其媚於奧

或問諸家之說曰胡氏張氏之說得之胡氏曰天即理也理無不在在人則人心之昭昭者是也張敬夫曰胷中所存一有不直則為

獲罪於天矣夫欲求媚是不直之甚者也斯言即禱祠而論之而所以荅其意者亦無不盡也曰然則子之所論祀竈之禮何所據而言也曰月令夏三月其祀竈而鄭氏之註云爾也蓋凡祭五祀者皆先設席於奧而設主奠俎於其所祭之處已乃設饌迎尸於奧而孔疏以爲逸禮中霤之文蓋唐初猶有其書而今亡之也亦可惜哉○天即理獲罪於天只是論理之可否不是說禍福　○竈陘

非可作好安排故又祭於奥以成禮賀孫○竈陘疑是竈門外平正可頓柴處義剛○竈尸今亦無可考但如墓祭則以冢人為尸以此推之則祀竈之尸恐是膳夫之類祀門之尸恐是閽人之類祀山川則是虞衡之類儒用

十四章周監於二代

或問從周之義何也曰聖人不得其位固當從時王之禮而周禮之盛又非有所繆戾而

不可從也設使夫子得位而有作焉竊意其從二代之禮者固不能多於周也○孔子爲政自是從周處多盖法令自略而日入於詳詳者以其弊之多也既詳則不可復略令法令明備猶多姦究豈可更略略則姦究愈滋矣僩○問孔子答顏淵欲用四代禮樂至是則曰吾從周何故曰此正適来說心小則物物皆病賢心中只着得上一句著不得下一句可學

十五章子入太廟

或問何以知其爲始仕時也曰以或人所稱鄹人之子者觀之則其爲少賤之時無疑矣曰繼此而復入則將復問乎曰問而復問則不誠矣惟其所未見而未及問者則固將必問焉而其前所已問而今當行者則亦必復問而後從事也〇問每事問之義如何曰蓋平日講學但聞其名而未識其器物未見其事實故臨事不得而不問耳答李堯卿〇宗

廟重事雖知亦問自是當然或恐有差失處每常思量行事所以錯處只是有忽之之心且如使人去做一事丁寧諄複其中有己意以為易曉而忽之不囑者少問事之差處都由那忽處生僩

十六章射不主皮

皮字已似箇貫革字主是主於貫革榦○孫矢之利以威天下豈不願深中但欲略中而已蓋鄉射習禮若以貫革為貴則失所以習

禮之意夫子亦非惡貫革之射也若武射不貫革何益時舉○問楊氏曰容節可習而能今易為中如何曰但云容節則是全不求中又非射之意也答汪長孺

十七章子貢欲去告朔之餼羊

愛禮存羊一段須是見得聖人意大常人只是屑屑惜其小費聖人之心卻將那小費不當事他所存者大看得此等意思出方有益自家意方寬展方有箇活動長進處僩○特

羊乃專特之特非牛也　賀孫

十八章　事君盡禮

或問龜山黄資政之説則善矣其佗亦有所可取者乎曰胡氏之説亦善胡氏曰聖人事君盡禮非自賢以駭俗内交以媚君也亦曰畏天命畏大人而已矣以子思孟子之言觀之則聖賢之分可見矣然仰遵夫子則作中和之德師法二子則强毘弱之志學者審己所闕擇而從之可也○如拜下是孔子盡禮

處銖

十九章定公問君使臣臣事君

尹氏之說就人君而言如孟子所謂君之視臣如犬馬則臣視君如寇讎豈孟子教人臣如此哉正以警其君之不以禮遇臣下耳若只以為臣當忠而不及人主則無道之君聞之將謂人臣自是當忠我雖無禮亦得則在上者是得肆其無禮也後人好避形迹多不肯分明說却不知使上不盡禮而致君臣不

以善終却是賊其君者也義剛○問忠人倫日用皆當用之何獨只於事君上說曰父子兄弟夫婦皆是天理自然人莫不自知愛敬君臣雖亦是天理然是義合世人便自易得苟且於此說忠是就不足處說如莊子說命義天下之大戒看此說君臣自是有不得已意思若有不得已之意非有出於中心之誠者賀孫

二十章關雎樂而不淫

或問二十章之説曰張敬夫所論性情之際亦有可觀張曰哀樂情之爲也而其理具於性樂而至於淫哀而至於傷則流於情而汨其性也樂而不淫哀而不傷發不踰節則性情之正也○憂止於展轉反側若憂愁悲泣則傷矣樂止於琴瑟鍾鼓若沉湎淫泆則淫矣 僩 ○問審其音曰其音節亦得其正如人傳嵇康作廣陵散操怒晉欲奪魏其聲憤急可見音節也 銖 ○只玩其辭便見得若審其

音也難南升黄榦曰先生再改削止此

二十一章哀公問社於宰我

或問胡氏以社為祭地之禮然乎曰未可知也然其言則有攈矣存而考之可也胡氏曰古者祭地於社猶祀天於郊也故泰誓曰郊社不脩而周公祀於新邑亦先用二牛于郊後用太牢于社也記曰天子將出類于上帝宜于社又曰郊所以明天道社所以神地道周禮以禋祀祀昊天上帝以血祭祭社稷而

別無地示之位四圭有邸舞雲門以祀天兩圭有邸舞咸池以祀地而別無祭社之說則以郊對社可知矣後世既立社又立北郊失之矣○問樹所宜木為主曰以樹為社使神依焉如今神樹然非是將木截作主也以木名社枌榆之社之類問周禮載社主是如何曰用帛就社請神以往如今說鬼帛之類賀孫

二十二章

管仲之器小哉

或問三歸之爲臺名何也曰説苑有謂管仲築三歸之臺而韓非亦曰桓公使管仲有三歸之家是其證也曰舊説婦人謂嫁曰歸三歸云者一娶三姓而備九女如諸侯之制也且雖臺名安知其不以處是人而名之乎曰若此則爲僭上失禮與塞門反坫同科矣今夫子但以爲不儉則亦但爲極臺觀之侈而未至於僭也曰禮以大夫具官爲僭今管氏之官事不攝是也而夫子與三歸並稱則亦

安知其不為僭哉曰禮家之言若此者皆未可據也如曰家不藏龜則臧文仲之居蔡亦僭禮而不仁矣而夫子但譏其作虛器為不智則禮家之說又可盡信也耶凡此類者折衷以夫子之言可也曰或人聞小器而以為儉則似矣聞其不儉而遽以為知禮何哉曰當是時也世方尊管仲之功而不敢議其失故以為凡管仲之所為則是禮之所存矣又方文勝故徒知儉而不及者之為非禮而不

知奢而過者之尤失禮也○度量褊淺是佗容受不去了容受不去則富貴能淫之貧賤能移之威武能屈之矣規模是就佗施為處說僩○度量是言其資質度量後因學者問改為識量今改為局量規模是言其所為奢而犯禮乃其器小之影子也若是器大者自然有所容受不論有甚功業處之如無伐楚只問佗遠年泠罪不責其憑陵中夏僭號稱王之罪蓋責此則楚必不服事勢自然住不

得故只尋些小罪要得他稍稍退聽便收殺了此亦是器小之故廣○凡自正心脩德上做來則本領便大緣他只在智謀功利上走所以施設不過如此才到此便不覺自足矣時舉○無所往而不利無所適而不通無所為而不成無所受而不可以之為己則順而祥以之為人則愛而公以之為心則和而平以之為天下國家則無所處而不當富貴不能淫貧賤不能移威武不能屈此所謂大器

也驤 ○古人論王霸只以爲王者兼有天下
霸者能率諸侯此以位論固是如此然使其
臣天下正諸侯皆出於至公而無一毫之私
心則雖在下位何害其爲王道在學者身上
論之凡日用常行應事接物之際才有一毫
利心便非王道時舉 ○楊氏之説混爲一塗
之下少些曲折同上

二十三章子語魯太師樂

或問夫子之論樂何也曰味其語勢蓋將正

樂而語之之辭耳

二十四章儀封人請見

或問諸家皆以喪為斯文之喪子獨以為失位之喪何也曰此劉侍讀之說而蘇氏因之得其旨矣蓋封人亦曰何患於喪而已固未有以知其為斯文之喪且當是時夫子固無恙也二三子又何患於斯文之喪乎

二十五章子謂韶盡美矣

美如人生得好善則其中有德行耳堯之末

年水土之害得舜承當了天下遂極治紂之時天下亂得武王仗仁義誅残賊天下遂大治以聖人之功業論之皆可謂盡美矣然美之實有盡未盡者只是舜較細武王較麄些個○問美之實曰據書中說韶德惟善政政在養民水火金木土穀惟脩正德利用厚生惟和九功惟叙九叙惟歌此是韶樂九章看他意思是如何如樂記說武樂始而北出再成而滅商三成而南四成而南國是疆五成

而分周公左召公右六成復綴以崇與夫總干而山立武王之事也發揚蹈厲太公之志也其意思與韶自不同 廣 ○樂觀其深矣若不見得性之反之不同處又豈所謂聞其樂而知其德乎舜與武王固不待論今且論湯武則其反之至與未至恐須有別此等處雖非後學所敢輕議然今但細讀其書恐亦不待聞其樂而後知之也 答李堯卿 ○樂便是聖人影子這處未盡善便是那裏有未滿處

淳

○問程子曰堯舜湯武其揆一也征伐非其所欲所遇之時然耳使舜遇湯武之時如何曰但恐舜盛德人自歸之若是大段頑囬不得已也須征伐如伐苗是也舜之德如此又撞着好時節武王德不及舜又撞着不好時節今若要強説舜武同道亦不可必欲美舜而貶武亦不可大凡道理須寬心看使各自開去打疊了心胷安頓許多道理在其中高者還其高下者還其下大者還其大小者

還其小都歷歷落落是多少快活道夫○子
謂韶盡善武未盡善此與稱泰伯文王至德
意同泰伯三以天下讓文王三分天下有其
二以服事殷燾

二十六章居上不寬

或問其何以觀以為無以觀其事之得失何
也曰此以其文意推而得之也蓋在上則以
其量而觀其大小為禮則以其敬而觀其淺
深臨喪則以其哀而觀其厚薄今既無其本

矣則雖欲觀之其將何以觀之乎○不是不去觀又不是不足觀只爲他根源都不是了更把甚麼去觀他重在以字上又云將甚底物事去觀佗論語如此處多今人都只粗淺衮說過 賀孫

○如醋須是酸方就他酸之中看那箇酸那箇淡若只似水相似更論量箇甚麼無可說矣 僩

○寬字難識蓋有政教法度而行之以寬耳非廢弛之謂如敬敷五教在寬蓋寬行於五教之中也 木之

四書集義精要卷第八

四書集義精要卷第九

論語五

里仁

首章

或問里仁之說孟子嘗引以明擇術之意矣今直以擇鄉言之何也曰以文義考之則擇云者不復指言所擇而特因上句以爲文恐聖人本意止於如此而孟子之言姑借此以明彼耳○問里仁爲美謝氏引孟子所說恐

本意不如此曰這般說話要認得本旨是了若如孟子說也無害如謝氏說也無害 賀孫

○聖人本語不是說擇術古人居必擇鄉游必就士危邦不入亂邦不居聖人言語說得平正必欲求其說令高遠如何今人說文字眼前淺近底佗自要說深在外底他要說向裏本是說別事又要引從身上來本是說身上事又要引從心裏來皆不可 寓

○如觀過知仁之仁只是就慈愛上說里仁為美却是

二章 不仁者不可以久處約

或問安仁利仁之可以久處約長處樂何也曰胡氏於此發明似得其本旨者曰舜之飯糗茹草若將終身衣袗鼓琴若固有之此安仁者之久處約長處樂也原憲環堵閔損汶上魯之季文子齊之晏平仲此利仁者之久處約長處樂也○問不仁者濫溢何待於久曰亦有能勉強一時者聖人說話穩若便道

他便濫便溢也有不便恁地底義剛○問無内外遠近精粗之間曰若有便成兩非渾然一理也節○謝氏安仁則一利仁則二之句他人未有說及此者寓○問非顏閔以上不知此味曰須知到顏閔地位知得此味猶未到安處也同上

三章 惟仁者能好人

或問公正之說曰其言約而盡矣公者心之平也正者理之得也一言之中體用備矣○

惟公然後能正公是箇廣大無私意正是箇無所偏主處賀孫○以無私心解公字好惡當於理解正字有人好惡當於理而未必無私心有人無私心而好惡又未必當於理惟仁者既無私心而好惡又當於理時舉○而今人多連看公正二字其實公自是公正自是正這兩箇字相少不得僩

四章苟志於仁矣

問楊氏所云過與惡也何分曰惡是誠中形

外過是偶然過差明作○志於仁則雖有差不謂之惡惟其不志於仁是以至於有惡此志字不可草草看答熊夢兆

五章富與貴

或問五章之說曰衆人固欲富貴矣然得位以行其道亦君子之所欲也衆人固惡貧賤矣然身困則道否亦君子之所惡也故欲富貴而惡貧賤人之常情君子小人未嘗不同君子之所以異於人者特以非義而得富貴

則不處不幸而得貧賤則不去耳曰然則君子而有非道以得富貴者何也曰是亦一時不期而得之非語其平日之素行也蓋如孔子主我衛卿可得行一不義殺一不辜而得天下之類耳○問富貴不處是安於義貧賤不去是安於命曰此語固是但須知如何此是安義彼是安命蓋吾何求哉求安於義理而已不當富貴而得富貴則害義理故不處不當貧賤而得貧賤則自家義理已無愧居

之何害富貴人之所同欲若不子細便錯了貧賤人之所同惡自家既無愧義理若更去其中分疏我不當貧賤便不是張子韶云審富貴而安貧賤甚簡當學蒙○令人大率於利雖不當得亦瞑然受之若有害則必以為不當得而求去之問此二節語猶云怨有不雠德無不報之意否曰然僩○此章去字只如字如孟子去齊之去元在此而自離去之也若作上聲則是除去賀孫○左傳謂過信

為次是苟且不為久計之意杜預謂草次之期言草草不成禮也苟且是時暫處苟可以坐可以立時也 寓 ○富與貴貧與賤方是就至粗處說後面終食造次顛沛方是說得来細密然不先立得箇至粗底根脚則後面許多細密功夫更無安頓處 僩 ○終食造次顛沛一句密似一句 南升 ○貧富是說處這事君子去仁惡乎成名是主宰處終食造次顛沛是操存處李先生說得好 端蒙 ○富貴貧

賤取舍此且説箇粗底且是箇君子皮殼裏面更多少事然先能這事始能守得定存養之功自此漸漸密然必先無終食違仁然後造次顛沛必於是此如孟子説善利之間須從間字看如誠意章所謂毋自欺也自欺更多少事却説小人閒居爲不善一段蓋也是先要去得這箇如不切則磋無所施辟如耕田先去草方下得細膩功夫 夔孫 ○問取舍之分存養之功其相資也如何曰此言内外

大小皆當理會外若不謹內何以為田地根本內雖有田地根本而外行不謹則亦為之搖奪可學

六章我未見好仁者

或問無以尚之之義曰李氏曰好仁如好色舉天下之物未有以尚之者有以尚之則其好可移矣曰為仁者亦用力乎曰蘇氏曰仁之可好甚於美色不仁之可惡甚於惡臭而人終不知所趨避者物有以蔽塞之也解其

蔽達其塞不用力可乎故曰自勝者強又曰克己復禮為仁○好仁者惡不仁者只是利仁事却有此二等然亦無大優劣好仁者是資性渾厚底惡不仁者是資性剛毅底好仁者惻隱之心較多惡不仁者羞惡之心較多伯夷是惡不仁底柳下惠是好仁底聖人之意謂我未見好仁者惡不仁者又從而自解之曰我意所謂好仁者須是無以尚之所謂惡不仁者須是不使不仁者加乎其身是好

之篤惡之切如此等人又不是說那略略恁地好仁惡不仁底夔孫　○好仁底較強些子然好仁而未至却不及那惡不仁之切底盖惡不仁底直是壁立千仞滴水滴凍做事得成僩　○好仁惡不仁非是專言好他人之仁惡他人之不仁也端蒙　○好仁惡不仁之人地位儘高直是難得禮記無欲而好仁無畏而惡不仁者天下一人而已正是此意答林擇之　○問一日用其力將志氣合說是如何

曰用力說氣較多志亦在上面了志立氣便在志在這裏氣便在這裏如心在手上手便暖在脚上脚便暖志與氣自是相隨若真箇要求仁豈患力不足問既用力亦安有昏弱欲進而不能者曰有這般人其初用力非不切至到中間自是欲進不能夫子所謂力不足者中道而廢正說此等人問或有曾用力而力不足者這般人亦難得曰其舊只說得有能一日用其力一句後知其未穩大段費

思量一似蟻鑽珠模樣鑽來鑽去語脉却是如此方見得兩箇未見字不相礙寓

七章人之過也

或問七章之説曰程子至矣尹氏又推明之亦盡矣前乎此者則有劉氏之説後乎此者又有吴氏之説焉劉侍讀曰周公使管叔監殷而管叔以殷畔魯昭公實不知禮而孔子以爲知禮實過也然周公愛其兄孔子厚其君是乃所以爲仁也吴説已見集註如謝氏

之說則但觀人之運動作為而識其運動作為之所以然者即可知仁而亦不必專於觀過矣蓋其論仁每以活者為訓知見為先遂以此所謂知為彼之知此所謂仁為彼之活而誤焉耳曰世有因謝氏之說而推之者曰人能自觀其過則知其所以觀此者即吾之仁是說如何曰此說最為新奇而可喜吾亦嘗聞而悅之矣然嘗以質之於師而曰不然既又驗諸行事之實而後知其果不然也蓋

方其無事之時不務涵養本原而必欲求過以為觀省之資及其觀之之際則又不務速改其過而徒欲藉之以為知仁之地是既失其所以求仁之方矣且其觀之而欲知觀者之為仁也方寸之地俄頃之間有過者爲有觀者爲有知者爲更相攖拏迭相排逐煩擾猝迫應接不暇蓋不勝其險薄狂恠而於仁之意味愈不得其彷彿原其所以然者蓋亦生於以覺為仁而謂愛非仁之説矣夫有是

性必有是情故仁之愛知之覺猶水之寒火之熱也程子謂不可以愛謂仁蓋曰不可以情為性猶不可以寒為水而已然其以仁為愛體愛為仁用則於其血脉之所繫未嘗不使之相為流通也故於有子之言以及此章之旨未嘗不以愛為言至於以覺訓仁則蓋嘗明斥其非矣今宗本程氏而不深考於此乃直謂覺為仁而深疾夫愛之說則是謂熱為水而惡言水之寒也溺於新奇而不自知

其陷於異端誠以是說推之庶乎其有改矣

○問南軒作韋齋記却以黨為偏其說以謂偏者過之所由生也觀者用力之妙也覺吾之偏在是從而觀之則仁可識矣此說如何曰此章本平易只被後來人說得別了 去偽

來喻謂聖人教人以自治為急如此言乃有親切體驗之功此固是也然聖人言知人處亦不為少自治固急亦豈有偏自知而不務知人之理耶若如所論固若親切矣然乃所

以為迫切淺露而去聖人氣象愈遠矣且心既有此過矣又不舍此過而別以一心觀之既觀之矣而又別以一心知此觀者之為仁若以為有此三物遞相看覷則紛紜雜擾不成道理若謂止是一心則頃刻之間有此三用不亦怱遽急迫之甚乎

答吳晦叔

○嘗聞釋氏之師有問其徒者曰汝何處人對曰幽州人曰汝思彼否曰嘗思曰何思曰思其山川城邑人物車馬之盛耳其師曰汝試反思

思底還有許多事否今所論因觀過而識觀者其切要處正與此同若果如此則聖人當時自不必專以觀過為言蓋凡觸目遇事無不可觀而已有所觀亦無不可因以識觀者而知夫仁矣荅胡廣仲○觀過愚意欲只用古說甚分明蓋諸說皆有病惟是此說獨不費力但義差緩耳聖人之言自有如此處更以上文苟志於仁矣無惡也及表記仁者之過易辭也者反復證之則其理亦甚精晦叔

所說比欽夫差直截但終是迫切不類聖人語意耳 答蔡季通 ○觀過之說詳味經意而以伊川之說推之似非專指一人而言乃是通論人之所以有過皆是隨其所偏或厚或薄或不忍或忍一有所過無非人欲之私若能於此看得兩下偏處便見勿忘勿助長之間天理流行鳶飛魚躍元無間斷故曰觀過斯知仁矣蓋言因人之過而觀所偏則亦可以知仁非以為必如此而後可以知人也若

謂觀己過切嘗試之尤覺未穩盖必俟有過而後觀則過惡已形觀之無及久自悔欲乃是反為心害而非所以養心若曰不俟有過而預觀平日所偏則此心廓然本無一事却不直下栽培涵養乃預求偏處而注心觀之聖人平日教人養心求仁之術似亦不如此之支離也文集觀過說盖初見

○聖人之言寬舒無所偏失如觀過知仁猶曰觀人之過足以知夫仁之所存也若於此而欲求仁之

體則失聖人本意矣禮記與仁同過然後其仁可知說得太巧失於迫切人傑○厚與愛畢竟是仁上發出來其苗脉可見南升○薄與忍則與仁之血脉已是斷絶時舉

八章朝聞道

或問朝聞夕死得無近於釋氏之說乎曰吾之所謂道者固非彼之所謂道矣且聖人之意又特主於聞道之重而非若彼之恃此以死也曰何也曰吾之所謂道者君臣父子夫

婦昆弟朋友當然之實理也彼之所謂道則以此為幻為妄而絶滅之以求其所謂清淨寂滅者也人事當然之實理乃人之所以為人而不可以不聞者故朝聞而夕死亦可以無憾若彼之所謂清淨寂滅者則初無所效於人生之日用其急於聞之者特懼夫死之將至而欲倚是以敵之耳是以為吾之説者行法俟命而不求知死為彼之説者坐亡立脱變見萬端而卒無補於世教之萬分也故

程子於此專以實見理義重於生與夫知所以爲人者爲說其旨亦深切矣○所謂夕死可者特舉其大者而言耳蓋苟得聞道則事無大小皆可處得富貴貧賤無所往而不可故雖死亦有死之道也時舉○問若將此二句反之曰若人一生不聞道雖長生亦何爲便自明白曰然若人而聞道則生不虛死也不虛若不聞道則生也枉了死也枉了壯祖

九章士志於道

或問恥惡衣惡食者其爲未免於求飽求安之累者乎曰此固然也然求飽求安者猶有以適乎口體之實也此則非以其不可衣且食也特以其不美於觀聽而自恧焉若謝氏所謂食前方丈則對客泰然疏食菜羹則不能出諸其户者蓋其識致卑凡又在求飽與安者之下矣志於道而猶不免乎是焉則其志亦何足言哉

十章君子之於天下也

義是吾心所處之宜者見事合恁地處則隨而應之更無所執也時舉○聖人也不說道可也不說道不可但看義如何耳佛老則皆不睹是我要道可便是可我要道不可便是不可只由在我說得義剛

十一章君子懷德

或問君子小人安知不以位言耶曰以例求之凡言君子小人而相須者則君民之謂也如愛民易使之類是也言君子小人而相反

者則善惡之謂也如周比和同之類是也與以相反為言而上下章又且多義利之說則固當爲善惡之類矣況以君民為說則其懷惠之云亦迂晦而不通乎或問懷刑之說以為惡不善何也曰樂善惡不善猶曰好仁惡不仁也必以刑為言則猶管仲所謂畏威如疾申公巫臣所謂慎罰務去之之謂耳大抵懷德之君子不待懷刑而自安於善懷土之小人特欲全其所保而未必有逐利貪得之

心其為善惡亦各有淺深矣○君子便思量苦底小人便思量甜底㽦

十二章放於利而行

放於義而行只據道理做去亦安能盡無怨於人但識道理者須道是雖有怨者如何恤得他若放於利則悖理徇私其取怨之多必矣閎祖

十三章能以禮讓

或問十三章之說曰李氏之說亦得之李氏

曰能以禮讓然後能行禮不能以禮讓則雖禮文具在其如之何哉李氏之意蓋以禮之緐文末節當世所尚皆時人所易行者至於辭讓之心則禮意之實而人所憚爲故言能以禮讓爲國而先民則其爲國也不難若不能以禮讓爲國而徒相與從事乎緐文末節之間則亦無以爲禮耳至於句讀之間或以上句讓字爲絶句而爲國者屬之下文雖於上句爲通然施之下句則不詞甚矣要之此

但當爲三句而中句至國字爲絶乃安耳○禮文皆可僞爲惟有其實然後人感化賀孫○問如禮何曰且不奈禮之節文何何以爲國南升

十四章不患無位

不患無位患所以立猶云不怕無官做但怕有官不會做南升○求爲可知者亦曰爲其所當爲而已非謂務皎皎之行以求聞於人也與張敬夫

十五章子曰參乎吾道一以貫之

一是一心貫是萬物不論何事聖人只以此心應去 ○一貫須要本領是本領若是事事發出來皆是 時舉 ○夫子教人零零星星說來說去合來合去合成一箇大物事 節 ○曾子是逐事上做得到及聞夫子之言乃知是此一片實心如一堆散錢得一條索子穿了 方子 ○忠只是一箇忠做出百千萬箇恕來 閎祖 ○一譬如元氣八萬四千毛孔無

不貫通是恕也道夫○借忠恕以著明之辟如說花天然底難說將做底花形容那天然底花夔孫○粗說之忠便是一恕便是貫淳○中心為忠如心為恕見周禮疏如比也比自心推之道夫○以己是自然淳○天道猶言體也人道猶言用也此與誠者天之道思誠者人之道自不同如動以天之天乃是說自然閎祖○以史記推之夫子卒時曾子之年才二十九耳其聞道之早盖如此可畏也

哉○其觧此亦用力一項説天命一項説聖人一項説學者天是無心之忠恕聖人是無爲之忠恕學者是著力之忠恕個○自孔子告曾子曾子説下千五百餘年無人曉得直至二程方得明白賀孫

十六章君子喻於義

或問喻字之義曰蓋心解通達則其幾微曲折無不盡矣曰然則所謂君子小人所喻者各爲一事耶將一事之中具此兩端而各隨

其人之所見也曰是皆有之但君子深通於此而小人酷曉於彼耳曰對義言之則利為不善對害言之則利非不善矣君子之所為固非欲其不利何獨以喻利為小人乎曰胡氏言之悉矣胡氏曰義固所以利也易所謂利者義之和者是也然自利為之則反致不奪不饜之害自義為之則蒙就義之利而遠於利之害矣孟子之告梁王意猶是也○義利只是箇頭尾君子惟見其宜如此不曾理

會下面一截利小人却見下面一截利不理會事之宜 時舉 ○ 伯羙見飴曰可以養老盜跖見之曰可以沃户樞只一事上君子只見得是義小人只見得是利盖小人之於利計較精密有非君子所能知者緣其氣禀中元有麤糟濁惡之物所以纔見此一物而其中元有之物即出来應此一穿孔便對彼一穿孔君子之於義亦如此 僩

十八章 事父母幾諫

或問諸家幾諫之説多以爲見微而諫者如何曰其説固善矣然此章之語乃内則之節文耳以彼文考之則正所謂下氣怡色柔聲以諫者而曲禮亦有不顯諫之文焉其爲證也亦明矣且不以彼文推之則下文又敬不違將爲苟焉以從父之令者而勞而不怨亦將無所屬於上文矣曰不違如何曰侯氏所謂不違其幾諫之初心者得之矣○見志不從不得已而從父之令者有矣勞而不怨則

所謂悦則復諫不敢疾怨若不從而遂違之則父子或至於相夷矣答程允夫二説不同

○問檗内則説勞而不怨禮記説勞字似作勞力説如何曰諫了又諫被撻至於流血可謂勞矣所謂父母惡之勞而不怨勞只是一般勞寓

二十一章父母之年

一則以喜一則以懼只是這一事上既喜其壽只這事上又懼其來日之無多註中引既

喜其壽又懼其衰微差些却是兩事矣 僩

二十二章 古者言之不出

此章要緊在恥字上 僩 ○范氏說極佳蓋輕易言之者必不以行為事也非踐履之至烏能言及此 明作

二十三章 以約失之

如老子之學全是約蓋清虛寡欲是其好處文景之治漢曹參之治齊便是用此仁宗於元祐亦是如此事事不敢做兵也不敢用財

也不敢用然終是少失如熙豐不如此便多事問○約字是實字若約之之約則約字輕明作

二十四章君子欲訥於言而敏於行

或問諸說如何曰胡氏之說亦有補也胡氏曰言而能訥蓄德則固喻人則信謀事則密不訥者反是行而能敏遷善則速改過則勇應務則給不敏者反是夫敏與訥雖若出於天資然可習也言煩則以訥矯之行緩則以

敏勵之由我而已不自變其氣質學豈有功哉

二十五章 德不孤

不孤以理言有鄰以事言們○有如此之德必有如此之類應凶德者亦有凶人同之易中言孤猶偏也言敬義既立則德盛而不偏孤是訓爻辭中大字若有敬而無義有義而無敬即孤矣當

二十六章 事君數

問事君交友其納忠責善蓋職所當然本非有求榮求親之心恐胡氏之說不能無過曰胡氏說盡人情未有不是處荅潘子善

○若說交際煩數自是求媚之人則一向是不好事是不消說以諫而數卻是意善而事未善耳聖人特言之以警學者 雉

四書集義精要卷第九

元至順本四書集義精要

第二册

元 劉因撰

元至順元年江浙行省刻本

山東人民出版社·濟南

四書集義精要卷十

論語六

公冶長

首章

或問首章之説曰胡氏所論後世婚姻之失尤爲有補胡氏曰聖人之於婚姻參度彼已如是之審所以能保終而無敝也後世或以富貴結或以急難合或憑媒妁兩美之言或因意氣一時之諾初未嘗深知二人之性行

也雖然壻猶易見女最難知人多謹於擇壻不能慎於擇女逮德下衰又惟財色是逑而不思家之隆替自内助始也可勝歎哉○謝氏言兩人之行可以行道於家人楊氏言聖人所求於人者薄可免於刑戮而不累其室家皆可妻也二人之言正相反謝氏失之過楊氏失之不及盖其資禀如此而不知矯其偏故其言論皆如此不可不戒也○

子謂可妻必有以取之矣雖在縲絏之中特

因而舉之非謂以非罪而陷縲紲為可妻也南升○雖嘗陷於縲紲而非其罪則其平昔之行可知答程允夫○問程子避嫌之說曰合當委曲便是理當如此如避嫌亦自不能無寓○避嫌者却是怕人道如何這却是私意如十起與不起便是私又如明知某是好人當薦以相熟遂不舉某人與自家有怨有事當治却怕人說因前怨遂休如此等皆蹉過多了賀孫

二章　子謂子賤

或問二章之說曰胡氏吳氏亦有可取胡氏曰家語云子賤少孔子四十九歲有才智仁愛為單父宰民不忍欺以年計之孔子卒時子賤方年二十餘歲意是其進師夫子退從諸弟子遊而切磋以成其德者故夫子歎之如此吳氏曰說苑云子賤為單父宰所父事者三人所兄事者五人所友者十一人皆教子賤以治人之術○君子哉若人此君子字

亦是大槩説大抵論語中説君子有説得㝡
高者有大槩説如言賢者之類南升
三章賜也何如
可貴而不可賤宜於宗廟朝廷而不可退處
此子貢之偏處幹
四章雍也仁而不佞
佞捷給便口者不是諂寓○全體者合下全
具此心更無一物之雜不息則未嘗休息而
置之無用處明作○不知其仁仁如白不仁

如黑須是十分全白方謂之白才是一點墨點破便不得謂之白了三月不違者如人通身都白只有一點子黑日月至焉者如人通身都黑只有一點白由求只是日月至焉者夔孫

五章子使漆雕開仕

或問程子云已見大意何也曰人惟不見其大也故安於小然曰見大意則於其細微容或有所未盡○所謂信者是真見得這道理

是我底不是問人假借將來譬如五穀可以飽人人皆知之須是五穀灼然曾喫得飽方是信得及今學者尚未曾見得却信箇甚麽時舉

○真知其如此而無毫髮之疑便只是朝聞道意思寓

○斯者非大意而何問大意竟是如何曰若推其極只是性蓋帝之降衷便是壯祖

○但見得那日用都是天理流行看見那做諸侯卿相不甚緊要仕與不仕何害植

○程子說曾點漆雕開已見大意如見

千兵萬馬其中隊伍未必知如佛氏不可謂他全無所見但他只見得箇大渾淪底道理至於精細節目則未必知同上○江西人便是愛理會那漆雕開與曾皙目令且莫要理會所謂道者只是君之仁臣之敬父之慈子之孝便是而今只去理會言忠信行篤敬博學而篤志切問而近思仁在其中矣須是步步理會若只管去理會那流行底不知是箇甚麼物事又不是打破一桶水隨科隨坎皆

是義剛○點開闊開深穩方子○其器不安於小成是他先見大意了方肯不安於小成如人食藜霍與食芻豢若未食芻豢只知藜霍之美及食芻豢則藜霍不足食矣賀孫○不安於小成如一株樹用爲椽桁已自可矣他不伏做椽桁又要做柱文蔚

六章 道不行

或問好勇過我無所取材曰亞抑揚之辭也

七章 孟武伯問子路仁乎

或問諸說有倂與三子之才而不之取以為習衰世仕於諸侯大夫之事而不能有以自樂者何如曰治賦為宰與賓客言皆有國家者所不可廢之事雖當隆盛之時仕天子之朝亦豈能一無事於此而直以從容風議為高哉元祐議論意趨多類此此所以隨於一偏之見既不足以救當時之弊而又啓後來之禍也○問雖全體未是仁苟於一事上能當理而無私心亦可謂之一事之仁否曰

不然盖纔說箇仁字便用以全體言若一事上能盡仁便是他全體是仁了若全體有虧這一事上必不能盡仁纔說箇仁字便包盡許多事無不當理無私了所以三子當不得這箇仁字聖人只稱其才。僩

○問閔子不仕季氏而由求仕之曰仕於大夫家爲僕家臣不與大夫齒那上等人自是不肯做着論當時侯國宗臣世臣自是無官可做不仕於大夫除是終身不出如曾閔方得。燾

八章　汝與回也孰愈

明睿所照如鏡在此物来畢照推測而知如以火推尋　僴　◯孔子又在明睿上耳順心通無所限際　淳

九章　宰予晝寢

或問晝寢之說曰劉侍讀程子諸說蓋以寢為寢室之寢而非眠寢以其文義推之恐其未必然也況晝居於内未必其為耽惑也而遽以是責之則其探人之私而發揚之亦太

不恕也

十章吾未見剛者

或問申棖之剛曰蘇氏説亦有味曰有志而未免扵慾者其志常屈扵慾惟無慾者能以剛自遂○問欲與慾何分曰欲字虛慾字實欲是慾之母節○慾是溺扵愛而成癖者也人傑○謝氏説𡧓好爲物揜之爲慾故常屈扵萬物之下凡人纔要貪這一件物事便被這物事壓得頭底了悻悻自好只是客氣如

此便有以意氣加人之意只此便是慾也又曰剛者外面退然自守而其中不屈於慾悻悻者外面崛強計較勝負 時舉

十一章 我不欲人之加諸我也

程子晚年仁熟方看得如此分曉所以分仁恕者只是生熟難易之間耳 洽 ○我不欲人之加諸我吾亦欲無加諸人未能忘我故也顏淵曰願無伐善無施勞能忘我故也子路曰願車馬衣輕裘與朋友共敝之而無憾本

能忘物也一簞食一瓢飲在陋巷人不堪其憂回也不改其樂能忘物也鎬

十二章 夫子之文章

問舊時說性與天道便在這文章裏文章處即是天道曰此學禪者之說若如此孟子也不用說性善易中也不須說陰陽不測之謂神這道理也著知寓○這道理自是未消得理會且就他威儀文辭處學去這處熟性天道自可曉同上

十三章子路有聞

此可見古人為己之實處子路急於為善惟恐行之不徹譬如人之飲食珍羞異饌羅列在前須是喫得盡方好若喫不盡也徒然子路不急於聞而急於行令人惟恐不聞既聞得寫在册子上便了不解自去著工夫寓

十四章孔文子何以謂之文也

或問孔圉之得謚以文何也曰先王之制謚以尊名節以一惠故人生雖有衆善及其死

則但取其一以為謚而不盡舉其餘也以是推之則其為人或不能無善惡之雜者獨舉其善而遺其惡是亦謚法之所許也蓋聖人忠厚之意所以為其子孫之地與銘器者稱美而不稱惡同旨惟其無善之可稱而純於惡焉則名之曰幽厲有不能已耳○問經天緯地之文曰一横一直皆有文理 蓋卿

十五章 子謂子產

其使民也義義有剛斷之意其養民則惠使

民則義惠與義相反就都鄙有章處看見義字在子產上不在民上 南升

十六章 晏平仲善與人交

或問十六章之說曰程子至矣蓋久而其敬不衰耳非加敬也

十七章 臧文仲居蔡

古說多道他是僭令夫子只譏其不智便未是僭所謂作虛器而已大夫不藏龜禮家乃因此立說 必大 ○臧文仲在當時既後人皆

說是非常之人孔子直見他不是處此章最好看便見得聖人微顯闡幽處　南升

十八章　令尹子文

或問𡚒齋三仁之見許於夫子何也曰此五人者考事察言以求其心則其中洞然無復一毫私欲之累其亦異於二子之為矣故程子以為比干之忠見得時便是仁亦此意也

○二子所為如此高絕而聖人不許之以仁者因如何而未足以盡仁就此處子細看時

舉○仁者當理而無私心二子各得其一蓋子文之心無喜慍是其心固無私而於事則未盡善陳文子潔身去亂其事善矣未能保其心之無私也仁須表裏心事一皆中理乃可言 銖 ○夷齊之忠清是有本底忠清忠清裏依舊有仁子文文子之忠清只得喚做忠清 夔孫 ○如三仁聖人也只是就他一節上說畢竟一事做得是時自可以見其全體古人謂觀鳳一羽足以知其五色之備也如三

子之事皆不可見聖人當時許之必是有以見得他透徹若二子之事今皆可考其病敗亦可見以表證裏則其裏亦可知矣燾○此只就二子事上說若比干伯夷之忠清是就心上說若論心時比干伯夷已是仁人忠清元自仁中出去僞○孔子一時答他亦未理會到他終身事只據子張所問底事未知是出於至誠惻怛而無私故曰未知焉得仁非是以仕已無喜慍與弃而違之為非仁也這

要在心上求文蔚○如管仲三歸反坫聖人却與其仁之功者以其立義正也故管仲是天下之大義子文是一人之私行耳譬如伏節死義之人視坐亡而立化者雖未必如他之翛然然大義却是彼雖去得好却不足取也時舉○聖人辭不迫切意已獨至雖不輕許亦不輕絕但言未知如何而得仁則二子之未仁自可見銖○五峯胡氏說知字去聲而句絕不惟於仁字親切處無交涉而文義

句讀亦恐不然若如此則不知其仁等又作如何說耶㽦

十九章季文子三思而後行

明理底人便思三兩番亦不到得私意起魯鈍底人思一兩番不得第三四番思得之無定然而多思大率流入私意底多雖此是就季文子身上說然而聖人之言自是渾厚占得地位闊再斯可矣是常法大槩當如此燾

○天下事那裏被你筭得盡才計較利害莫

道三思雖百思也只不濟事如今人須要計較到無利無害處所以人欲只管熾義理只管滅横渠說聖人不教人避凶而趨吉只教人以正信勝之此可破世俗之論又云聖人於微處都一一指點出来教人他人看此章也只道尋常　賀孫

二十章　龔武子

成公無道失國若智巧之士必且去深僻處隱避不肯出来武子竭力其間至誠懇惻不

避艱險却能擺脫禍患卒得兩全非他能沉
晦何以致此若比以智自免之士武子却似
箇愚底人但其愚得来好若使别人處之縱
免禍患不失於此則失於彼此武子之愚所
以不可及若比干諫而死看来似不會愚底
人然他於義却不當愚只得如此處又與武
子不同故伊川說亦有不當愚者比干是也
銖 ○武子不避艱險愚也不能沉晦以自處
則為人所害矣廣 ○邦無道則全身退聽非

難人皆能如此維其不全身退聽却似愚然又事事處置得去且不自表著其能此所以為其愚不可及也賜○他人於邦無道之時要正救者不能免患要避患者又却偷安若甯武子之愚既能韜晦以免患又自處不失其正此所以為不可及因舉晉人有送酒者云可力飲此勿預時事如此之愚則人皆能之也人傑○為蘧伯玉南容之愚則易而為武子之愚則難所以聖人有不可及之歎也谷

寨子晦　○武子九世公族與國同休戚却與尋常無干涉人不同着無干涉要去也得住也得着要去時須早去始得到那艱阻時節却要去是甚道理　寓

二十一章　子在陳

當時從行者逐日可照管他無可憂者但留魯者惟其狂簡故各自成章有頭有尾不知裁度如異端亦然莫不自成一家大抵未成者尚可救已成者為足慮　必大　○成章是自

有箇次第自成箇模樣賀孫○問文理成就有可觀曰隨其所為所見有倫有序有首有尾也廣

二十二章伯夷叔齊不念舊惡

此與不遷怒意相似蓋人有惡我不惡其人但惡其惡既改其惡自無可惡者聖人大率皆如此但伯夷平日以隘聞故特明之時舉

○伯夷不念舊惡要見得他胸中都是義理拱壽

二十三章　孰謂微生高直

或問微生乞醯之説或有謂直非中庸之行微生之事夫子蓋美之者然乎曰為是説者新則新矣然即其言以觀之有以知其無正大之情也夫醯非難得之物或乞於我而我無之則直荅以無而已彼將去而求之他人豈患其不得哉設其有急難之用而不知可得之處則告之可也求之而不得焉則往助其求可也今微生高之乞諸鄰也必不告以

求之之意其與之也必不告以得之之所其掠美行私左右異態如此夫子尚何美之云哉善乎沂國王文正公之言曰恩欲己出怨使誰當至哉斯言其亦異乎徼生之用心矣且直之為言自古聖賢未有以為非美德者特惡其過而失於絞訐而已今槩以直為非中庸之行吾不知其何所取而為斯言耶然則斯人之所謂中庸者乃胡廣之中庸而非子思之中庸必矣○范氏言千駟萬鍾從可

知焉莫是說非義而予必非義而取否曰不
是說如此予必如此取只看他小事尚如此
到處千駟萬鍾亦只是這模樣　寓

二十四章　巧言令色足恭

或問左丘明非傳春秋者耶曰未可知也啖
趙陸氏辯之於纂例詳矣先友鄧著作考之
氏姓書曰此人蓋左丘姓而明名傳春秋者
乃左氏耳鄧名名世字元亞云○足恭足去
聲讀求足乎恭也是加添之意蓋能恭則禮

已止矣若又欲去尚面加添些子求足手恭
便是私也僩 ○ 若朋友之不善情意自是當
疎之以漸所謂親者毋失其為親故者毋失
其為故此非匿怨也淳 ○ 巧令足恭匿怨而
友便是乞醯意思一般所以記者類於此燾

二十五章 顔淵季路侍

或問二十五章之說曰程子之言學者宜熟
讀而深味之不可但玩其文而已也曰其以
子路為亞於洛沂者何也曰取其胸懷灑落

無所繫累於物而言耳○問集註安我信我懷我何也曰猶君子賢其賢而親其親小人樂其樂而利其利蓋無一物而不得其所也祖道○安我信我懷我此說好見聖人自然義剛○漢書地理志魯道之衰洙泗之間齗齗如也謂魯盛時少者代老者負荷老者即安之後來少者亦知代老者之勞但老者不自安於役少者故道路之間謙遜齗齗如也賀孫○車裘共敝何以見其求仁曰人於微

物尚戀戀子路能不私己非其意在於仁乎升卿○問豈可以勢利拘曰輕己之有以與人共勢利之人豈肯如此子路志願亞學者事寓○顏子不以己之長方人之短是與物共道夫○善者己之所有不自有於己故無伐以勞事人之所憚知同於人故無施寓○子路以物與人共顏子以善與人共僩○程子說與物共不私己是三段骨體從周○羈靮以御馬而不以制牛這箇只是天理聖人

順之而已如老者安之是他自帶得安之理來朋友之信少者之懷亦然如穿牛鼻絡馬首都是天理如此恰似他生下便自帶得此理來又如放龍蛇驅虎豹也是他自帶得驅除之理來如翦滅蝮蛇也是他自帶得翦滅之理來若不驅除翦滅便不是天理所以說道有物必有則不問好惡底物事都自有箇則子 賀孫

○程子諸說皆至當然二子之所以異於夫子者更有一意子路願車馬衣輕

裘與朋友共敝之而無憾此對憾而言也顏淵願無伐善無施勞此對伐施而言也二子日前想亦未免此病今方不然如人病後始願不病故有此言如夫子則更無徽創不假脩為此其所以異也 閎祖 ○二子如人病既甦則曰吾當謹其飲食起居也夫飲食起居之知所以謹由不知謹者為之對也曾不若一人素能謹護調攝渾然無病問其所為則不過曰飢則食而渴則飲也此聖人所以異

於二子也壯祖○云顏則有未盡脫然底意思子路去客顏子去驕祖道○子路所以較淺小者他能舍車馬輕裘未必能舍勞善子路是就意氣上做工夫顏子自是深潛淳粹較別子路是有些戰國俠士氣象學者也須是如他恁地割捨得義剛○當時只因子路偶然如此說出故顏子孔子各就上面說去其意思各自不同使子路若別說出一般事則顏子孔子又自就他那一般事上說然意

思却只如此 文蔚

二十六章 已矣乎

訟攻責也而今訟人攻責其短而訟之自訟則反之於身亦若此 僩

二十七章 十室之邑

或問二十七章之說曰胡氏之說亦有發明胡氏曰十室之邑尚有忠信如孔子者況以天下之大萬民之衆千歲之遠其可以學而入聖者宜亦多矣然自孟子之後以至于今

讀書學問者不絶於世而求如曾閔者不能
以一二數則以不知孔子所好之學而好之
耳

四書集義精要卷十

四書集義精要卷十一

論語七

雍也上

首章

或問仲弓之有人君之度何以知其然耶曰以前篇不佞之譏後章居敬行簡之對而有以知其然也○程子云居敬則所行自簡此是程子之意非仲弓之本意也人傑○程子只說得一邊只說得敬中有簡底意思若居

敬則明燭事幾而無私意之擾故其行必簡但亦有敬而不簡者不簡者自是煩碎下面人難為奉承御衆以寬臨下以簡蓋簡則下面人易為奉承自不煩擾所以説居敬説行簡二者須是兩盡義剛○固是居敬後自然能簡然亦有居敬而不能行簡者蓋居敬則凡事嚴肅却要以此去律人凡事都要如此此便是居敬而不行簡也如上蔡説呂進伯是箇好人極至誠只是煩擾便是請客也須

臨時兩三番換食次又有不能居敬而所行卻簡易者每事只從簡徑處行如曹參之治齊專尚清淨及至為相每日酣飲何有於居敬耶據仲弓之言自是兩事居敬了要行簡時舉 ○既曰而行簡以臨民則行簡自是一項事而字是別喚起義剛

二章 哀公問弟子孰為好學

或問韓子不貳過之說如何曰愚聞之師曰顏子之不貳過念慮小差隨即冰釋不復形

於心術之間若如韓子之言則是心常有過而直遏閉之使不形於事耳亦何足以為顏子乎蓋其所論過字則是而所以為不貳者則非學者不可不審而別之也○重在不遷不貳上不必問過之大小怒之淺深貳者如貳官之貳已有一又添一 賜 ○尋常觧不貳過者多只說過字不曾說不貳字所謂不貳者旣克己私則己私便更不萌作矣 人傑 ○如今學者且理會不遷不貳不必問是念慮

之過自不可貳耳時舉○有不善未嘗不知知之未嘗復行直是顔子天資好如至清之水纖芥必見蓋卿○不遷不貳非言用功處是效驗耳若夫所以不遷不貳不出於非禮勿視聽言動四句耳伯羽○顔子只是得孔子説克己復禮終身受用只是這四箇字不違仁不遷怒不貳過不改其樂只是這箇克己復禮到得人欲盡天理明無些查滓一齊透徹日用之間都是這道理賀孫○不遷怒

如鑑懸水止不貳過如冰消凍釋如三月不違又是已前事到這裏已自渾淪都是天理是甚次第問過字指已前底說否曰然同上

○問不遷不貳只是靜後自能如此否曰聖賢之意不如此如今卒然有箇可怒底事在眼前不成說且教我去靜蓋顏子只是見得道理透故怒於甲時雖欲遷於乙亦不可得而遷也見得道理透既知有過自不復然如人錯喫烏喙纔覺了自不復喫若專守虛靜

此乃釋老之緑學將来和恕也無了此成甚
道理問明道云能於怒而觀理之是非如何
曰此是爲學者理未甚明底說言於怒時且
權停閣這怒而觀理之是非少間自然見得
當怒不當蓋怒氣易發難制如水之瀲灩能
權停閣這怒則如水漸漸歸港着顏子分上
不須恁地說只見得理明自不遷不貳也　時
舉　○聖人無待於不遷不貳所以不遷不貳
者猶有意存焉與願無伐善無施勞意同猶

今人所謂願得不如此是固嘗如此今且得不如此也　人傑　○　怒最難克所謂怒逆德也雖聖人之怒亦是箇不好底物事蓋是惡氣感得恁地　燾　○　問聖人有怒色否曰合當怒時必也形見於色如欲正那人罪自爲笑容則不可曰天之怒雷電也　淳　○　顔子所好何學論伊川二十歲時文字其間說得條理只依此學便可終其身也　時舉　○　天地儲精言天地儲蓄得二氣之精聚故能生出人物　廣

○本是本體真是指本體不雜人偽而言靜則但言其未感物之時耳○五性便是真未發時便是靜僩○其性鑿矣性固不可鑿但人不循此理任意妄作去傷了他耳鑿與孟子所謂鑿一般故孟子只說養其性養謂順之而不害廣

三章子華使於齊

或問三章當時未合篇首二章之指曰愚嘗竊以為學者未得中行不幸而過寧與毋吝

寧尒毋貪則庶乎其不失聖人之意曾氏蓋得此意者其說當矣曾氏曰或問冉求之請夫子不與可乎曰請而不與則固而不至於傷惠斯可矣此外則胡氏之說亦善胡氏曰冉子為其母請聖人所以重違而少予之也○冉子與之粟五秉聖人亦不大段責他而原思辭祿又謂與爾鄰里鄉黨看來聖人與處却寬恪○問子華原思二章當分當合曰此類亦多不同如仲弓子桒顏淵子路不曾

分子賤子貢囬也冉求郤分盖一時失於點對然非大義所係不能易也要之不若皆析爲二乃佳答趙恭父

四章子謂仲弓

或問四章之説曰程子欲去曰字盖嫌於與子言而斥其父之惡而欲用子産子賤之例故爾然以論語考之其歎顔淵未見其止乃顔淵死後之言而亦以謂曰起之非必親與之言而後得用此例也

五章　其心三月不違仁

或問仁人心也則心與仁宜一矣而又曰心不違仁則心之與仁又若二物焉者何也曰孟子之言非以仁訓心也蓋以仁為心之德也人有是心則有是德矣然私欲亂之則或有是心而不能有是德此衆人之心所以每至於違仁也克己復禮私欲不萌則即是心而是德存焉此顏子之心所以不違於仁也故所謂違仁者非有兩物而相去也所謂不

違者非有兩物而相依也深體而默識於言意之表則庶乎其得之矣曰其以三月期何也曰顏子之於仁熟矣然以其猶有待於不違而後一也是以至於踰時之久而或不能無念慮之差焉然其復不遠則其心之本然者又未嘗有所失也向使天假之年大而化之則其心與仁無待於不違而常一而又豈復可以三月期哉張子内外賓主之去蓋曰不違者仁在内而我為主也日月至焉者仁

在外而我為客也誠知此辨則其不安於客而求為主於内必矣故曰使心意勉勉循循而不能已也其曰過此幾非在我者則豈以為用功至此而極矣過此以往則必德盛仁熟而自至而非吾力之所能與也歟○三月只是言久爾非謂三月後必違也 去偽 ○違猶離也去也 荅江德功 ○心猶鏡仁猶鏡之明被塵垢一蔽遂不明若塵垢一去則鏡明矣顔子是三月之久無塵垢 南升 ○張子内

外賓主之辯蓋三月不違者我爲主而常在内也日月至焉者我爲客而常在外也仁猶屋心猶我銖 ○三月不違則主有時而出日月至焉則賓有時而入拱壽 ○過此幾非在我如車已推而勢自去如船已發而纜自行木之 ○其舊說作其餘人有一日不違仁者有一月不違仁者近得今說寓 ○做一方便事也是仁不殺一蟲也是仁三月不違仁也是仁節

六章　季康子問仲由可使從政也歟

或問六章之說曰胡氏亦庶幾焉胡氏曰由求為季氏宰久矣此問從政謂可使為大夫否也蓋宰有家事而已大夫則與聞國政也然康子卒不能與三子同升諸公此魯之所以卒不競也○求也藝於細微事都理會得緣其材如此故用之於聚斂必有非人所能及者惜乎有其才而不善用之也當

七章　季氏使閔子騫為費宰

或問七章之說曰謝氏之說粗厲感奮若不近聖賢氣象者而吾獨有取焉亦以其足以立懦夫之志而已

八章 伯牛有疾

或問伯牛之疾先儒以為癩信乎曰以淮南子而言耳其信否則不可知也其曰命者何如也曰有生之初氣質之禀蓋有一定而不可易者孟子所謂莫之致而至者也○上古天地之氣其極清者生為聖人君臨天下安

享富貴又皆享上壽及後世多反其常衰周生一孔子終身不遇壽至七十有餘耳其稟得清明者多夭折暴橫者多得志舊看史傳見盜賊之為君長者欲其速死只是不死為其全得壽考之氣也 人傑

九章賢哉回也

或問顏樂之說程子答鮮于侁之問其意何也曰程子蓋曰顏子之心無少私欲天理渾然是以日用動靜之閒從容自得而無適不

樂不待以道為可樂然後樂也○問其字當玩味是如何曰是元有此樂 南外 ○私欲既去天理流行動靜語默之間無非天理胸中廓然豈不可樂此與貧窶自不相干故不以此而害其樂 同上 ○顏子見得既盡行之又順便是樂底滋味 當 ○程子謂將這身來放在萬物中一例看大小大快活又謂人於天地間並無窒礙處大小大快活此是顏子樂處這道在天地間須是真窮到底至纖至悉

十分透徹無有不盡則與萬物為一無所窒
礙胷中泰然豈有不樂淳○向前見不得底
今見得向前做不得底今做得所以樂不是
說把這一箇物事来恁地快活義剛○伊川
以顏子所樂者仁而已不是樂仁惟仁故能
樂耳與立○問伊川荅鮮于侁以道為樂則
非顏子曰顏子之樂非是自家有箇道只管
把来弄後樂見得這道理後自是樂節○問
伊川荅鮮于侁之問若顏子而樂道不足為

顏子如何曰心上一毫不留着有心樂道即有着矣曰愚按程子之言但謂聖賢之心與道為一故無適而不樂若以道為一物而樂之則心與道二而非所以為顏子耳某子之云乃佛老緒餘非程子之本意也文集○世之談經者往往本卑而抗之使高本淺而鑿之使深本近而推之使遠本明而必使至晦且伊尹耕於有莘之野由是以樂堯舜之道未嘗以樂道為淺也直謂顏子為樂道有何

不可蓋卿○侊必未識道是箇何物且如此莽莽對故伊川荅之如此必大○問濂溪教程子尋孔顏所樂處曰先賢到樂處已自成就向上去了非初學所能求況今之師非濂溪之師所謂友者非二程之友所以說此事却似莽廣不如且就聖賢實用功處求寓○問顏子樂處曰此等處不可強說且只看顏子如何做工夫若學得他工夫便見得他樂處非思慮之所能及也荅董叔重○問不改

其樂與樂在其中二者輕重如何曰不要去
孔顏身上問只去自家身上討敬仲○不改
其樂樂在其中不改字上恐略與聖人不相
似聖人自然是樂顏子僅能不改如云得與
不失不失不失亦是得但說不失則僅能不失耳
終不似得字是得的穩在賀孫○問集註克
已復禮改作博文約禮如何曰克已復禮便
只是約禮事今若是不博文時便要去約也
如何約得住義剛

十章 冉求曰非不説子之道

廢是好學而不能進之人或是不會做功夫或是材質不可勉者晝是自謂材質不敏而不肯為學者 必大

十一章 子謂子夏曰

或問十一章之説曰謝説利非必貨殖者尤可以警學者用心之微也洪氏之説亦善洪曰讀論語者必先知其言之先後若參也魯必先於一唯之對也片言折獄必後於由之

行詐也子張未仁必先於能行五者也切問近思必後於小人儒也門人所記初無次序不可以不考也○子夏是箇細密嚴謹底人少間或細密於小小事上不肯放過便有委曲周旋人情投時好之弊所以能流入於小人之儒也子游與子夏絕不相似子游高爽踈暢意思闊大似箇蕭散底道人觀與子夏爭洒掃應對一段可見如為武城宰孔子問女得人焉爾乎他卻說箇澹臺滅明及所以

取之又却只是行不由徑未嘗至於偃之室兩句有甚干涉可見他意思好他對子夏本之則無如之何他資質高明須是識得這些意思方如此說個

十二章 子游為武城宰

或問十二章之說曰行不由逕乃其所行之實事非以設譬而已但既有正塗則自不當由徑曰不在其位不謀其政然則滅明之所謂公事者何也曰以士民之分言之則凡飲

酒讀法而羣至乎有司者公事也以邑宰之知己而訪問焉則凡一邑之間利病休戚之所同而當以告于有司者亦公事也以是而至其室亦何嫌之有且既曰得人矣則安知其不已受署而為之屬乎去古既遠風俗之變不可知固有不可以懸料而盡知者然大意其無煦濡媚說之私則亦可見矣○焉爾乎三箇字助語聖人之言寬緩不急迫節○問楊氏為政以才為先恐非邑宰之事曰古

者以士人為吏且為政而得人講論亦一助

也同上

十三章孟之反不伐

或問孟之反何人也曰胡氏以為即莊子所謂孟子反盖聞老氏儒弱謙下之風而說之者也○孟之反只是箇心地平所以消磨容受得去僩○孟之反與馮異之事不同盖軍敗以殿為功殿於後則人皆屬目其歸他若不如此說便是自承當了殿之功若馮乃是

戰時有功到後來事定諸將皆論功他却不自言也 時舉

十四章 不有祝鮀之佞

或問十四章程子說與本文而字若有戾焉曷若從范氏之說無鮀之佞而獨有朝之美者爲協於文耶曰巧言令色衰世所同好不得而輕重於其間也且其立言猶書所謂無虐惸獨而畏高明者聖人豈使人不虐惸獨而獨畏高明哉

十五章　誰能出不由戶

或問十五章之說曰何莫之云猶曰何莫學夫詩耳若直以出不能不由戶譬夫行之不能不由道則世之犯理悖義而不由於道者爲不少矣又何說以詠之耶

十六章　質勝文則野

史給事官府習於容止　餘

四書集義精要卷十一終

四書集義精要卷十二

論語八

雍也下

十七章人之生也直

或問十七章之説曰程伯子之言約而盡矣蓋上生字為始生之生下生字為生存之生雖若不同而義實相足蓋曰天之生是人也實理自然初無委曲彼乃不能順是而猶保其生焉是其免特幸而已○如木之方生必

直被人折了便不直多應是死到得不死者幸然如此賀孫○程子生理本直四字便自有味如見孺子入井便有怵惕之心是直一有内交要譽之意便曲了時舉○生理本直不待人去循之而後得名端蒙○人之生也直亙與民受天地之中義理一般僩○罔只是脱空詐僞做事不誠實同上○問前後生字不同曰後日生活之生亦是保前日之生所以人死時此生便絶節

十八章 知之者不如好之者

此章當求所知所好所樂者為何物又當玩知之好之樂之三節意味是如何又須求所以知之好之樂之之道 答都昌縣學生○問若是真知安得不好之若是真好安得不樂之曰不說真知真好只是知得未極至好得未極至如數到九便自會數過十與十一若方數得六七自是未易過十數如行到福州境界極了方行到興化界若行未盡福州界

自是未會到別州行得盡自會到樂則生生則烏可已也　賀孫

十九章　中人以上

雖中人以上之資不先之淺近遽以上焉者語之何也曰他本有這資質又須有這工夫故聖人方以上者語之　寓

二十章　樊遲問知

或問樊遲問知而夫子告之以務民之義敬鬼神而遠之何也曰人道之所宜近而易知

也非達於事理則必忽而不務而反務其所不當務者矣鬼神之理幽而難測也非達於事理則其昧者必至於慢褻者必至於瀆矣誠能專用其力於人道所宜而易知者而不眛不惑於鬼神之難測者是則所謂智也意者樊遲或有此病故夫子以是警之歟曰所謂鬼神者非祀典之正耶則聖人使人敬之何也以為祀典之正耶則又使人遠之何也曰聖人所謂鬼神無不正也其曰遠者以其

處幽故嚴之而不瀆耳若其非正則聖人豈復謂之鬼神哉在上則明禮以正之在下則守義以絶之固不使人敬而遠之然亦不使人褻而慢之也曰問仁而夫子告之以先難後獲何也曰為是事者必有是效是亦天理之自然也然或先計其效而後為其事則事雖公而意則私雖有成功亦利仁之事而已若夫仁者則先為其事而不計其效知循天理之自然而無欲利之私心也董子所謂仁

人者正其義不謀其利明其道不計其功正謂此爾然正義未甞不利明道豈必無功但不自夫功利者而為之耳樊遲蓋有先獲之病故夫子既告之以此而又甞以先事後得告之其所以警之者至矣○後獲之後如後其君後其親之後奕死而哀非為生這是熟底先難後獲是得仁底人君子行法以俟命是生底先難後獲是求仁底人又問謝氏所說先難如射之有志若跣之視地若臨深若

履薄皆其心不易之謂曰說得是先難是心只在這裏更不做別處去如上嶺高峻處不得上心心念念只要過這處更不思量到其處賀孫 ○問知之事仁之心曰務民之義敬鬼神而遠之是就事上說先難後獲是就處心積慮處說夔孫 ○答樊遲問知一段正是指那一條中間正當路子與人大凡人於其所當做者却不肯做纔去做時又便生箇計獲之心皆墮於一偏廣 ○鬼神固不謂淫祀

然淫祀之鬼既不當其位未能除去則亦當敬而遠之也答李堯卿○問呂氏四句後一句少後獲意曰當時本欲只用呂氏說見其有此未備故别下語又惜其語非他說所及故存之於後耳答陳安卿

二十一章知者樂水

問仁者樂山是指全體而言否曰聖人說仁固有淺深如這箇也是大槩說仁只似而今重厚底人知只似而今靈利底人然亦在人

看義剛○看聖人之言須知其味今只看定樂山樂水字将仁知来比類湊合而無所得於心是全未知味也今且以樂水言之須要子細看這水到隈深處如何到峻處時如何到浅處時如何到曲折處時如何地有不同而水隨之以為態度必至於達而后已此可見知者處事處仁者樂山亦以此推之洽○動靜以體猶言其體段如此耳非體用之謂也端蒙○知者動意思常多故以動為主仁

者靜意思常多故以靜為主南升○仁者於
動之中未嘗不靜也靜謂無人欲之紛擾而
安於天理之當然耳若謂仁者常靜而不動
則知者亦常動而不靜乎謨○這物事直看
一様横看一様仁固有安靜意思然施行却
有運用之意如乾道成男坤道成女豈得男
便都無陰女便都無陽這般須相錯看人傑
○仁配春主發生故配陽動知配冬主伏藏
故配陰靜然陰陽動靜又各互為其根不可

一定求之也亦在學者黙而識之祖道○問
知者樂水一章看此三截却似動靜是本體
曰然動不是恁地勞擾靜不是恁地凷然此
與樊遲問仁知章相連自有互相發明處專
用力於人道之所宜而不惑於鬼神之不可
知便是見得日用之間流行運轉不容止息
胷中曉然無疑這便是知者動處心下專在
此都無別念慮繫絆見得都是合當做底事
只恁地做將去這是先難後獲便是仁者靜

如今人不静只為一事至便牽惹得千萬百種思慮這事過了許多夾雜底却又在這裏不能得了若是仁者逐一應去便沒事一事至便都只在此事上 賀孫

○自仁之静知之動而言則是成己仁也成物知也自仁之動知之静而言則是學不厭知也教不倦仁也 恪

○仁者壽是有壽之理不可以顔子來插入看如罔之生也幸而免亦是有死之理 淳

○程子曰非體仁知之深者不能如此形容

此語極好看儘用玩味 明作

二十二章 齊一變

變魯只是扶衰振弱而已却不曾被人拆壞恰似一間屋魯只如舊弊之屋其規模只在齊則已經拆壞了這非是聖人要如此損益亦是道理合當如此 賀孫 ○緩急之序如齊功利之習所當變便是急處魯紀綱所當振便是急處 恪 ○如變齊則至魯在所急而至道在所緩至魯則成箇樸子方就上出光彩

淳○各有緩急如齊功利之習若不速革而便欲得王化魯之不振若不與之整頓而却理會甚功利之習便是失其緩急之序如貢禹諫漢元帝令節儉元帝自是有這箇了何待爾說此便是不先其所急者也 時舉○大抵聖賢變時只是興其滯補其弊而已如租庸調變為廣騎長戍之兵皆是變得不好了今日變時先變熙豐之政以復祖宗忠厚之意次變而復於三代也 植

二十三章觚不觚

或問二十三章之說曰上觚語其器下觚語其制○酒器如今瓶有八角者木簡如今界方而六面即漢所謂操觚之士義剛

二十四章宰我問曰仁者安人

或問欺罔之別其詳復有可得而言者乎曰欺者乘人之所不知而誑之也罔者掩人之所能知而愚之也夫人之墜井世有此理而其有無則非君子之所能必知故雖或未必

真有而可欺使往視之也自入井而可以救人則其無是理也蓋不待智者而知之矣又安得以此罔之而使陷於井中哉孟子之論舜子產事亦引此語以彼證之則明白矣曰往視而井實有人則如之何曰蘇氏之說所以處於輕重緩急之閒者審矣蘇氏曰拯溺仁者之所必為也殺其身無益於人仁者之所必不為也惟君父在險則臣子有從之之道然猶挾其具不徒從也事迫而無具雖徒從

可也其餘則使人拯之以窮力所至○可逝不可陷是就這一事說可欺不可罔是總說不特此事如此他事皆然 義剛

二十五章 君子博學於文

博文約禮聖門之要法博文所以驗諸事約禮所以體諸身 大雅 ○夫子教顏子只是博文約禮兩事自堯舜以來便自如此說惟精便是博文惟一便是約禮 夔孫 ○博學於文考究時自是頭項多到得行時却只是一理

所以為約者博學而不約之以禮安知不畔於道徒知要約而不博學則所謂約者未知是與不是亦或不能不畔於道也 僩

○大抵聖賢之教不過博文約禮四字博文則須多求博取熟講而精擇之然後可以浹洽而通貫約禮則只敬之一字已是多了日用之間只以此兩端立定程課不令間斷則久之自有進步處矣 答章季思

○禮是歸宿處凡講論問辯亦只是要得正當道理而有所歸宿

耳若博文而不約之以禮便是無歸宿處恪

○知崇禮卑博然後崇卑然後約物理窮盡超然於事物之表則所謂崇戒慎恐懼於一動一舉一言一行則所謂卑道夫

二十六章子見南子

或問孔子之見南子何也曰按史記孔子至衛南子使人謂孔子曰四方之君子不辱欲與寡君為兄弟者必見寡小君寡小君願見孔子辭謝不得已而見之也曰仕於其國而

見其小君禮與曰是於禮無所見穀梁子蓋以為大夫不見夫人而何休獨有郊迎執贄之說不知其何所攷也然禮家又謂陽侯殺繆侯而竊其夫人故大饗廢夫人之禮而使人攝焉則是大夫雖或有見小君之禮疑亦久已不行於世而靈公南子特舉之耳曰南子既非正嫡且以淫亂聞於諸侯而是禮也又非當世之所常行者則夫子曷為而不辭也曰南子之行則醜矣然其願見蓋亦有善

意焉且衛君既以爲夫人而已將仕於其國則所謂禮從宜使從俗者其亦有所不得已焉者矣又況聖人道隆德盛雖磨而不磷雖涅而不緇亦何爲拘拘翦翦於此而避一見之嫌乎曰矢之爲誓何也曰矢誓聲相近盤庚所謂矢言亦憤激之言而近於誓者也且所言之爲誓辭也其見於傳者多矣若曰所不與舅氏同心者有如白水所不與崔慶者有如上帝皆是也曰子路之不悅也不告以

可見之理而誓之何也曰曾氏言之得矣曾氏曰見南子過物之行子路不悅非常談所能曉故誓之如此曰楊氏包承小人之說然乎曰易之說未有云尒者而楊氏獨屢言之若使大人處否而包承乎小人以得亨利則亦不足以為大人矣是說之行將啓後世為苟容幸免之弊懼非所以為訓也○此章且依集註說古書如此等不可曉處甚多古註亦云可疑其說予所否厄者是天厭棄之者

蓋後人要道聖人必不如此須要委曲遷就做一箇出路却不必如此祖道

二十七章中庸之為德

自世教衰此四字政是說久字榦

二十八章如有博施於民

或問博施濟衆必也聖乎此言必聖人而後能之乎曰不然此正謂雖聖人亦有所不能爾必也聖乎蓋以起下文堯舜病諸之意猶曰必也射乎而後言射之有爭也曰仁恕之

別何也曰凡己之欲即以及人不待推以譬彼而後施之者仁也以己之欲譬之於人知其亦必欲此而后施之者恕也此其從容勉强固有淺深之不同然其實皆不出乎常人一念之間學者亦反求諸己而足矣豈必博施濟衆務為聖人之所不能者然後得之乎

○何事於仁猶言何消得更說仁節

○何事於仁只作豈但於仁仁是直看直上直下只一箇道理聖字便横看有衆人有賢人有聖

人便有節次當○問仁之極處與聖人切用本不可分大小今言何止於仁則聖仁若有大小之分否曰此處不恁地讀必也聖乎語意未是殺處當急連下文讀去仁以理言聖以事業言子貢所問博施濟衆必有聖人之德有天子之位而後可以當此堯舜恁地尚以為病仁本切已事大小都用得他問得空浪廣不切已了以此看仁字如何用得如何下得工夫中間看得聖人一句常人固是做

不得雖聖人尚以此爲病此須活看寓○博施濟衆是無盡地頭堯舜也做不了蓋仁者之心雖無窮而仁者之事則有限自無可了之理若要就事上說便儘無下手處時舉○博施濟衆便做仁未得仁自是心端蒙○問仁以理言通乎上下曰一事之仁也是仁全體之仁也是仁仁及一家也是仁仁及一國也是仁仁及天下也是仁節○仁者如水有一杯水有一谿水有一江水聖便是大海水

僴○問程子曰謂仁爲聖譬猶雕木爲龍木乃仁也龍乃聖也指木爲龍可乎此喻如何曰亦有理木可雕爲龍亦可雕爲狗此仁所以可通上下而言者也龍乃物之貴者猶聖人人倫之至也必大○子貢問仁是就功用籠罩說孔子是就心答可學○仁是一條正路聖人行到盡處欲立欲達是仁者之心如此能近取譬是學做仁底如此深淺不同明作○立是安存底意思達是發用底意思凡

事不出立與達而已如在此住得穩便是立如行便要到便是達如身要成立亦是立學要通達亦是達事事皆然燾○問章後四句程子一統作仁之體先生分之何也曰某之說非異於程子蓋程子之說如大屋其說如屋下分間架耳祖道○夫仁者則是言仁之道如此可謂仁之方也已則是言求仁當如此分作兩段說人傑○上一截說仁之體下一截說仁之術惟其仁者之心如此故求仁

之術必如此也答陳與桝○問手足貫通曰纔被私意截住仁之理便不行節○愛字不在同體上說愛則是自然愛不是同體了方愛惟其同體所以無所不愛所以愛者以其此心也所以無所不愛者以其同體也僩○程子手足痿痺之說當於氣已不貫一句之上求之所以痿痺者以吾之氣不貫乎手足耳

黃氏通釋謂愚聞之師云

四書集義精要卷十二終

檇李王居中謹書

四書集義精要卷十三

論語九

述而上

首章

旣信古又好古今人多是信而不好或好而不信道夫○竊比之竊偷也節○敬夫寂不可得聽人說話便肯改如此章他元說彼老彭者何人哉而反使吾夫子想像慕用其與說孔子賢於堯舜非老彭之所及人皆知之自

不須說但其謙退不居而反自比焉且其辭氣極於遜讓而又出於誠實如此此其所以為盛德之至也為之說者正當於此發其深微之意使學者反復潛玩識得聖人氣象而因以消其虛驕傲誕之習乃為有力今為此論是乃聖人鞠躬遜避於前而吾黨為之攘袂扼腕於後也他聞說即改大雅

二章

或問默識二義曰不言而得其理者不待問

辨而無疑也不言而存諸心者拳拳服膺而弗失也○默不言也不言而此物常在也今人但說著時在不說時不在非禮勿視要和根拔取不是只禁你不看聽言動皆然○祖道是三者雖非聖人之極至在學者亦難如平時講貫方能記得或因人提撕方能存得若默而識之乃不言而存諸心非心與理契安能如此學而不厭在學者久則易厭視人與己若無干涉誨之安得不倦此三者亦須是

心無間斷方能如此植○聖人是自謙言我不曾有此數者聖人常有慊然不足之意衆人雖見他是仁之至熟義之至精他只管自見得有欠闕處賀孫○此必因人稱聖人有此聖人以謙辭承之記者却失上面一節只做聖人自話記了默而識之便是得之於心學不厭便是更加講貫誨不倦便是施於人也時舉

三章德之不脩

須先理會孝弟忠信等事有箇地位然後就這裏講學格

○德之不脩如有害人之心便是仁之不脩有穿窬之心便是義之不脩德是理之既得於吾心者便已是我有底物事了更須日日磨礲勿令閒斷始得徙義與改不善一似合掌說相似然須與他分别葢義是事之宜處我做這一件事覺得未甚合宜便要徙令合宜此却未見得有不善處至不善便是有過惡須要速改始得此所以有輕

重之別時舉○遷善改過是兩項不是說改其過而遷於善燾○此四句脩德是本為要脩德故去講學下面徙義改過即脩德之目也㽦○此雖是聖人以此教人然學不厭之意多見於此使有一毫自以為聖任其自尔則雖聖而失其聖矣賀孫

四章　子之燕居

學者亦須稍嚴肅則可不然則無下手處又曰但得身心收斂則自和樂恪

五章甚矣吾衰也

或問孔子不夢周公之説程子以為初實未甞夢也如何曰孔子自言不夢之久則其前固甞夢之矣程子之意蓋嫌於因思而夢者故為此説其義則精矣然恐非夫子所言之本意也胡氏説夢亦有可取者焉胡氏曰心官萬物之至靈非但藏往固能知來凡天地古今之所有無一外乎此者無明晦古今遠迩通塞之間此人之所以有夢夢之所以多

變也然聖人誠存則其夢治若夫思慮紛擾神情不定則所夢雜亂或正或邪亦與旦晝之所為等爾善學者既謹其言動而又必驗諸夢寐之間也○問夢周公恐涉於心動否曰心本是箇動物夜之夢猶晝之思也夢但得其正何害心存這事便夢這事常人便胡夢了老氏清淨家變說一般無夢底話　寓○夫子夢周公正是聖人至誠不息處然時止時行無所凝滯亦未嘗不灑落也故及其衰

則不復夢亦可見矣若是合做底事則豈容有所忽忘耶以忘物爲高乃老莊之偏說上蔡所論曾點事似好然其說之流恐不免有此弊也答方伯謨○甚矣吾衰也作一句久矣吾不復夢見周公作一句惟其久不夢見所以見得是衰義剛○不夢周公自是箇證兆如此當聖人志慮未衰天意雖定八分猶有兩分運轉故也做得周公事遂夢見之非以思慮也要之聖人精神血氣與時運相爲流通到

鳳不至圖不出明王不興其證兆自是恁地故文定謂春秋絕筆於獲麟為志壹則動氣意思說得也甚好但以某觀之生出一箇物事為人所斃多少是不好是亦一證兆也道夫

○不是孔子衰是時世衰又曰與天地相應若天要用孔子必不教他衰如太公武王皆八九十歲夫子七十餘想見纍垂節

○夢周公忘肉味祭神如神在見得聖人眞一處理會一事便全體在這一事道夫

六章志於道

志者求知是理而期於必至之謂答潘端叔○道理也是一箇有條理底物事不是鶻淪一物如老莊所謂恍惚者志於道只是存心於所當為之理而求至於所當為之地非是欲將此心繫在一物之上也端蒙○問尋常看據於德如何說以橫渠得寸守寸得尺守尺對曰須先得了方可守如此說時依舊認德字未着令且說只是這道理然須常常提撕令在

已決定是得這物事如方獨處默坐未曾事君親接朋友然在我者已渾全是一箇孝弟忠信底人以此做出事事親則必孝事君則必忠與朋友交則必信不待旋安排也蓋存於中之謂德見於事之謂行易曰君子以成德為行正謂以此德而見諸事耳德成於我者若有一箇人在內必定孝弟忠信斷不肯為不孝不弟不忠不信底事與道家所謂養成箇嬰兒在內相似凡人欲邊事這箇人斷

定不肯教自家做故曰默而成之不言而信存乎德行謂雖未曾說出來時存於中者已斷是如此了必大○德是行來行去行得熟已成箇物事了惟這箇物事已得於我故孝也是這箇物事流出來做孝忠也是這箇物事流出來做忠故可據守之也這物未成就時在孝只是孝忠只是忠惟做來做去湊足成就一箇物事則千頭萬件都只是這箇物事流出來道家所謂安養成胎蓋德是百行之

胎也義剛 ○德是道之實仁是德之心道夫 ○道是日用常行合做底德是真箇有得於己仁謂有箇安頓處季札 ○志於道如講學力行皆是據於德則是這箇物事已成箇胚璞子了義剛 ○志於道方要去做據於德則道方有歸着雖有歸著猶是在事上依於仁則德方有本領恪 ○志於道猶是兩件物事據於德得於己者也故可據依仁則是平日存主處無一念不在這裏又是據於德底骨子時舉 ○道

者人之所共由如臣之忠子之孝只是統舉理而言德者己之所獨得如能忠能孝則是就做處言也依仁則又所行處每事不違於仁端蒙

○德是逐件上理會底仁是全體大用常依靠處又曰據德是因事發見如因事父有孝事君有忠依仁是本體不可須臾離底據德如著衣喫飯依仁如鼻之呼吸氣僩

○自志於道至依於仁是從麄入精自依於仁至游於藝是自本兼末能依於仁則其游

藝也蓋無一物之非仁矣因舉横渠語曰天體物而不遺猶仁體事而無不在也禮儀三百威儀三千無一物之非仁也昊天曰明及爾出王昊天曰旦及爾游衍無一物之不體也此是横渠赤心片片説與人如荀揚何嘗有這樣説話 廣 ○藝雖小學至依於仁既熟後所謂小學者至此方用得佗 夔孫 ○藝是小學工夫若説先後則藝爲先而三者爲後若説本末則三者爲本而藝爲末固不可徇末

而忘本習藝之功固在先游者從容潛玩之意又當在後文中子說聖人志道據德依仁而後藝可游也此說得好木之

八章不憤不啓

或問反之爲還以相證何也曰如易所謂原始反終者也○學者至憤悱是其心已略略通曉故聖人於此啓發之舉一隅其餘三隅須是學者自去理會舉一隅而不能以三隅反是不能自用力者夫子所以不再舉也謨

○問必待誠至而後告之曰憤悱便是誠意到不憤悱便是誠不到節

九章子食於有喪者之側

聖人之心如春夏秋冬不遽寒燠如古者喪服自始死至終喪中間節次漸漸變輕不似今人直到服滿一頓除脫了便著華采衣服賀孫時舉

○要識得聖人自然重厚不輕浮底意思

十章用之則行

或問呂楊何以分别孔顔之不同也曰蓋此章猶以物我對待而言若孔子之仕止久速則其可否之幾渾然在我而無與於物矣此章之意猶止以一己之從違而言若孔子之天下文明則風動神化有不知所以然者矣○聖人於用舍甚輕没些子緊要做用則行舍則藏如晴乾則着鞋雨下則赤脚尹氏云命不足道蓋不消言命也植○命是有箇必底意及不得已則委之於命義剛○如常人用之

則行乃所願舍之則藏非所欲舍之則藏是自家命恁地不得已不奈何聖人無不得已意思無不奈何意思何消得更言命節　○到無可奈何處始言命如云道之將行也與命也道之將廢也與命也此為子服景伯說如曰有命是為彌子瑕說夔孫　○不得已而安之若命固賢於世之貪冒無恥者然實未能無求之之心也如陶淵明說不要富貴能忘貧賤雖實不能忘然使為世人之所為則定不

肯此其所以賢於人如顏子之安於陋巷佗那曾計校命如何僴○未説到用舍行藏處且先看箇毋意毋必底意思此是甚底心渾然是箇天理○臨事而懼好謀而成比用之則行舍之則藏固是大相遠但這裏面道理也自完具無欠無剩其嘗説聖人言語如荷上水珠一顆一顆圓義剛○好謀而成既謀之須是果決去做教成若徒謀而不成何益於事所謂作舍道旁三年不成者也臨事而懼

是臨那事時又須審一審蓋開時已思量得都是了這懼字正如安而後能慮之慮個

十一章 富而可求也

或問今說可不可皆決於命而不以義夫聖人言義不言命則奈何其言此也曰言義而不言命聖賢之事也其或為人言則隨其高下而設教有不同者豈可以一律拘之哉故此章之意知為中人而發耳如曰死生有命富貴在天求之有道得之有命者夫豈皆不

言命乎魏國韓忠獻公有言貴賤貧富自有定分枉道以求徒喪所守蓋得此章之意中人以下其於義理有未能安者以是曉之庶其易知而肯信耳蘇氏之說蓋亦如此蘇氏曰教人以勿求則人猶有可得之心特迫於聖人而止迫於聖人而止則亦有時而作矣故告之以不可求者以為高其閑閫固其扃鐍不如開門發篋而示之以無有也○此章須要子細看富而可求也一句上面自是有

虗意言而可求便是富本不可求也此章㝡見得聖人言語渾成氣象須要識得時舉○上句是假說之辭下句方是正意下說從吾所好便是上句執鞭之事非所好矣更味而字雖字亦字可見文勢重在下句也答方伯謨

十三章子在齊

或問十三章之文程子改三月為音字如何曰彼以一日聞樂而三月忘味聖人不當固滯如此故尔然以史記攷之則習之三月而

忘肉味也既有音字又自有三月字則非文之誤矣蘇氏說亦得之蘇氏曰孔子之於樂習其音知其數得其志知其人其於文王也見其穆然而深思見其高望而遠志見其黯然而黑頎然而長其於舜也可知是以三月而不知肉味○三月當作一點蓋是學韶樂三月耳非三月之久不知肉味也去偽○今正好看其忘肉味處這裏便見得聖人之樂如是之美聖人之心如是之誠又曰聖人聞韶

須是去學學之亦須數月方熟三月大約只是言其久不成真箇九十日想韶樂之美是能感動故國語稱使童子視端而行直（道夫）○若說存心之切又說壞了聖人他也何嘗切切然存心要去理會這事只是心自與那道理契合只覺得那箇好自然如此耳（僩）

十四章（夫子為衛君乎）

或問夫子以夷齊為賢則其不為衛君之意明矣而子貢復有怨乎之問至聞得仁之語

然後知夫子之不為何耶曰夷齊之賢天下孰不知之子貢蓋不待夫子之言而知之矣然意二子雖賢而其所為或出於激發過中之行而不能無慼慨不平之心則衛君之爭猶未為甚得罪於天理也故問怨乎以審其趣而夫子告之如此則子貢之心曉然知夫二子之為是非其激發之私而無纖芥之憾矣持是心以燭乎衛君父子之間其得罪於天理而見絕於聖人尚何疑哉此其所以必

再問而后知所决也○凡讓出於不得已便有怨夷齊之讓是合當恁地乃天理之當然又何怨寓○求仁而得仁此只是不傷其本心而已若伯夷叔齊而於心終不安人之心本仁纔傷着本心則便是不仁矣謨○求仁而得仁謂是合恁地若不恁地是去仁而失仁矣夔孫○諫伐而餓固非此章本意然郤是伯夷不怨底事故程子同引來說必大

十五章飯疏食飲水

或問十五章之說曰聖人之心無時不樂如元氣流行天地之間無一處之不到無一時之或息也豈以貧富貴賤之異而有所輕重於其間哉夫子言此蓋即當時所處以明其樂之未嘗不在乎此而無所慕於彼耳且曰亦在其中則與顏子之不改者又有間矣必曰不義而富貴視如浮雲則是以義得之者視之亦無以異於疏食飲水而其樂亦無以加尔記此者列此以繼衛君之事其亦不無

意乎○樂亦在其中此樂與貧富自不相干是別有樂處如氣壯底人遇熱亦不怕遇寒亦不怕若氣虛則必為所動矣閎祖○不知那樂是樂箇甚麼物事要人識得這須是去做工夫涵養得久自然見得因言通書數句論樂處也好明道論樂處曰百官萬務金革百萬之衆曲肱飲水樂亦在其中觀他有扈游山詩是甚麼次第義剛○正要理會聖人之心如何得恁地聖人之心更無些子查滓故我

之心淘来淘去也要如聖人之心恪 ○人之生各具此理但是人不見此理這裏都黑窣窣地如猫兒狗子飢便食困便睡到富貴便極聲色之奉一貧賤便憂愁無聊聖人則表裏精粗無不昭徹其形骸雖是人只是一團天理所謂從心所欲不踰矩左来右去盡是這天理如何不快活義剛 ○不義而富且貴所謂富貴非指天位天職而言但言勢位奉養之盛耳此等物若以義而得則聖人隨其所

遇若固有之無鄙厭之心焉但以不義而得則不以易吾疏食水飲之樂耳答方伯謨

十六章 加我數年

所謂大過如當潛而不潛當見而不見是也如元亨利貞蓋大亨之中又須知利在正非正則過矣植 易之為書大抵於盛滿時致戒康節所以見得透多以盛滿為戒賀孫

十七章 子所雅言

孔子常說教人執禮賀孫 ○子所雅言未及易

今人便先為一種玄妙之說德明○古之學者只是習詩書禮樂如易則掌於太卜春秋掌於史官學者兼通之不是正業僩

十八章葉公問孔子於子路

發憤便忘食樂便忘憂細看來見得聖人超出乎萬物之表寓○聖人全體至極沒那半間不界底事發憤便忘食樂便忘憂直是恁地極至大槩聖人做事如所謂一棒一條痕一摑一掌血直是恁地燾○忘食忘憂是遂

事上說一憤一樂循環代至非謂終身只此一憤一樂也答陳安卿○觀天地之運晝夜寒暑無須臾停聖人為學亦若是從生至死只是如此無止法也僩此三句以為夫子自譽則又似自貶以為自貶則又似自譽寓○對葉公之問見其事皆造極脫然無所繫累但見義理之無窮不見歲月之有改莫我知之歎見其樂天安土無入而不自得天人事理洞然無毫髮之間苟有一毫之私則無以窺此

境之妙故曰知我者其天乎道夫○忘食忘憂便與不知肉味之意相似㽦

十九章我非生而知之者

聖人看得地步廣闊自視猶有十分未全滿足處所以其言如此非全無實而但爲此辭也必大

四書集義精要十三卷

四書集義精要卷十四

論語十

述而下

二十章子不語

或問孔子於春秋紀災變戰伐篡殺之事於易禮論鬼神者尤詳今曰不語四者何也曰聖人平日之常言蓋不及是其不得已而及之則於三者必有訓戒焉於神則論其理以曉當世之惑非若世人之徒語而反以惑人

也然其及之也亦鮮矣○鬼神聖人全不曾說這話與人這處無形無影亦自難說所謂敬鬼神而遠之只恁地說寓

二十一章三人行

聖人之學異夫常人之學才略舉其端這裏便無不昭徹然畢竟是學人若以自修為心則舉天下萬物凡有感乎前者無非足以發吾義理之正善者固可師不善者這裏便恐懼脩省恐落在裏面去是皆師也夔孫○才能

向裏做工夫步步自點檢遇事觸物皆足為我之師仰以觀於天文俯以察於地理善惡皆吾師也而況於人乎○如今要緊只是箇分别是非一心之中便有是有非言語便有是有非動作便有是有非以至應接賓朋看文字都有是有非須著分别教無些子不分曉始得孔子曰三人行必有我師焉擇其善者而從之其不善者而改之且如今見人行事聽人言語便須著分别箇是非若他做不

是說不是雖不可誦言之自家是非須先明諸心始得若只管恁地鶻突不分別少間一齊都衮做不好處去　賀孫

二十二章　天生德於予

或問孔子何以知天之生德於己也曰天之生我而使之氣質清明義理昭著則是生德於我矣豈其不自知哉曰予之有疑於程子之言何也曰聖賢之臨患難有為不自必之辭者有為自必之辭者隨事而發固有所不

同也爲不自必之辭孔子之於公伯寮孟子之於臧倉是也其爲自退之辭則孔子之於桓魋匡人是也以文考之則彼曰其如命何此曰其如予何固不同矣以事攷之則寮倉之爲譖愬利害不過廢興行止之間其說之行世固有是理矣聖賢豈得而自必哉至於桓魋匡人真欲加害於孔子則有以知其決無是理也故孔子皆以自必之辭處之言各有當不可以此而廢彼也曰聖人之自必如

此而又微服以過宋何也曰程子論之詳矣然按史記孔子適宋與弟子習禮大樹之下桓魋伐其樹孔子去之弟子曰可以速矣子曰天生德於予桓魋其如予何遂之鄭疑孔子既遭伐樹之厄微服而去之弟子欲其速行而孔子告以此語也蓋聖人雖知其不能害己然避患亦未嘗不深避患雖深而處之亦未嘗不間暇也所謂並行而不悖者學者宜深玩於斯焉○問孔子既如此說了又微

服而過宋者乃是天理人事之交盡否曰然所謂知命者不立乎巖墻之下若知命者便立乎巖墻之下也何害却又不立而今所謂知命者只是捨命 燾

○問聖人既知決無可害之理而避患又必周詳謹密何耶曰患之當避自是理合如此衆人亦然不必聖人爲然也 答陳安卿

○問集注云必不能違天害己不知當時聖人見其事勢不可害己還以理度其不能害耶曰若以勢論則害聖人甚

易唯聖人自知其理有終不能害者賀孫○舜知象欲殺己而不防夫子知桓魋不能殺己而微服此兩事甚相拗故伊川曰相類節

○問謝氏云使其能害己亦天也楊氏亦然集註言必不能違天害己竊謂衰亂之世氣運差謬福善禍淫容或有失若天理則卓然常在如許盛德必不應殺得故伊川云聖人極能斷致以理曰伊川說是夫子亟意謝楊是推說餘意亦不可不知也答鄭子上

二十三章 二三子以我爲隱乎

要緊意思却在吾無行而不與二三子處須去予細認聖人無不與二三子處在那裏凡日用飲食居處之間認得聖人是如何自家今當如何 賀孫 ○吾無隱乎爾天有四時春夏秋冬風雨霜露無非教也地載神氣風霆流形庶物露生無非教也又曰莊子說得道體煞有妙處在坑滿坑在谷滿谷莊子不是無見只是說得來作怪昔有一僧問禪其師

拈花示之云汝且道是箇什麽僧荅云花也師云吾無隱乎爾此亦不是無見只說得來粗了孔子所謂吾無隱乎爾者居鄉黨則恂恂在宗廟朝廷則便便自有許多實事 賜

二十四章 子以四教

教人之道自外約入向裏去故先文後行而忠信者又立行之方也 謨 ○此是表裏互說在這裏不是當學文修行時不教之存忠信也教人當從外說入又云學者初來須是先

與他講說不然是行箇甚麼賀孫 ○ 文行忠信是從外做向内則以學文是從内做向外聖人言此類者多要人逐處自識得銖

二十五章聖人吾不得而見之矣

或問二十五章之說曰吴氏曾氏說亦得之吴氏曰君子蓋有賢德而又有作用者特不及聖人爾若善人則粗能嗣守成緒不至於爲惡而已非若君子之能有爲也曾氏曰當夫子時聖人固不可得而見豈無君子善人

有常者乎而夫子云然者盖其人少而思見之也及其見則又悅而進之曰君子哉若人凡此類當得意而忘言善人明乎善者也有常雖未明乎善亦必有一節終身不易者若本無一長而爲有之狀未能充實而爲盈之狀貧約而爲泰之狀此亦妄人而已矣盖子所謂雨集溝澮皆盈其涸可立而待也爲能久矣曰有無虚實約泰之分柰何曰無絶無也虚則未滿之名耳二者兼内外學之所至

事之所能而言約之與泰則貧富貴賤之稱耳爲之云者作爲如是之形作爲如是之事也爲而無以繼則雖欲爲有常不可得矣○聖人也只是這箇道理但理會得爛熟所以爲聖 義剛 ○如有德而無才則不能爲用亦何足爲君子 燾 ○善人亞如上文所謂聖人有恒亞如所謂君子然而善人有恒者皆未知學問者也 僩 ○三者皆虛夸之事不可以久是以不能恒非謂此便是無恒也 壯祖 ○

此三病皆受於無恒之前_{賀孫}○凡事皆是有恒方做得成最是古人斷機譬喻最切緣是斷時易接時難_泳

二十六章_{子釣而不綱}

或問二十六章之說曰張敬夫所論亦佳張敬夫曰聖人之心天地生物之心也其親親而仁民仁民而愛物皆是心之發也然於物也有祭祀之須有奉養賓客之用則其取之也有不得免焉於是取之有時用之有節若

夫子之不絶流不射宿則皆仁之至義之盡而天理之公也使夫子之得邦家則王政行焉鳥獸魚鼈咸若矣若窮口腹以暴天物者則固人慾之私也而異端之教遂至於禁殺茹蔬殞身飼獸而於其天性之親人倫之愛反恝然其無情也則亦豈得為天理之公哉故梁武之不以血食祀宗廟與商紂之暴殄天物事雖不同然其咈天理以致亂亡則一而已

二十七章蓋有不知而作之者

作只是作事之作寓○知以心言得於聞見者次之謨○擇善是知上工夫從之是行上工夫多見而識之且記在這裏自是意思停蓄若見上便要擇便淺迫了知之次也知之者真知得了不消擇善而從亦不消識聞多而擇見多而識只是知之次者○多聞多見二字人多輕說過了將以為偶然多聞多見耳殊不知此正是合用功處多聞擇其善

者而從之多見而識之皆欲求其多也不然則聞見孤寡不足以為學矣時舉○聞是聞前言往行見是見目今所為蓋卿○如今人却只要多識却無擇善一著賀孫○多聞擇其善者而從之多見而識之須是自家本領正本領不正都没理會着原頭正到得看那許多方有辯別如程先生與禪子讀碑云公所看都是字某所看都是理同上○讀多聞擇其善者而從之章去聞見亦是互相發明

如子張學干祿童聞主於言見主於行然亦有聞而行者見而言者不可泥而看也時舉

二十九章仁遠乎哉

昔者亡之今忽在此如自外而至耳答李守約○才欲便是仁在這裏才覺得此心放便是心在這裏了夔孫○讀書須把自身來體取做得去方是無疑若做不去須要講論且如欲仁斯仁至如何恁地易至於顏子三月不違仁又如何其餘更不及此又怎生得恁

地難論語似此有三四處讀論語須是恁地看方得銖○人之為學也是難若不從文字上做工夫又茫然不知下手處若是字字而求句句而論不於身心上著切體認則又無益且如說我欲仁斯仁至矣何故孔門許多弟子聖人竟不曾以仁許之雖以顏子之賢而尚違於三月之後而聖人乃曰我欲斯至盍亦於自身體驗我若欲仁其心如何仁之至其意又如何若每日如此讀書庶幾看得

道理自我心而得不為徒言也壯祖○今人非不知利祿之不可求求之必不可得及至得底皆是非用力所致然而有至終身求之而不止者如何得人皆欲仁所以後來聖賢不出盡是庸凡便是無肯欲仁者如何得箇道理使人皆好仁所以孔子謂吾未見好仁者所謂好德如好色須是真箇好德如好色時方可如今須是自於這裏著意思量道如何不欲仁却欲利祿如何不好德却只好色

於此猛省恐有箇道理〔當〕

三十章　陳司敗問昭公知禮乎

或問諸説如何曰范氏存君臣者非是聖人盛德之至其酬酢之際從容中禮有不期然者豈以存君臣之故而後為是語哉大凡范氏於論語多此病如此則是聖人之言行皆不本於中心之能已者而每出於有意計度之私也夫豈然哉　○問昭公娶同姓之事若天王舉法則如何斷曰此非昭公故為之

也當時吳盛強中國無霸主以齊既不能令又不受命出涕而女於吳若昭公亦是藉其勢不得已之故非貪其色而然也天王舉法則罪固不免亦須原情自有處置況不曰孟姬而曰吳孟子則昭公亦自知其非矣　淳

三十一章　子與人歌而善

或問三十一章之説所謂聖人謙遜審謹不掩人善何以言之也曰聖人天縱多能其於小藝不待取於人而後足而必欲得其詳如

此其謙遜審謹可知也然若不俟其曲終而遽和之則亦幾於伐己之能以掩彼之善矣故必俟其曲終以盡見其首尾節奏之善然後人復歌而始和之則既不失其與人為善之意而又不掩其善也然此亦聖人動容周旋自然中禮非有意於為之也抑又見其從容不迫不輕信而易說之意 ○反之猶言從頭再起也答潘坦翁 ○今世間人與那人說話那人正說得好自家便從中截斷如云

己自理會得不消說之類以此類看聖人是甚氣象與人歌且教他自歌一終了方合再歌而後和之不於初歌便和恐混雜他不盡其意此見聖人與人爲善賀孫

○問此章伊川解歌必全章也與割不正不食席不正不坐同曰甞謂此章見聖人謙退詳審不掩人善之意乃爲盡其曲折伊川但言其不從中間一截和起耳雖亦是一意思然恐未盡答潘端叔

三十二章

文莫吾猶人也

或問三十二章之說曰此其文義集註備矣若其所以然者則未可以一言盡也蓋於文言其可以及人足見其不難繼之意言其不能過人又見其不必工之意且合而觀之又見其雖不讓其能而亦不失其謙也於行言其未之有得則見其實之難焉見其必以得為效焉見其汲汲於此而不敢有毫髮自足之心焉一言之中而旨意反復更出互見曲

折淵永至於如此非聖人而能若是哉○莫是疑辭猶今人云莫是如此謨

三十三章若聖與仁

正唯弟子不能學也言正是弟子不能學處義剛○為之畢竟是為箇甚麽誨人畢竟是以甚麽物事誨人這便知得是為之是為仁聖之道誨人是以仁聖之道誨人同上○不居仁聖已為謙矣以學不厭誨不倦為無有又謙之謙也至於事父兄公卿一節則又謙謙

之謙也盖聖人只見義理無窮而自已有未到處是以其言每下而盖見其高也答陳安卿

三十四章子疾病

或問行禱五祀著於禮經令子路請之而夫子不從何也曰以理言之則聖人之言盡矣諸家之説當矣以事言之則禱者臣子至情迫切之所爲非病者之所與聞也病而與聞乎禱則是不安其死而諂於鬼神以茍須臾之生君子豈爲是哉曰然則聖人之言乃不

及此而直以爲無事於禱何也曰是蓋有難言者然以理言則既無舉之矣蓋祈禱卜筮之屬皆聖人之所作至於夫子而後教人一决諸理而不屑於冥漠不可知之間其所以建立人極之功於是爲備觀諸易之十翼可以見矣○子路若不當請聖人何不直拒之乃問有諸何也蓋夫子疑子路禱之非正故以有諸叩之及子路舉誄聖人知非淫祀乃云我無所事禱 時舉 ○子曰有諸聖人不直

截截他待子路說了然後從容和緩答他令人才到請禱處便截了聖人皆不如此使反之而後和之亦然　○禱爾於上下神祇只是引此古語以明有禱之理非謂欲禱于皇天后土也　答陳安卿　○禱久一句語意深厚聖人氣象與天人之分自求多福之意皆可見　答程允夫　○問禱久一句乃聖人自語也聖人之意豈自謂我未嘗有過無善可遷其素行固已合於神明哉曰聖人固有不居

其聖時節又有直截擔當無所推讓時節如天生德於予未喪斯文之類蓋誠有不可掩者答陳安卿○問注下是兩箇意思模樣曰是但士喪禮那一意卻只是箇小意思義剛○今自是無所可禱如儀禮五祀之類令人尋常皆不曾祀又尋常動是越祭於小小神物必以爲祭之無益其曰爲郡禱旱時如舊例醮祭之類皆嘗至誠爲之但才見張天師心下便不信了必大

三十五章 奢則不孫

問不孫曰才奢便是不孫佗自是不歛戢也

○張敬夫解奢則不孫聖人斯言非勉學者爲儉而已曰聖人深惡奢之爲害而寧取夫儉之失焉則所以勉學者之爲儉其意切矣今爲此説是又欲求高於聖人而不知其言之過心之病也温公謂楊子作太玄本以明易非敢別爲一書以與易競今讀此書雖名爲説論語者然攷其實則幾欲與論語爲

競矣鄙意於此深所未安不識高明以為如何　與張敬夫

三十六章　君子坦蕩蕩

問坦蕩蕩坦二字只相連俱就氣象說只是胷懷平坦寬廣否抑坦字就理說由循理平坦然後胷懷寬廣也曰只合連說看下文對句可見　答陳安卿

三十七章　子溫而厲

曰溫曰威曰恭三字是主曰厲曰不猛曰安

是帶說上下二句易理會且看聖人威底氣象是如何蓋聖人德盛自然威嚴 賀孫 ○聖人固是自然學者便須舉偏補弊如舜命教胄子皐陶陳九德可見 夔孫 ○問張子云十五年學箇恭而安不成曰恭而安如何學得成安便不恭恭便不安這箇使力不得只是養底工夫如煉丹火氣已足更不用添炭只以暖氣養教成就耳 明作 ○問橫渠只是硬把捉故不安否曰他只是學箇恭自驗見不

曾熟不是學箇恭又學箇安 賀孫

四書集義精要卷十四

四書集義精要卷十五

論語十一

泰伯上

首章

或問曰何以言三讓之為固讓之也曰古人辭讓以三為節一辭為禮辭再辭為固辭三辭為終辭故古註至是但言三讓而不解其目也今必求其事以實之則亦無所據矣曰何以言其讓於隱微之中也曰泰伯之讓無

揖遜授受之跡人但見其逃去不返而已不知其讓也知其讓者見其讓國而已而不知所以使文武有天下者實由於此則是以天下讓也曰其為至德何也曰讓之為德既美矣至於三則其讓成矣以天下讓則其所讓大矣而又能隱晦其迹使民無得而稱焉則其讓也非有為名之累矣此其德所以為至極而不可以有加也曰太王有廢長立少之意非禮也泰伯又探其邪志而成之至於父

死不赴傷毀髮膚皆非賢者之事就使必於讓國而為之則亦過而不合於中庸之德也其為至德何耶曰太王之欲立賢子聖孫為其道足以濟天下而非有愛憎之間利欲之私也是以泰伯去之而不為狷王季受之而不為貪父死不赴傷毀髮膚而不為不孝蓋處君臣父子之變而不失乎中庸此所以為至德也與魯隱公吳季子之事蓋不同矣曰逃去可矣何必斷髮文身哉曰先儒論之多

矣蘇氏以為讓國盛德之事矣然存其實而取其名者亂之所由起故泰伯為此所以使名實俱亡而亂不作也此以利害言之故不足以得聖賢之心而其弟黃門又曰子貢言泰伯端委以治吳則固未嘗斷髮文身也且漢東海王以天下授顯宗唐宋王成器以天下授玄宗皆兄弟終身無閒言何必斷髮文身哉此引子貢之言則其事故有不可攷者然以漢唐二事例之則亦未足以盡聖賢之

心也盖使王季之心但如顯宗玄宗則可若有并齊之義則亦不能以一朝居矣使泰伯而不有以深自絶焉則亦何以必致國於王季而安其位哉然顯宗玄宗之心其厚薄又自不同也○至德論語有二一為文王而發則是對武王誓師而言一為泰伯而發則是對太王翦商而言若論其志則文王固高於武王而泰伯所處又高於文王若論其事則泰伯王季文王武王皆處聖人之不得已而

泰伯為獨全其心表裏無憾也不然則何以有武未盡善之歎且以夷齊為得仁耶答揚志仁○若論有德者興無德者亡則天命已去人心已離便當有革命之事畢竟人之大倫聖人切要守得這箇看聖人反復歎詠泰伯及文王事而於武曰未盡善皆是微意夔孫○泰伯夷齊之事天地之常經而太王武王之事古今之通義但其間不無高下爾若如蘇氏譏武王非聖人則非矣於此二者中

須見得道並行而不悖處乃善銖○至德是就民無得而稱焉處見今人都不去看這一句夫子只説至德一句便了何必更下此六字當子細看這一句煞有意思義剛○今人才有些子讓便惟恐人之不知○問事之難處有甚焉何也曰夷齊處君臣之間道不合則去泰伯處父子之際又不可露形跡只得不分明去此不是言如夷齊讓國事蓋謂與夷齊諫伐之心同耳銖○問太王翦商

只是魯頌推本之辭今遂據以為說可否曰若是推本不應下實始翦商賀孫○太王翦商是周人如此說若無此事他豈肯誣其祖義剛○問當時商室雖衰天命時勢猶未也太王乃萌是心睥睨於其下豈得不謂之邪心泰伯固讓為成父之邪志且自潔其身而以所不欲者推之後人何以為至德曰翦商乃詩語不從亦是左氏所記當時必有所據看書中說太王肇基王迹中庸言武王纘太

王王季文王之緒則可見矣此聖賢處事之變不可拘以常法而太伯之讓則是守常而不欲爲當此事者也答陳安卿○左傳謂泰伯不從是以不嗣即是不從太王翦商事耳寓○問太王方爲狄人所侵不得已而還岐當時國勢尚弱如何便有意於取天下曰觀其初還底規模便自不同規模便才立便強大如文王伐崇代密氣象亦可見然文王猶服事商所以爲至德○公劉時得一上做得

盛到太王被狄人苦楚時又衰了太王又旋來那歧山下做起家計但歧山下却是箇商經理不到處亦是空地當時邠也只是一片荒涼之所故他去那裏輯理起來義剛

二章恭而無禮

禮只是理只是看合當恁地不恁地若不要恭後却要去恭則必勞若合當謹后謹則不葸若合當勇后勇則不亂若不當直後却要便是絞義剛○絞如繩兩頭絞得緊都不寬

舒則有諡父攘羊之事矣木之○橫渠說蓋以有禮篤親不遺故舊在先則不勞葸亂絞與興仁不偷之效在後耳要之合分為二章同上

三章　曾子有疾

或問楊氏以易簀為死生無變於已者諸說之所不及不其至乎曰昔晁詹事嘗問此義於程子程子曰禮也晁氏曰令人蔽於老佛之說則不謂之禮而謂之達矣程子然之不

知楊氏於此其果以禮爲重乎以達爲重乎是未可知也○戰戰兢兢如臨深淵如履薄冰此乃敬之法此心不存則常昏矣今有人昏睡者遇有痛痒則蹶然而醒蓋心所不能已則自不至於忘也洽○這箇身已直是頃刻不可不戒愼恐懼如所謂孝非止是尋常奉事而已當念慮之微有毫髮差錯便是悖禮傷道便是不孝只看一日之閒內而思慮外而應接事物是多多少少這箇心略不點

檢便差失了看世間是多少事至危者無如人之心所以曾子常常恁地戰戰兢兢如臨深淵如履薄冰 賀孫

○張敬夫鮮形體且不可傷則其天性可得而傷乎曰此亦過高之說非曾子之本指也且當發明本文之意使學者深思保其形體之不易而盡心焉是則曾子所為丁寧之意且天性亦豈有可傷之理乎 與張敬夫

四章 曾子有疾孟敬子問之

或問此章之說曰胡氏所攷曾子之事則善胡氏曰曾子之疾見於此者二而見於檀弓者一愚嘗攷其事之先後竊意此章冣先前章次之而易簀之事最在其後乃垂絕時語也當是時也氣息奄奄僅在而聲爲律身爲度心即理理即心其視死生猶晝夜然夫豈異教坐亡幻語不誠不敬者　所可彷彿學者誠能盡心於此則可以不惑於彼也○正顏色若要相似說合當著得箇遠虛僞矣動

出都說自然惟正字却似方整頓底意思蓋緣是正顏色亦有假做恁地內實不然者若容貌之動辭氣之出却容偽不得 賀孫 ○暴是粗厲慢是放肆蓋人之容貌少得和平不暴則慢暴是剛者之過慢是寬柔者之過鄙是凡淺倍是背理今人之議論有見得雖無甚差錯只是淺近者此是鄙又有說得甚高而實背於理者此是倍不可不辨也 時舉 ○人之容貌只有一箇暴慢雖淺深不同暴慢

則一如人狠戾固是暴稍不温恭亦是暴如人倨肆固是慢稍或急緩亦是慢信實也亞顔色便須近實鄙便是説一樣卑底説話倍是逆理辭氣只有此二者文蔚○這三字雖不是做工夫底字然便是做工夫處亞如着衣喫飯其着其喫雖不是做工夫然便是做工夫處此意所争只是絲縣之間要人自體認得舊来解以為效驗語似有病故改從今説蓋若專以為平日莊敬持養方能如此則

不成未莊敬持養底人便不要遠暴慢近信遠鄙倍便是舊說效驗字太深有病 僩 ○問若未至此如何用工曰只是就容貌辭色之間用工更無別法但上面臨時可做下面臨時做不得須是熟然後能如此 淳 ○遠便是無復有這氣象 寓 ○三者道之得於身者也所謂本也 文集 ○以道言之固不可謂此為道彼為非道然而所貴在此則所賤在彼矣其本在此則其末在彼矣 人傑 ○籩豆之事

亦非全不理會也但所重在不此耳田子方君明樂官不明樂音之説固美但君不曉樂則如何知其人之可任不可任耶不曉籩豆如何能任有司義剛

○籩豆之事雖亦莫非道之所在然須先擇其切己者爲之如有關雎麟趾之意便可行周官法度以籩豆之事告孟敬子必其所爲有以煩碎爲務者謨

○今人講明制度名器皆是當然非不是學但是於自己身上大處却不曾理會何貴於學

講之○集註中脩身之要為政之本二句㝡宜玩味答李時可

五章以能問於不能

或問能矣而問於不能多矣而問於寡不幾於巧偽近名乎曰愚嘗聞之於師矣曰顏子深知義理之無窮惟恐一善之不盡故雖能而肯問於不能雖多而肯問於寡以求盡乎義理之無窮者而已非挾其能而故問也但自他人觀之則見其如此耳謝說意蓋如此

而洪氏曰吾固能矣然豈不猶有所不能彼固不能矣然或不能此而能於彼也吾固多矣然豈不猶有所闕彼固寡矣然或失於此而得於彼也是以下問而不以為難亦此意也曰孟子三自反不如顏氏之不校信乎曰孟子所言學者反身脩德之事若顏子則心理渾然不待自反物我一致不見可校者也二者優劣固不待言而喻矣然自學者觀之則隨其所至之深淺而用力各有所當不可

以此譏彼而反陷於躐等之失也曰有謂犯而不校非特自反且有包之之意焉有彼之之意焉有愧之之意焉莫非理也其說然乎曰夫犯而不校固不待於自反令曰非特自反則既失之矣且其所謂包之者驕也彼之者狹也愧之者薄也是豈顏子之心哉曰吴氏曰子貢多聞故於顏子見其聞一知十曾子力行故又見其如此信乎其優入聖域也如何曰即其言足以見三子之氣象亦善言

也○想是顏子自覺得有未能處但不比常人十事曉得九事那一事便不肯問人觀顏子說毋伐善毋施勞則他也是把此一件做工夫 義剛 ○見得顏子以能問於不能以多問於寡不是故意姑且如此始有進步處耳 荅汪長孺 ○不與人校強弱勝負道我勝爾負我強爾弱 壽 ○不是著意去容他亦不是因他犯而遂去自反蓋其所存者廣大故人有小小觸犯處自不覺得 時舉 ○他力量大

犯者如蚊蝨一般如汪汪萬頃之陂澄之不清撓之不濁南升○問若常持不校之心如何曰此只看一箇公私大小故伊川云有當校者順理而已方子○問幾於無我曰聖人則全是無我若顏子却但是不以我去靡人却尚有箇人與我相對在聖人便和人我都無了義剛○顏子正在着力不著力之間就從事上看便分明荅陳安卿

六章可以託六尺之孤

命只是命令之命　恪　○可以二字猶以其才言不可奪處乃見其節重處正在此也　荅潘端叔　○才節無全方謂之君子若無其才而徒有其節雖死何益如受人託孤之責自家雖無欺之之心却被別人欺了也是自家不了事不能受人之託矣如受人百里之寄自家雖無竊之之心却被別人竊了也是自家不了事不能受人之寄矣自家徒能臨大節而不可奪却不能了得他事雖能死也只是

箇枉死漢濟得甚事如晉之荀息是也所謂君子者豈是斂手並脚底村人耶故伊川說君子者才德出衆之名孔子曰君子不器既曰君子須是事事理會得方可若但有節而無才也喚做好人只是不濟得事耳僴○有猷有爲有守託孤寄命是有猷有爲臨大節而不可奪却是有守霍光能有猷有爲矣只是無所守如許后之事則大節已奪了恪○此事惟諸葛亮能之夔孫○聖人言語自渾

全溫厚如此章及後章語見得曾子直是峻厲淳

七章士不可以不弘毅

弘是開闊周遍夔孫○弘非止是容物乃容得衆理耳今之學者執德不弘才得些子道理便自足他說更入不得如此則滯於一隅如何得弘如何勝得重任耶謙之○道理自是箇大底物事無所不備無所不包不大著心如何承載得起若才小著這心便容兩箇

不得心裏便只著得一箇這兩箇便相柱礙在這裏道理也只著得一說事事都只著得一邊任重是擔子重非如任天下之任僩○毅是立脚處堅忍强厲擔負得去底意思升卿○毅是忍耐持守着力去做義剛○須是認得箇仁又將身體驗之方真箇知得這擔子重今自家全不曾擔着如何知得他重所以學不貴徒說須要實去驗而行之方知僩○洪而不毅雖能勝得重任却恐去前面倒

了時舉○程子所云無規矩是說目今難立是說後来必大

四書集義精要卷十五

四書集義精要卷十六

論語十二

泰伯下

八章

只是這一心更無他說興於詩興此心也立於禮立此心也成於樂成此心也僩○興於詩立於禮成於樂聖人做出這一件物事使學者聞之自然歡喜情願上這一條路去四面八方攏撥他去這路上行廣○樂者能動

蕩人之血氣使人有些小不善之意都著不得便純是天理此謂成於樂譬如人之服藥初時一向服了服之既久則耳聰目明各自得力此興詩立禮成樂所以有先後也 時舉 ○柤滓是他勉強用力不出於自然而不安於為之之意聞樂則可以融化了 義剛 ○後世去古既遠禮樂蕩然所謂成於樂者固不可得然讀書理會道理只管將來涵泳到浹洽貫通熟處亦有此意思 賀孫 ○今豈特詩

樂無禮也無而今只有義理在且講究分别是非邪正到感慨處必能興起其善心懲創其惡志便是興於詩之功涵養德性無斯須不和不樂便是成於樂之功如禮古人這身都只在禮之中都不由得自家今既無之只得硬做些規矩自恁地收歛 寓

九章 民可使由之

或問子謂民可使之由於是理之當然而不能使之知其所以然者何也曰理之所當然

者所謂民之秉彜百姓所日用者也聖人之爲禮樂刑政皆所以使民由之也其所以然則莫不原於天命之性雖學者有未易得聞者而况於庶民乎其曰不可使知之蓋不能使之知非不使之知也○問不可使知之曰不是愚黔首是不可得而使之知也呂氏謂知之未至適所以啓機心而生惑志説得是淳○由之而不知不害其爲循理及其自覺此理而知之則沛然矣必使之知則人求知

之心勝而由之不安甚者遂不復由而惟知之為務其害豈可勝言釋氏之學是也大抵由之而自知則隨其淺深自有安處使之知則知之必不至至者亦過之而與不及者無以異此機心惑志所以生也機心惑志正謂見得一斑半點而鑿知自私之流也　荅范伯崇

○民可使由之不可使知之聖人只使得人孝足矣使得人弟足矣都無緣又上門逐箇與他解說所以當孝者是如何所以當弟

者是如何頃年張子韶之論以為當事親便當體認取那事親者是何物方識得所謂仁當事兄便當體認取那事兄者是何物方識得所謂義其甞說若如此則前面方推此這心去事親隨手又便去背後尋摸取這箇仁前面方推此心去事兄隨手又便著一心去尋摸取這箇義是二心矣禪家便是如此其為說曰立地便要你究得坐地便要你究得他所以撑眉努眼使棒使喝都是立地便拶

教爾承當識認取所以謂之禪機若必欲使
民知之少間便有這般病某嘗舉子韶之說
以問李先生曰當事親便要體認取箇仁當
事兄便要體認取箇義如此則事親事兄卻
是沒緊要底事且姑借此來體認取箇仁義
耳李先生笑曰不易公看得好或問上蔡愛
說覺字便是有此病了曰然張子韶初間便
是上蔡之說只是後來又展上蔡之說說得
來放肆無收殺尒或曰南軒初間也有以覺

訓仁之病曰大縣都是自上蔡處来又曰呂
氏解民可使由之不可使知之云不可使知
非以愚民盖知之不至適以起機心而生惑
志也看来此說亦自好所謂機心便是張子
韶與禪機之說方纔做這事便又使此心去
體認少間便啓人機心只是聖人說此語時
却未有此意在向姑舉之或問不欲附集註
或曰王介甫以為不可使知盖聖人愚民之
意曰申韓黄老之說便是此意以為聖人置

這許多仁義禮樂都是殃孜人淮南子有一段說武王問太公曰寡人伐紂天下謂臣殺主下伐上吾恐用兵不已爭鬭不已為之柰何太公善王之問教之以繁文滋禮以持天下如為三年之喪令類不畜厚葬久喪以亶其意大縣說使人行三年之喪庶幾生子少免得人多為亂之意厚葬久喪可以破產免得人富以啓亂之意都是這般無稽之談 僩

十章 好勇疾貧

或問十章之説曰胡氏上句小異然亦可取

胡氏曰好勇而不疾貧則不肯為亂疾貧而不好勇則不能為亂自古亂民皆其材力出衆而迫於飢寒者也為人上者其可不思制其産厚其生乎抑學者不幸而好勇又不幸而貧苟無道以持之自行一不義取非其有日長月滋其不流於跖也幾希此又學者所當自警也○不仁之人不能容之亦必致亂如東漢之黨錮詠

十一章如有周公之才之美

驕吝是挾其所有以誇其所無挾其所有是吝誇其所無是驕僩○如人曉些文義後吝惜不肯與人說便是要去驕人非驕無所用其吝非吝則無以為驕當○吝之所有乃驕之所恃也故驕而不吝無以保其驕吝而不驕無所用其吝此盈於虛者所以必歛於實而歛於實者所以必盈於虛也荅李守約○驕與吝只一般病驕是放出底吝吝是不放

出底驕如人病寒熱熱發出在外似驕寒包縮在内似吝寓○驕吝之義亦因見人有如此之弊故微發之荅潘恭叔○聖人只是平說云如有周公之才之美而有驕吝也連他才美壞了況無周公之才而驕吝者乎甚言驕吝之不可也至於程子云有周公之德則自無驕吝與其所說驕吝相為根本枝葉與又是發餘意解者須先說得正意分曉然後却說此方得賀孫○才德語自不同如說才

難便是那有德底才如周公之才之美便是有才更要有德義剛

十二章三年學

或問十二章之說曰以穀爲祿上章論疾貧驕吝之失下章記去就出處之方在位謀政之事亦一類也○此處解不行作志則略通又曰說不行處不如莫解解便不好淳

十三章篤信好學

或問篤信好學守死善道何也曰此言人當

篤於信道而又好學以明乎善然後能守死以善其道也善道猶工欲善其事之善守死善道言寧死而不爲不善以害其道也其曰守死者篤信之效善道者好學之功何也曰雖曰篤信而未能至死不變則其信亦不篤矣雖曰好學而不能推以善道則其學亦無用矣○篤信是信得牢固不走作耳 答陳安卿○守死是以死自守 答石子重 ○凡古之隱者非可以一律觀有可以時之所遇而觀

之者有可以其才德之高下而觀之者若長沮桀溺之徒有長往而不返之意然使天下有道而出計亦無可施設也只是獨善其身如老莊之徒而已大抵天下有道而見不必待其十分太平然後出無道而隱亦不必待其十分大亂然后隱天下有道譬天之將曉雖未甚明然自此向明矣不可不出爲之用天下無道如天之將夜雖未甚暗然自此而向暗矣知其后必不可支故亦須見幾而作

可也時舉

十四章不在其位

或問十四章之説曰夫子之言不在此位不謀此政當知左右前後上下之間各有分守皆不可以相踰胡氏所論亦其一事今附於此胡氏曰東漢季年黨錮禍起頴川杜密去官家居每謁守令多所請託而同郡劉勝亦自蜀還閉門掃軌太守王昱見杜密獨稱季陵清高以箴之密謂昱曰劉勝位為大夫見

禮上賓知善不薦見惡不言隱情惜己自同寒蟬乃罪人也今密舉志義力行之賢糾違道失節之士使明府賞罰得中令問休暢不亦萬之一乎昱乃慚服以愚覯之昱從善服義固不可訾若密之為是代昱行事也不在其位而謀其政大槩如此黨錮諸賢多蹈此失可不戒哉○尉不可以謀簿事盖少不守分限即是侵人疆界矣況田野之人謀朝廷之政乎 大雅

十五章 師摯之始

問關雎之亂何以為樂之卒章曰關雎全篇皆是亂其初必是已作樂只無此辭到此處便是亂 淳 ○關雎之亂亂者樂之卒章故楚辭有亂曰是也前面雖更有但令不可攷耳 南升

十六章 狂而不直

狂亦進取之狂 必大 ○問侗倥曰此亦因舊說以字義音韻推之恐或然耳不須苦推究

也答陳安卿

十七章 學如不及

學如不及猶恐失之譬如捉賊相似須是著氣力精神千方百計去趕捉他如此猶恐不獲今却只在此安坐熟視他不管他如何奈得他何只是怏時起來行得三兩步懶時又坐恁地如何做得事成

十八章 巍巍乎

或問舜禹之有天下而不與一以為不與治

一以為不與求予之說不同何也曰如前說則有宜為治矣如後說則有宜為得矣今曰有而不與則愚說雖陋恐或得其文意也○巍巍是至高底意思且如大凡人有得些小物事便覺累其心今富有天下一似不曾有相似豈不是高恪○今人才富貴便被他勾惹此乃是為物所役是他自卑了若舜禹直是高所謂首出庶物故夫子稱其巍巍時舉○不與言天下自是天下我事自是我事不

被那天下來移著義剛

十九章大哉堯之為君也

非惟蕩蕩無能名也亦有巍巍之成功可見

又有煥乎之文章可覩謨

二十章舜有臣五人而天下治

或問舜之臣衆矣而獨稱五人何也曰舜之

天下之所以治者以此五人而已故益予亦

獨稱之他人不得而與也曰文王服事商則

善矣然以諸侯而有天下之太半得為順乎善

曰胡氏嘗言之矣胡氏曰孔子稱武王周公善繼人之志善述人之事蓋文王受命作周大統未集武王嗣爲西伯又十二年而紂益不悛於是武王順天應人繼志述事一服戎衣天下大定此文武之實也而論者乃謂文王無意於伐紂獨武王行之此攷之不詳也夫文武之閒三分天下既有其二以加倍之力可取而不取猶北面守臣節此周之德所以爲至德也言周則文武兼舉矣誠使仲尼

有取文貶武之意曷不曰文王之德以白之乎誠使文王無廣周於天下之心曷不專守分地而取其三分之二乎聖人之動莫非天理當文王時商歷未終文王安得而取之及武王時受罪貫盈武王安得而不取向若文王享堯舜之壽則夫三分之一亦不待用師而服矣○問三分天下有其二以服事殷使文王更在十三四年將終事紂乎抑為武王牧野之舉乎曰看文王亦不是安坐不做事

底人如詩中言文王受命有此武功既伐于崇作邑于豐文王烝哉武功皆是文王做來詩載武王武功却少但卒其伐功耳觀文王一時氣勢如此度必不終竟休了一似果實文王待他十分黄熟自落下來武王却似生拍破一般寓○問使文王不死數年天下必盡服不待武王征伐而天下自歸之矣曰自家心如何測度得聖人之心孟子曰取之而燕民不悦則勿取古之人有行之者文王是

也聖人已說的話尚未理會得況聖人未做底事如何測度得後冉有問者乃曰若紂之惡極文王未死也只得征伐救民 僩 ○文王之事紂惟知以臣事君而已都不見其他慈其所以為至德也 答范伯崇 ○三分天下有其二若非文王亦須取了孔子稱至德只二人皆可為而不為者也 璘

二十一章 禹吾無間然矣

問胡氏說禹以鯀殛死而不忍享天下之奉

如何曰聖人自是薄於奉己而重於宗廟朝廷之事若只恁地說則較狹了義剛

四書集義精要卷十六

四書集義精要卷十七

論語十三

子罕上

首章

罕言者不是不言又不可多言罕言之耳 恪

○命有以理言者有以氣言者理精微而難言氣數又不可盡委之而至於廢人事仁之理至大數言之不惟使人躐等亦使人有玩之之心蓋舉口便說仁人便自不把當事了

時舉

二章　達巷黨人曰

黨人之言至為淺近然自察迩言者觀之則於此便見聖人道德純備不可以一善名愚夫愚婦可以與知而其所以然者聖人有所不知也　荅范伯崇

三章　麻冕禮也

三十升升八十縷則其經二千四百縷矣極細

四章 子絶四

或問四者之說其詳柰何曰無意者渾然天理不任私意也無必者隨事順理不先期必也無固者過而不留無所凝滯也無我者大同於物不私一身也○意者有我之端我則意之效先立是意要如此而為之然後有必有固而一向要每事皆己出也聖人作事初無私意或為或不為不在己意而惟理之是從又何必固有我哉 力行 ○凡人做事必先

起意不問理之是非必期欲事成而已事既成是非得失已定又復執滯不化是謂固三者只成就得一箇我及至我之根源愈大少間三者又這裏生正如元亨利貞循環不已個

○意是發意要如此必是先事而期必固是事過而執滯到我便是但知有我不知有人必之時淺固之時長譬如士人赴試須要必得到揭牓後便已必不得了但得則喜喜不能得化不得則慍慍亦不能得化以此知

固時久也意是始我是終必固在中間亦是一節重似一節也又去言必信行必果言自合信行自合果何待安排纔有心去必他便是不活便不能久矣又去意是絲毫我是成一山岳也時舉

○問我是有人己之私否曰人自是人己自是己不必把人對說我只是任己私做去便於我則做不便於我則不做只管就己上較計利害與人何相關人多要人我合一人我如何合得呂銘曰立己與物

私為町畦他門都說人已合一克己只是克去己私如何便說到人己為一處物我自是有等差只是仁者做得在這裏要得人也如此便推去及人所以親親仁民愛物人我只是理一分自不同 淳 ○問四者有一焉似可疑曰人之為事亦有其初未必出於私意而後來不能化去者否曰絕私意則四者皆無則曰予絕一便得何用更言絕四以此知四者又各是一病也 時舉 ○無意必固我而凝

然中立者中也　端蒙

五章　子畏於匡

言在茲便是天未喪斯文　淳　○問文即道否曰道安得有喪未喪文亦先王之禮文蓋古之聖人既竭心思焉將行之萬世而無弊者也故常恐其喪失而不可攷　大雅　○後死者是對上文文王言之猶曰未亡人　僩

六章　太宰問於子貢

或問何以言太宰或吳或宋也曰當時惟二

國有是官也鄭氏以爲吳而邢疏曰左傳魯哀公會于槖皋吳子使太宰嚭請尋盟公使子貢辭焉子貢又嘗適吳此鄭氏所據也洪氏曰宋太宰也列子稱商太宰見孔子曰丘聖者與宋商後又都商丘是也二說不同未知孰是故兩存之但列子多寓言恐或不是據也○太宰知我乎以下煞有曲折意思聖人不直謂太宰不足以知我只說太宰也知我這便見聖人待人恁地温厚義剛○天放

縱聖人做得恁地不去限量他問如此愚不肖是天限量之乎曰看氣象亦似天限量他一般如這道理聖人知得盡愚不肖要增進一分不得硬拘定在這裏寓○聖人本領大故雖是材藝他做得自別只且如禮聖人動容周旋俯仰升降自是與他人不同如射亦然天生聖人氣禀清明自與人不同列子言力能拓關雖未可信然要之聖人本領大後事事做得出來自別銖○太宰所云是以多

能爲聖也子貢所對是以多能爲餘事也夫子所言是以聖爲不在於多能也三者之說不同若要形容聖人地位則子貢之言爲盡蓋聖人主於德固不在多能然聖人未有不多能者夫子以多能不可以律人故言君子不多而尚德不尚藝之意其實聖人未甞不不多能也 植 ○將殆也殆庶幾也如而今云將次 泳 ○鄙事雖云瑣屑然孰非天理之流行者但此理既得自然不習而無不能爾故

孔子自謂多能鄙事但以學者不當自是以
求之故又曰不多也今欲務於強記多能固
非所以爲學然事物之間分别太甚則有脩
飭邊幅簡忽細故之病又非所以求盡心也
鎬
○問不試故藝曰想聖人事事能之如舜
少年耕稼陶漁都更歷過所以都曉得而今
人事事都不會最急者是禮樂樂固不可識
只日用常行吉凶之禮亦皆不曾講得 僩

七章 吾有知乎哉

無知者聖人之謙辭叩其兩端而竭焉言已
雖無知而於告人不敢不盡大凡聖人氣象
只是如此着實自然見得初無世俗許多玄
妙虛浮之說也叩兩端或謂只舉兩端教人
默識取中間底此又近世禪學之餘三代以
前風俗淳厚亦未有此等儇薄浮誕意思也
答江德功○空空鄙夫空空非是孔子空空
大雅○兩端言徹頭徹尾都盡也如樊遲問
仁曰愛人問知曰知人推而遠之亦無不盡

端蒙 ○凡聖人謙辭未有無因而發者此上必有說而記之不全自今觀之無故說謙話便似要人知者然寓 ○問程子所分聖賢之言其地位當如此耶曰地位當如此也聖人極其高人疑之以為非我所能及若更不如此俯就則人愈畏憚而不敢進若孟子雖已見到至處畢竟不似聖人熟人不能不疑其所未至若不引而自高則人必以為淺近而不足為孟子人皆以為迂濶把他無用了若

孟子遂亦自謂我誠迂濶安能行所以與人辯爭亦非欲人之尊己也但欲其知斯道之大庶幾使人竦動而警覺爾非程子見得透安敢鑿空如此說 同上

八章 鳳鳥不至

時君不能用聖人聖人亦未嘗有心逆料人君能用我與否如此即薄矣後來說吾不復夢見周公與鳳鳥不至吾已矣夫時聖人亦自知其不可為矣 廣

九章 子見齊衰者

作與趨皆是敬然敬心之所由發則不同見冕衣裳者敬心生焉而因用其敬見齊衰者與瞽者則哀矜之心動於中而自加敬也呂刑所謂哀敬折獄正是此意 盖卿

十章 顔淵喟然

喟然歎處是顔子見得未定只見得一箇大物事後奈不何 節 ○ 高堅前後如於道理上才着緊又蹉過放緩又不及如聖人平日只

論大經大法又却有時而應變達權方看其應變達權又却未嘗離大經大法可仕而仕學其仕時又却有時而不仕可止而止學其止時又却有時而不止無可無不可學其不可又却有時而可學其可又却有時而不可終不似事事自然中道又曰卓爾是聖人大本立於此以酬酢萬變處 廣○卓爾即前日高堅前後者看得確定卓然爾如巍巍高者今全體分明卓然在目中無有遺遁節會堅

底今皆融泮自成條理卓然森列於中不容紊亂前後捉摸兩不定者今則前者灼見其卓然在前不可移於後後者灼見其卓然在后不可移於前非高堅前後之外別有所謂卓爾者也前後只是恍惚不可認定處將以前者為是耶忽又有在後者焉答陳安卿

○卓爾只是見得比之舊時親切不似向來無捉摸處答廖子晦

○曰如有所立則是真見得分明燾

○仰鑽瞻忽是一關如有所立卓

爾處是一關植○顔子初見聖人之道廣大如此欲向前求之轉覺無下手處退而求之則見聖人所以循循然善誘人者不過博文約禮於是就此處竭力求之而所見始親切的當如有所立卓爾在前而自歎其峻絶着力不得也銖○高堅前後者顔子始時之所見也博文約禮者中間用力之方也欲罷不能以后者后來得力之效驗也荅廖子晦○此章要緊在循循然以下三句賀孫○問程

子着力不得之說曰在熟之而已且如熟還可着力否直待自熟洽

十一章子疾病

或問十一章之說曰胡氏言之爲詳胡氏曰此必夫子失司寇之後未致其事之前也若夢奠則子路死於衛久矣大夫老而致事後得從其列無家臣者無祿故也孔子初未嘗知爲臣之事而曰吾誰欺者引咎歸己以深責子路也或曰如使夫子疾病不間非禮之

臣遂以奉終豈不仰累聖德乎曰夫子儻至大故耳目所接有異必遂正之矣聖人病則不能無着其方寸決不以病而懵也○久矣哉是指從來而言 廣○子路使門人為臣此等事未有不好亦未為欺天但子路見不透却把做好事去做了不知其實却不是了 燾

十二章 有美玉於斯

問哉疑辭也今集註直曰固當賣之不為疑辭何也曰哉本歎辭其或為疑辭者亦歎以

疑之也此言沽之哉而繼以待價則不得為
疑辭矣 荅李守約

十三章 子欲居九夷

或問九夷之說曰邢以為九夷蓋玄菟樂浪
高驪之屬而胡氏亦曰君子指箕子也箕子
居於遼東九夷之地其教條風俗至漢猶存
夫子之時又當純固此說蓋出於班固然恐
非聖人之本意也若洪氏則又以為書有淮
夷徐戎蓋徐州莒魯之間有東夷雜居中國

者亦未詳孰是也○後世只管說當時人君不能用聖人不知亦用不得每國有世臣把住了如魯三桓齊田氏晉六卿比比皆然如何容外人插手雉○或言九夷尚可化何故不化中國曰當時中國未嘗不被聖人之化但時君不用不得行其道耳答石子重

十四章吾自衛反魯

或問十四章之說曰洪氏言之矣洪氏曰季札觀樂以小雅爲周衰以大雅爲文王蓋以

正變為小大也是時王迹熄而詩亡其存者
謬亂失次孔子自衛反魯復得之他國以歸
定著為三百五篇於是雅頌各得其所

四書集義精要卷十七

四書集義精要卷十八

論語十四

子罕下

十五章 出則事公卿

此說本卑非有甚高之行然工夫却愈精密道理却愈無窮故曰知崇禮卑又曰崇德廣業蓋德知雖高然踐履却只是卑惟愈卑則愈廣又曰德言盛禮言恭謙也者致恭以存其位者也 必大 ○此聖人必有為而言 燾 ○

此等處須有上截話恐是或有人說夫子如何故夫子因有此言 必大

十六章 子在川上

或問川上之歎程子所謂純亦不已者其果聖人之本意乎曰程子之言非以為聖人之意本如是也亦曰非其心之如是則無以見天理之如是耳其曰其要只在慎獨者何也曰言人欲體此道者當如此也蓋道無時而不然惟慎其獨則可以無所間斷而不虧其

體曰諸說如何曰楊氏謂知逝者如斯則知有不逝者與乎此矣其說則老佛之云非聖人之意矣曰荀子稱孔子見大水必觀焉而孟子論仲尼亟稱於水特取有本之意其與此意有以異乎曰此未必一時之言也然孟子之言若推其極則亦程子意矣○逝只訓往斯字方指川流處 植 ○川上之歎聖人有感於道體之無窮而語之以勉人使汲汲於進學耳若遂以聖人此言專為指示道體而

發則誤矣文集○天理流行之妙若少有私欲以間之便如水被些障塞不得恁滔滔地流去賜○此箇道理吾身在其中萬物在其中天地亦在其中同是一箇物事無障蔽無遮礙吾之心即天地之心聖人即川流而見之但天命正而人心邪天命公而人心私天命大而人心小所以與天地不相似今講學即欲去與天地不相似者以與之相似爾又曰空虛中皆是此箇道理聖人便隨事物上

切出来夔孫○與道為體四字甚精蓋物生水流非道之體乃與道為體也學蒙○道無形體可見却是這物事盛載那道出来故可見與道為體言與之為體也這體字却粗只是形體之體曰如此則本然之體微不同曰也便在裏面與道為體之體又説出那道之親切底骨子恐人説物自物道自道所以指物以見道其實這許多物事湊合来便都是道之體道之體便在這許多物事上只是水

上較親切易見又問與道為體猶云性者道之形體否曰然僩 ○此四者非道之體也但因此可見道之體耳或曰如炭與火相似曰也略是如此義剛 ○日往月来寒往暑来水流不息物生不窮未是道然無這道便無這箇了有這道方始有這箇既有這箇就上面便可見得道是與道做箇骨子故言與道為體也恁說天只如此高地只如此厚便也無說了須看其所以如此者如何寓 ○無天德

則是私意是計較後人多無天德所以做王道不成 節 ○ 不慎獨便間斷着有作輟如何得與天地相似 士毅 ○ 川流不息天運也純亦不已聖人之心也慎獨所以為不已學者之事也 答陳與林 ○ 問東坡云逝者如斯而未嘗往也盈虛者如代而卒莫消長也此語如何曰既不往來不消長却是箇甚底物事這箇道理其來無盡其往無窮聖人但云維天之命於穆不已又曰逝者如斯但說不已

而已未嘗説不消長不往來渠本欲高其説却不知説得不活矣既是往者如斯盈虛者如代便是此理流行不已也東坡之説便是肇法師四不遷之説也僩

十七章 吾未見好德

或問十七章之説曰胡氏詳矣胡氏曰好德而好色是好德未深也不好色而不好德焉則其不好色亦何所就也是故色者人之所同好好而難疎德亦人之所同好好而難親

知其病而痛藥之不使稂莠得害嘉穀則志氣清明而獨立乎萬物之表矣○問此即大學如好好色要得誠如此集註載衛靈公事與此意不相應如何曰此自理會好德如好色却又必要根究靈公事不知如何自家讀書自家且虛心去讀看如此將見與聖人意思愈差錯看聖人書恰似與他做奴僕一般他教住便住他教去便去而今却如與他做師友一般要與他校如何得論語只是說過

去尾重則首輕這一頭低那一頭便昂大學是將兩句平頭說說得尤力如何要合來做一說 淳 ○ 招搖如翺翔節

十八章 譬如為山

或問十八章之說曰惟胡氏為盡善胡氏曰顏淵曰舜何人也予何人也有為者亦若是此吾往者也毋有曰非不說予之道力不足也此吾止者也其進其止皆非他人所能此君子所以自强不息也

十九章 語之而不惰

惟於行上見得他不惰 時舉○如得一善則拳拳服膺而不失與欲罷不能皆是不惰處 義剛

二十章 惜乎吾見其進也

或問二十章之說曰止特謂惰而不進耳諸說以此為聖人之極致以上下章攷之恐不然也

二十二章 後生可畏

或問二十二章之說曰楊氏謂聖人與人為善又惡其息而止之說亦有功

二十三章 法語之言

或問二十三章之說曰胡氏本韓文公宋貫之蘇氏之說又別為一意然亦可觀曰法言者伊尹所謂逆于汝心者也理不可拒故勉而從之然以其逆心也故能改革者鮮矣巽言者伊尹所謂遜于汝志者是也情無所忤故甘而說之然以其遜志也故能尋繹者鮮

矣改則法言為有功繹則巽言為無取此身之修壞國之治亂之所由也○法語之言巽與之言與謂巽順與他說都是教他做好事 端蒙

二十六章 衣敝縕袍

或問二十六章之說曰曾氏以為子路尚志而忘物惟其不恥敝衣故能車馬輕裘與朋友共敝之而無憾此意亦善○袍是夾衣有綿作胎者 義剛 ○終身只是久 淳 ○問呂氏

強弱之語曰世人見富貴者不妬嫉便羨慕僩○李閎祖曾云忮是嫉人之有求是恥己之無此說注呂氏又分曉㽦○問如何是執德不弘底樣子曰子路若只執縕袍不恥之德而不聞夫子何足以臧之說則其志未免止於此義理無窮心體無限賀孫

二十七章歲寒然後

或問二十七章之說曰謝說欲學者必周於德一句最能發明此章之意

二十八章 知者不惑

仁者通體是理無一毫私心事之來者雖無窮而此之應者各得其度所謂建諸天地而不悖質諸鬼神而無疑百世以俟聖人而不惑何憂之有 驥

○仁者理即是心心即是理有一事來便有一理以應之所以無憂今人有這事却無這理便處置不去所以憂 方子

○仁者天下之公私欲不萌而天下之公在我何憂之有勇者氣足以助道義今有見得

道理分曉而反懾怯者氣不足也泳○有仁智而後有勇然而仁智又少勇不得燾○成德以仁爲先進學以知爲先此誠而明明而誠也銖

二十九章可與共學

或問程子范氏諸説似皆以爲稱二物而舍輕取重之意謝意則爲稱一物而進退以權平者也何如曰諸家之説固疑於權二物而舍輕取重矣而范氏之説爲詳今請以其所

引堯舜之説論之蓋天下者物也與賢與子者其兩之所在也當堯舜之時以權加諸與子則天下重與子輕而其權仰矣然加諸與賢而屬之四岳皋陶則未足以勝天下之重而未免於仰也故必歸之舜禹而后適得其平焉此范氏不盡之意而諸家之所同也其於謝氏之説亦何異哉○稱得不可增加些些子是經到得物重衡昻移退是權依舊得平便是合道故反經亦須合道也燾○當事之

常而守其經雖聖賢不外乎此而衆人亦可能焉至於遭事之變而處之以權則惟大聖大賢爲能不失其正而非衆人之所及也故孔子曰可與立未可與權蓋言其難如此 奏劉○可與立者能處置常事可與權者能處置變事 賀孫○立便是經能守經而有所立矣却說未可與權以此觀之權乃經之要妙微密處非見道理之精密透徹純熟者不足以語權也 僩○反經合道一句細思之亦通

緣權字與經字對說才說權便是變却那箇須謂之反可也然雖是反那經却不悖於道雖與經不同而其道一也伊川之說不可不知此說亦不可不知又曰文中子云權義舉而皇極立嘗云經權舉則無害今云權義舉則義字下不得經是義權亦是義義字兼經權而用之又曰經自經權自權但雖反經而能合道却無背於經如人兩脚左脚自是左脚右脚自是右脚須相待而行方始行得不

可將左脚便喚做右脚右脚便喚做左脚 賀
孫 ○公羊以反經合道爲權亦未爲不是如
君臣兄弟是天地之常經而不可易者湯武
之征伐周公之誅管蔡豈不是反經然到這
裏道理當如此做雖是反經却自合道理 恪
○伊川謂權是經所不及者權與經固是兩
義然論權而全離乎經則不是蓋權是不常
用底物事如人熱病服涼藥冷病服熱藥此
常理然有時熱病而用熱藥發之冷病而用

冷藥發之者此不可常用者然須下得是方
可若毫釐之差即殺人若用得是便是合
如此既是合用茲權也乃所以爲經也如周
公誅管蔡與唐太宗殺建成元吉其推刃於
同氣雖同而所以殺之者則異蓋管蔡與商
之遺民謀危王室此得罪於天下得罪於宗
廟蓋不得不誅之也若太宗則分明是爭天
下也故周公可謂之權而太宗不可謂之權
孟子曰有伊尹之志則可無伊尹之志則簒

也故在伊尹則可謂之權在他人則不可也

時舉 ○經是常行底道理權乃常行不得處而有箇通變底道理權得其中固是與經不異畢竟權則可暫而不可常如堯舜揖讓湯武征伐此是權也豈可常行乎 廣 ○權自是權經自是經但漢儒權變權術之說非聖人之所謂權也 時舉

三十章 唐棣之華

或問或以小雅常棣之一章而夫子所刪而

不取者也信乎曰不然也按爾雅棠棣棣常棣移則小雅之常棣與此章之唐棣非一物也且彼詩文義屬連無刊削之迹必為所刪則未知以此為彼之第幾章乎攷之無證驗之不合且非大義之所存也又何必曲為之說而强通之耶曰子何以知偏為翩也曰非獨晉史為然也角弓之詩固有翩其反矣之句矣而漢武之賦所謂偏何姍姍其來遲說者以姍姍為行貌則亦以偏為翩字也

四書集義精要卷十八

四書集義精要卷十九

論語十五

鄉黨

第一節

看鄉黨須以心體之如何是恂恂如何是似不能言者廣○鄉黨容色以有事觀聖人申申夭夭以無事觀聖人學者須知聖人無時無處而不然燾○鄉黨一篇許多道理皆自聖人身上迸出来同上

二節朝與下大夫言

或問誾誾侃侃之訓不同說文爲得何也曰太史公稱魯道之衰洙泗之間齗齗如也亦作誾誾說者以爲爭讓之意而晉人亦有侃侃正色之語蓋以音義求之亦宜如此此說文之訓所以爲得也誾誾之爲中正義有不盡衎衎而樂自作此衎字不作侃也後漢書云誾誾衎衎得禮之容寑嘿抑心非朝廷福其意亦以爭辯剛直爲是而有此言但侃侃

誤作衍耳○剛直以其位不尊故吾之言可得而直遂 時舉 ○和說則不失其事上之恭諍則又不失自家義理之正 廣 ○侃侃誾誾古人用如此字不但說字義當想像其意思為如何 賀孫

三節 君召使擯

或問賓不顧之說曰儀禮聘禮篇亦有賓不顧之文鄭氏以為於此君可以反路寢是也襜如之說洪氏所謂非心平體正敏給安詳

不能爾者亦得之○古者賓退主人送之門外設兩拜賓更不顧而去國君於列國之卿大夫亦如此燾○古擯介儀甚煩如九命擯五人介九人列兩行行末相對主人有言傳許多擯訖交過末介至上介方聞之賓賀孫

四節入公門

或問中門之說曰蹤門中有闑兩旁有棖中門謂棖闑之中然則門之左右扉各有中所謂闑門左扉立于其中是也屏氣不息謝氏

謂心肅則氣自屏於此可以體敬之理得之
攝齊之說胡氏推之亦善　或問升堂攝
齊則手無所執與曰古者君臣所執五玉三
帛二生一死皆以為贄而已笏則古人用以
指畫記事而已不執之以為儀也宇文周復
古乃不備贄而執笏於是攝齊鞠躬之禮廢
升堂而蹴齊者多矣曰趨進翼如何以知進
之必為衍文也曰降而盡階則為趨而退矣
不得復有進字也○中門謂右扉之中棖如

今衮頭闌一木柱門當兩門中今多用石墩闌右自内出而言賀孫○問位謂門屏之間人君宁立之處曰古者朝會君臣皆立屏者乃今門間蕭牆也今殿門亦設之雉○復位踧踖此是到末梢又整頓則箇蓋始乎敬終乎敬燾

五節執圭鞠躬如也

或問所謂命圭者何也曰古者諸侯受封天子授之以圭為瑞其節具見於註疏矣曰上

如揖下如授何也曰儀禮有受如爭承下如送之應與此同禮有執國君之器則平衡之說而左氏記子貢譏定公邾子執玉高卑容有俛仰故以此但為奉之平衡不高不卑之意於義為安也曰私覿見於聘禮孔子行之而記禮者以為非禮何也曰胡氏以為若聘禮所記孔子所行者正也當時大夫僭於邦君於是乎有庭實旅百如享禮然則非正矣故記曰庭實旅百何為乎諸侯之庭此說是

也○是縮縮手中有圭不得揖蹐仿顛仆明

作○聘初見但以圭故極恭旣聘而享則用

圭璧以通信庭實以將意故漸紓廣○私覿

則聘使私禮物與所聘之國君及其大臣植

六節　君子不以紺緅飾

或問色有正間奈何曰青赤黃白黑五方之

正色也以木克土則青黃合而成綠以金克

木則白青合而成碧以火克金則赤白合而

成紅以水克火則黑赤合而成紫以土克水

則黃黑合而成騮此五方之間色也曰吳氏之疑如何曰是亦有可疑者姑存其說可也吳氏曰此篇雖雜出弟子所記至纂集而成必出一人之手故自篇首稱孔子以後不復每事稱之皆承上所言以見之也獨於此章之首又以君子發之不知何謂蓋既謂之君子則不得獨為夫子之事豈自此之後皆三代典禮而夫子行之不得獨稱夫子耶又不知食不厭精以下亦三代之禮耶彼宗廟朝

廷聘享之禮三代行之有異於夫子者故獨稱夫子耶此愚切深疑之○紺深青揚赤色揚浮也今之閃鴉青也義剛○練服是小祥後喪服如何以縓色飾曰此箇制度差異不可曉廣○紅紫不以為褻服今反為朝服賀孫○問古者婦人女子亦以紅紫為服乎曰亦不可知但擾先儒如此說耳廣○惟裳如今之裙襞積其揖處耳答歐陽希遜○問註謂君子為孔子下文蘇氏謂非特孔子事曰

此二義兼存以待學者之自擇未有一定之説答趙恭父

七節齊必有明衣布

葷五辛嗇

八節唯酒無量

或問唯酒無量不及亂之説曰肉多則不食而酒無量但不使過醉耳胡氏説得之胡氏曰亂者内昏其心志外喪其威儀甚則班伯所謂淫亂之原皆在於酒是也聖人飲無定

量亦無亂態盖從心所欲而不踰矩是以如此學者未能然則如晉元帝可也帝初鎮江東以酒廢事王導以為言帝命酌引觴覆之於此遂絶問寢食不言語之説曰曾氏尤約曾氏曰食在口非語時寢静嘿非言時曰言語有别乎曰食對人寢獨居故即其事言之也曰瓜之為必何也曰既曰蔬食菜羹矣而又以瓜繼之則不辭矣曰必祭則明無不祭之食也曰必齊如則明無不敬之祭也○不

得其醬其字緊要如魚膾芥醬之類閎祖○聖人之心無毫釐之差如事當如此做便直要如此做如此物當用此醬不得寧不食蓋皆欲得其當然之則故也燾○如孔子失飪不食不時不食割不正不食無非天理如口腹之人不時也食不正也食失飪也食便都是人欲都是逆天理賀孫

十節　鄉人飲酒

問疾癘乃陰陽不和之氣遊焉若至誠作威

嚴以驅之有可勝之理想亦非後世俚俗之
所為者曰後漢志中有此想亦近古之遺法
荅陳安卿○問存室神蓋五祀依已而存曰
然一家之主則一家之鬼神屬焉為天子者
這一箇神明是大小大若縱欲無度天上許
多星辰地下許多山川如何不變怪賀孫

十一節問人於他邦

遣使者問人於他邦則主人拜而送之從背
脊後拜植

十三節君賜食

或問聖人席不正不坐矣豈必君賜食而後正之耶曰席固正矣將坐而又正焉所以爲禮也曲禮主人既迎賓則請入爲席矣賓既升堂主人則又跪正席夫豈先爲不正之席至此然後正之哉蓋敬慎之至耳問君命召不俟駕之說曰孟子之時去聖未遠其言必有據矣謝氏之說雖曰人之大倫不以人廢然實有輕君之心焉學者於此但當觀聖人

事君之禮不當更作此意想也楊氏之說尤不可曉夫孟子固曰在國曰市井之臣在野曰艸莽之臣矣則固無所適而不爲臣但不傳贄而仕於其朝則不得同於在位之臣耳今曰不得於齊則無適不可故有不爲臣之義則非孟子之意而於義亦益薄矣且天下雖定于一而君子之進退辭受固未嘗不有義也豈曰率土莫非其臣無召而必往哉況以外無所逼迫不獲已而後委其身焉非所

以明君臣之義也

十五節 朋友死

情分既厚自宜如此蓋情文相稱若汎汎施之反為曲意徇物古人於此甚分明如交友稱其信也執友稱其仁也又如於師吾哭諸寢朋友哭於寢門之外所知哭於野恩義自有品節 賀孫

十六節 寢不尸

或問胡氏以負版為喪服之在情者此蓋記

者釋上文式凶服為必重服有版者乃式之
也然乎曰恐亦或有此理姑存其說以俟知
者擇焉○孫思邈言睡欲踧覺則舒引夫子
寢不尸為證　荅張敬夫

四書集義精要卷十九

元至順本四書集義精要

第三册

元 劉因撰

元至順元年江浙行省刻本

山東人民出版社·濟南

四書集義精要卷二十

論語十六

先進

首章

禮樂只是一箇禮樂用得自不同如外降揖讓古人只是誠意行許多威儀後人便忒好看　時舉○文曰勝將無紀極理必有變向在南康通上書啓但紙封而已後作書盡今則以紫羅背盡而內用真紅凡事皆然不有以

變之庸有極耶賀孫○古之禮今但存其大槩不令散失使人知其意義而已要之必不可以盡行也有聖賢者作亦必當裁酌以從今之宜而爲之爾又曰周之盛時禮文全體皆備所以不可有纖毫之差今世盡不見徒掇拾編緝於殘編斷簡之餘如何必欲盡倣得古禮僩

二章從我於陳蔡者

或問四科之目何也曰德行者潛心體道默

契於中篤志力行不言而信者也言語者善為辭令者也政事者達於為國治民之事者也文學者學於詩書禮樂之文而能言其意者也蓋夫子教人使各因其長以入於道然其序則必以德行為先誠以躬行實造具體聖人學之所貴尤在於此非若三者各為一事之長而已也然程子猶以為游夏所謂文學固非秉筆學為詞章者學者尤不可以不知也曰何以知其為門人所記也曰吳氏例

曰凡稱名者夫子之辭弟子師前相謂之辭稱字者弟子自相謂之辭亦或弟子門人之辭此得之矣

三章 回也非助我者也

舊曾問李先生此章李先生云顏子於聖人根本有默契處不假枝葉之助也如子夏乃枝葉之助 祖道

四章 孝哉閔子騫

或問閔子騫之孝曰吳氏詳矣吳氏曰韓詩

外傳子騫早喪母父娶後妻生二子疾惡子騫以蘆花衣之父察知之欲逐後母子騫啓曰母在一子寒母去三子單父善之而止母悔改之後至均平遂成慈母此夫子所以稱之也且夫子於弟子未嘗稱字此或集語者之誤

五章 南容三復白圭

三復不是一早讀乃曰日讀之玩味之而欲謹言行也 時舉

六章　季康子問

或問六章之旨曰胡氏所論記言之例亦學者所當知也胡氏曰記言之例君問則稱孔子以對尊君也大夫之問亦然則非禮矣盍稱氏以異乎門人而去對以降於國君者乎

七章　顏淵死顏路請子之車

或問以弟子之年攷之則顏淵之死先於伯魚故有以鯉死之言為夫子之設言也信乎曰以人情攷之不應如此且王肅推信家語

宜為深篤而亦以此為年數之錯誤而未可詳也今亦安得固守而必信之乎○問孔子若有財還與之將否曰必與蓋朋友有通財之義況孔子之於顏淵視之如此耶所謂喪具稱家之有無者但不以非義他求耳荅石子重○問請車註以為命車何以驗之曰禮記言大夫賜命車節○脫驂於舊館人之喪惡其涕之無從也今且如此說萬一無驂可脫時又如何以吾從大夫之後不可徒行惟

其義而已必大

八章 顔淵死子曰噫

或問八章之說曰楊氏直以予指斯文而言意殊迫狹必若尹氏傷道之無傳若天之喪己之云然後其言爲有序耳

九章 顔淵死子哭之慟

或問九章之說曰范氏謂哀發於誠心故不知其慟聖人之喜怒哀樂莫非誠心之發何獨於顔子而後發於誠心哉惟尹氏哀傷之

至不自知其慟之言爲得其平耳

十章 顔淵死門人欲厚葬之

或問邢疏以門人爲顔淵之弟子然乎曰顔淵早死未必開門授徒也范氏以爲夫子之門人近是

十一章 季路問事鬼神

事人事鬼以心言知生知死以理言 泳 ○氣聚則生氣散則死世間無聚而不散之物聚時是這模樣散時亦是這模樣 義剛 ○荅曰

氣聚則生氣散則死才說開則人皆知之然須知人生有許多道理須要一一盡得這生底道理則死底道理皆可知矣張子所謂存吾順事沒吾寧是也 時舉 ○事君親盡誠敬之心即移此心以事鬼神則祭如在祭神如神在人受天所賦許多道理自然完具無欠闕須要一一盡之到那死時乃是生理已盡亦安於死而無愧 同上 ○我於人之不當事者不安事則於鬼神亦然 過 ○氣則二理則

一　賀孫　○如或者識學不躐等之說言只是一箇道理者蓋其只見箇一字不見箇二字又有說判然是兩物者蓋其只見箇二字不見箇一字孔子以未能對焉能說便是有次第了○死者去而不來其不變者只是理非有一物常在而不變也　荅程允夫　○性固無生死然不可將精神知覺做性字看也　同上

○知乾坤變化萬物受命之理則知生而知死矣盡親親長長貴貴尊賢之道則能事人

而能事鬼矣　答呂子約　○賢者之見所以不能無失者正坐以我為主以覺為性爾夫性者理而已矣乾坤變化萬物受命雖所稟之在我然其理則非有我之所得私也所謂反身而誠蓋謂盡其所得乎己之理則知天下萬物之理初不外此非謂盡得我此知覺則衆人之知覺皆是此物也性只是理不可以聚散言其聚而生散而死者氣而已矣所謂精神魂魄有知有覺者皆氣之所為也故聚

則有散則無若理則初不為聚散而有無也但有是理則有是氣苟氣聚乎此則其理亦命乎此耳不得以水漚比也鬼神便是精神魂魄程子所謂天地之功用造化之跡張子所謂二氣之良能皆非性之謂也故祭祀之禮以類而感以類而應若性則又豈有類之可言耶然氣已散者既化而無有矣其根於理而日生者則固浩然而無窮也故上蔡謂我之精神即祖考之精神蓋謂此也然聖人

之制祭祀也設主立尸焫蕭灌鬯或求之陰或求之陽無所不用其極而猶止曰庶或享之而已其至誠惻怛精微恍惚之意蓋有聖人所不欲言者非可以世俗粗淺知見執一而求也豈曰一受其成形則此性遂為吾有雖死而猶不滅截然自為一物藏乎寂然一體之中以俟夫子孫之求而時出以饗之耶必如此說則其限界之廣狹安頓之處所必有可指言者且自開闢以來積至于今其重

併積疊計已無地之可容矣是又安有此理
耶且乾坤造化如大洪爐人物生生無少休
息是乃所謂實然之理不憂其斷滅也今乃
以一片大虗穽目之而反認人物已死之知
覺謂實然之理豈不誤哉又聖賢所謂歸全
安死者亦曰無失其所受乎天之理則可以
無愧而死耳非以為實有一物可奉持而歸
之然后吾之不斷不滅者得以晏然安處乎
冥漠之中也夭壽不貳脩身以俟之是乃無

所為而然者與異端為生死事大無常迅速然后學者正不可同日而語今乃混而言之以彼之見為此之說所以為說愈多而愈不合也答廖子晦

○問鬼神死生之理曰天道流行發育萬物人得以有生氣之清者為氣知覺運動陽之為也氣之濁者為質形體陰之為也氣曰魂體曰魄高誘淮南子注曰魂者陽之神魄者陰之神以其主乎形氣故曰神人所以生精氣聚也人只有許多氣須有

箇盡時盡則䰟氣歸于天形魄歸于地而死矣人將死時熱氣上出所謂䰟外也下體漸冷所謂魄降也此所以有生必有死有始必有終也夫聚散者氣也若理則只泊在氣上初不是凝結自爲一物但人分上合當然地處便是理不可以聚散言也然人死氣雖終歸於散亦未便散盡故祭祀有感格之理先祖世次遠者氣之有無不可知然奉祭祀者既是他子孫畢竟只是一氣所以有感通之

理然已散者不復聚釋氏却謂人死為鬼鬼復為人如此則天地間常只有許多人來來去去更不由他造化生生必無是理也至如伯有為厲伊川云别是一般道理為其人氣未盡而强死自是能為因言有人在淮上早行見無數人恍恍惚惚旁午充斥蓋是昔日戰場殺死者之鬼彼皆銜冤抱恨固宜未散如子產為伯有立後使有所歸遂不為厲亦可謂知鬼神之情狀者矣又問伊川言鬼神

者造化之跡此類非與曰皆是也若論正理則如樹上忽然生花空中忽然有雷電風雨此乃造化之跡人所常見故不之怪忽聞鬼呌則以為怪不知此亦造化之跡但不是正理故為怪異如家語言山之怪曰夔魍魎水之怪曰龍罔象土之怪曰羵羊皆是氣之雜揉乖亂所生亦非理之所無也必以為無則不可如冬寒夏熱此理之正也有時忽然夏寒冬熱豈可謂無是理哉但既非理之常便

謂之怪孔子所以不語非學者所當先也閎祖

十二章閔子侍側

或問誾誾侃侃於前篇之訓其亦通巳乎曰誾誾者外和內剛德氣深厚所謂和說而諍者也侃侃則和順不足而剛直稍外見矣前篇之訓固亦如此無不同也○然者未定之辭雖謂其不得其死使子路能變其氣習亦必有以處死賀孫○子路誤處不在致死之

時乃在於委質之始莊祖○子路仕衛之失
却是見不到非知其非義而苟為也答連嵩
卿

十三章魯人為長府

或問十三章之說曰謝氏謂事有當改豈以
仍舊貫為善楊氏謂天下事非極弊不如仍
舊貫之為愈其說各有所偏蓋其情性氣象
之不同如此而楊氏之說其害為尤甚豈懲
於熙豐新政之禍而矯枉過直以至於斯乎

十四章由之瑟

或問十四章之說曰楊氏論子路所以外堂者直以結纓一事言之則古今之勇不懼死者多矣子路之所以得外孔子之堂恐其未可專以此論之也

十五章子貢問師與商也孰賢

或問楊墨之學出於師商信乎曰胡氏論之當矣胡氏曰楊朱即莊周所謂楊子居者與老聃同時墨翟又在楊朱之前宗師大禹而

晏嬰學之者也以為出於二子則其攷之不詳甚矣

十六章　季氏富於周公

或問冉求學於夫子於門弟子中亦可謂明達者今乃為季氏聚斂何耶曰冉求之失不待於聚斂而后見自其仕於季氏則已失之矣蓋當是之時達官重任皆為公族之世官其下則尺土一民皆非國君之有士唯不仕則已仕則未有不仕於大夫者也冉求豈亦

習於衰世之風而不自知其非與然使其仕於季氏而能勸之黜其強僭而忠於公室則庶乎小貞之吉矣今乃反為之聚斂是使權臣愈強而公室愈不振也故孟子以無能改於其德而賦粟倍他日言之蓋不自知其學之未至而以從仕為士之常職是以漸磨而至於此耳曰然則夫子曷為不於其仕季氏焉責之也曰聖人以不仕為無義而猶望之以小貞之吉也○聚斂之罪非以季氏之貧

富若季氏雖富而取於民有制亦何害 義剛

○惟是心術不明到這般所在都不自知只緣以仕為急故從季氏見他所為如此又拔不出一向從之 賀孫

十七章 柴也愚

觀聖人微服之意則知不經不竇平時事也若避難則豈可守此以喪身乎此柴之所以愚也 賀孫 ○魯鈍之人却能守其心專一明達者每事要入一分半上落下多不專一 端

蒙　○竟以魯得之不說須要魯魯是病就他
說却是得這魯氣力 義剛 ○曾子魯鈍難曉
故其學也確 不肯放過着工夫看 直捱到透
徹方住敏者容易見多只從皮膚上略過又
不能堅守所以不及然鈍者亦有捱得到略
曉處即言道理止此更不深求惟曾子不肯
放過所以竟得之畧是放過只是魯而已 僩

十八章 回也其庶乎

或問屢空之説曰空爲匱乏之其説舊矣何晏

始以為虛中受道蓋出老莊之說非聖言本意也胡氏亦論之曰以屢空為空中受道聖人之言未嘗如是之僻而晦也屢而有閒是頻復耳方其不空之時與庸人亦奚遠哉此得之矣且下文以子貢貨殖方之尤見舊說之不可易也其一說以命為爵命者則恐或未安耳○問集註言其近道又能安貧又字似作兩截曰世間亦有質美而能安貧者皆以為近道可乎 荅趙恭父 ○問顏子略不以

貧窶動其心故聖人於此見其於道庶幾子貢於貧富之間不能無留情故聖人見其於平日所講論者多出億度而中曰據文勢也是如此但顔子於道庶幾却不在此聖人謂其如此蓋見其好賀孫

○問屢空無我者也其學則自內而求貨殖自外而入非出於己之所自得也特其才高凡接於聞見者無不解悟以己知求中而不受於天此之屢空無已一受於天者為有間矣曰此觀文葉公所

作審是集中語蓋呂與叔之遺意也乍看似好而道理恐不如是貨殖對屢空而言不能不計較者是也 謨

十九章 子張問善人之道

或問善人之說曰此文簡與有不可知者○舊跡是前人所做過樣子是成法與途轍也善人雖未之知而所爲亦能與之暗合但未能到聖人深處 恪

二十章 論篤是與

問註何以曰言貌曰色莊兼貌　荅趙恭父

二十二章　子畏於匡

或問顔淵親在不得為夫子死者如何曰胡氏亦嘗論之乃程子之遺意然其言尤簡約而明白今附見於此可以證程子之説云或曰顔淵若死於夫子之難其如顔路何胡氏曰程子嘗言之矣閭巷之人辭親遠適則同患難有相死之理況朋友乎況弟子之於師乎其可不可當未行而預斷不可臨難而始

謀也

二十三章　季子然問仲由

或問由求之為具臣也柰何曰胡氏張敬夫說亦有所發明云胡氏曰亂臣賊子欲動其惡其不從者未有能全其身者也然則夫子此言是以死難不可奪之節許二子矣況使季氏先聞此言則邪謀亂心豈不潛消於冥冥之中乎張敬夫曰弑父與君不必由求而知不從矣然世之順從者其始也惟利之循

而已矣未遽有悖逆作亂之心也履霜堅冰之不戒馴習蹉跌以至從人而爲逆者多矣此二子所以爲賢與○有所不可隨即止之無待其事之失此張子韶之説新奇而文義不貫謨○問閔子不仕季氏而由求仕之曰仕於大夫家爲僕家臣不與大夫齒自重者或不屑爲之燾

二十四章子路使子羔爲費宰

或問子路所謂何必讀書然後爲學夫子之

不許何哉曰三代以上六經雖未具然以書禮敎之則彝之教胄子敷五典與夫成周鄉官樂正之法其所以優游涵養而誘掖夫未成之才者蓋有道矣豈遽使之從仕於人民社稷之間以試其未能操刀之手而不慮夫美錦之傷乎三代而下既有書矣則事物終始古今得失脩己治人之術皆聚於此學者豈可以不之讀而遽自用乎以此而論則好高之弊將使學者恃其聰明率意妄作而無

所忌憚則其失不但卑陋而已也○上古未有文字之時學者固無書可讀中人以上固有不待讀書而自得者但自聖賢有作則道之載於經者詳矣捨是而不求而欲以政學則失之矣 答陳明仲

二十五章 子路曾皙

或問何以知四子之以齒為序也曰洪氏以為子路少孔子九歲曾參少孔子四十六歲而皙父也則其齒或亞於子路矣曰何以言

浴之為盥濯祓除也曰漢志三月上巳祓除官民潔於東流水上而蔡邕引此為證是也韓李疑夫裸身川浴之非禮而改浴為沿蓋不察乎此尔曰夫子何以與點也曰方三子之競言所志也點獨鼓瑟於其間漠然若無所聞者及夫子問之然后瑟音少間乃徐舍瑟而起對焉而悠然遜避若終不肯見所為者及夫子慰而安之然后不得已而發其言焉而其志之所存又未嘗少出其位蓋澹然

若將終身焉者此夫子所以與之也曰何以言其與天地萬物各得其所也曰夫莫春之日生物暢茂之時也春服既成人體和適之候也冠者五六人童子六七人長少有序而和也沂上舞雩魯國之勝處也既浴而風又詠而歸樂而得其所也夫以所居之位而言故其樂雖若止於一身者然以其心而論之則固藹然天地生物之心聖人對時育物之事也夫又安有物我內外之間哉程子以爲

與聖人之志同便是堯舜氣象者正謂此爾
或曰曾皙胸中無一毫能事列子御風之事
近之其說然乎曰聖賢之心所以異於佛老
者正以無意必固我之累而所謂天地生物
之心對時育物之事者未始一息而停也若
但曰曠然無所倚著而不察乎此則亦何以
異於虛無寂滅之學而豈聖人之事哉○曾
點見道理大原故止就眼前說去廣○此理
處處皆是但爲人欲所隔自看此意思不見

如曾點則超然看破 賀孫 ○曾皙以樂於今日者對諸子以期於異日者對諸子有安排期必而曾皙無之 節 ○曾點雖超然事物之外而實不離乎事物之中是箇無事無爲底道理却觀有事有爲底功業此所謂大本所謂忠與一是也曾點操得據水源頭坐諸子則從枝派上做 明作 ○三子所志雖實然拘於一國向上難進若曾點所見乃大本大本使推而行之則將無所不能 處謙 ○問與聖

人之志同曰這箇道理天生自然不待安排非是不着私意安排私意自着不得蓋道體流行無虧無欠乃天生自然如此此聖人安老懷少信朋友之意也惟曾皙能見到此惟聖人能做到此植○問便是堯舜氣象曰萬物各遂其性此句可見堯舜氣象暮春時物態舒暢如此曾點情思又如此堯舜之心亦但欲萬物皆如此爾謨○問若達便是這氣象曰若達爲國以禮道理乃是見所謂天高

地下萬物散殊而禮制行矣流而不息合同
而化而樂興焉者之理矣僩○禮是天地自
然之理若達時繁文末節皆在其中三百三
千千條萬緒通貫來只是一箇道理盖爲道
理出來處只是一源散見事物皆是一箇物
事做出底一草一木與夏葛冬裘渴飲飢食
君臣父子禮樂器數都是天理流行活潑潑
地着未達則一事各自是一事一物各自是
一物艸木各自是艸木不干自己事問子路

就使達得卻只是事為之末如何上得此曰達得這道理雖事為之末亦是道理莫春者春服既成何嘗不是事為 植 ○且看程子說大意兩字是何意二字見得是向甚處如何見得 答曾擇之 ○已見大意謂只見得大綱意思於細密處未必精也如見箇大渾淪底物事至於精細節目或未知 植 ○只此舍瑟言志處固是聖人所與然亦不害其為狂也 答歐陽希遜 ○已見大意點則行不掩開

却要填補滿足，於未能信見之　明作　○曾點父子一是從下做到一是從上見得　義剛　○曾點有康節之意將這箇物事玩弄　道夫　○曾點意思與莊周相似但不至跌蕩爾　時舉　○學者當循下學上達之序庶幾不差若一向先求曾點見解未不入於佛老者也　答歐陽希遜　○曾點意思若能體認分明令人消得無限利祿鄙吝之心　時舉　○若從旁看曾點縱說得是亦無益須是自家做曾點便見得

曾點之心 學蒙 ○學者觀此要當反之於身見曾點之所見存曾點之所存而日用克己復禮之功更以顏子為師庶幾足目俱到無所欠闕張子所謂志要弘放心要密察亦謂此也 答廖子晦 ○此與一貫兩處是大節目當時時經心乃可 明作 ○程子論三子言志自是實事一段甚好及論夫子與點一段意却少異所以集註兩載之 必大

四書集義精要卷二十

四書集義精要卷二十一

論語十七

顔淵

首章

或問顔淵問仁而夫子告之以此何也曰人受天地之中以生而仁義禮智之性具於其心仁雖專主於愛而實爲心體之全德禮則專主於敬而實天理之節文也然人有是身則耳目口體之間不能無私欲之累以違於

禮而害夫仁人而不仁則自其一身莫適為
主而事物之間顛倒錯亂益無所不至矣此
聖門之學所以汲汲於求仁而顏子之問夫
子特以克己復禮告之蓋欲其克去有己之
私欲而復於天理之本然則夫本心之全德
將不離乎此而無不盡也然人特患於不為
耳誠能一旦用力於此則本心之全德在我
而天下之善將無不由是而出天下雖大亦
孰有不與其仁者乎然己者人欲之私也禮

者天理之公也一心之中二者不容並立而其相去之間不能以毫髮出乎此則入乎彼出乎彼則入於此矣是其克與不克復與不復如手反復如臂屈伸誠欲爲之其機固亦在我而已夫豈他人之所得與哉顔子之質幾於聖人故其問仁夫子告之獨爲要切而詳盡耳曰然則顔子請問其目而夫子告之以四勿之云何也曰顔子聞夫子克己復禮之言蓋已洞然默識仁之爲體矣然夫子所

謂克己復禮者必有條目而後可以從事於其間也故復問以審之而夫子以此告之也蓋禮爲天理之節文而其用無所不在以身而言則視聽言動四者足以該之矣四者之間由粗而精由小而大所當爲者皆禮也所不當爲者皆非禮也禮即天之理也非禮則己之私也於是四者謹而察之知其非禮則勿以止焉則是克己之私而復於禮矣且非禮而勿視聽者防其自外入而動於內者也

非禮而勿言動者謹其自內出而接於外者也內外交進為仁之功不遺餘力矣顏子於是請事斯語而力行之所以三月不違而卒進乎聖人之域也然熟味聖言以求顏子所用力其機特在勿與不勿之間而已自是而反則為天理自是而流則為人欲自是而克念則為聖自是而罔念則為狂特毫忽之間耳學者可不謹其所操哉○聖人下箇克字譬如相殺相似定要克勝得他克己復禮為

仁克己復禮如通溝渠之壅而仁乃水流也可學　○克己復禮為仁與可以為仁矣之為同非為仁由己之為也節　○己與禮對克己須復禮庶幾不失其則釋氏儘有能克己者然未嘗復禮坐如尸立如齋禮也箕踞跛倚非禮也去其箕踞跛倚而未如齋如尸猶是己私蓋天理人欲兩途不是天理即是人欲初無不屬天理人欲之地須與立箇限界將那未復禮時底都把作人欲斷定賀孫　○復

禮便是天理然曰禮而不曰理者蓋曰理則懸空而無形影而禮乃天理之節文有規矩可以憑據祖道○歸猶歸重之意寓○程子所言事事皆仁蓋謂所行無非仁者而後人得以是稱之○克己復禮則事事皆是天下之人聞之見之莫不皆與其為仁也道夫○今一日克己復禮天下人来點檢他一日内都是仁底事則天下都以仁與之若明日不如此便不會以仁與之也銖○於此事仁於

那事亦仁所以天下皆稱其仁若有一處不是必被人看破了 時舉 ○ 一日克己復禮雖無一事亦不害為事事皆仁雖無一人稱之亦不害為天下歸仁 植 ○ 呂氏專以同體而言而謂天下歸仁為歸吾仁之中不惟過高而失聖人之旨抑果如此則夫所謂克己復禮而天下歸仁者乃特在於想像恍惚之中而非有脩為效驗之實矣 ○ 呂氏克己銘不當以己對物為說蓋己對禮而言也 淳 ○ 勿

字說文象形旗旗揮止之物 銖 ○纔覺非禮意思萌作便提起這勿字 同上 ○問既知非禮則是視聽了矣如何曰視聽與聞見不同聲色接乎耳目見聞也視聽則耳目從乎聲色矣 答石子重 ○聖人教人皆有定本如五教四勿皆是定本 人傑 ○顏淵如何心肯意肯要克己復禮自家如何不會如此此處須有病根先要理會這路頭方好理會所以克之之方 賀孫 ○四箴由乎中而應乎外是推

本視聽言動四者皆由乎中而出汎言其理之如此耳制於外所以養其中方言用功處甾

○問克己功夫從內做去反說制於外如何曰制卻在內植

○制外閑邪而禁躁妄則克己復禮之事也內安誠存而外靜專則吾心之德於此其得之矣

○視箴言操之有要視為之則言人之視聽言動視最在先乃是操心之準則端蒙

○開眼便錯視所以就心上說道理在此本好卻因雜得外面言語誘

化聽所以就理上說 植 ○言箴說許多蓋是人口上有許多病前八句是說謹言道理下四句說四項病 賀孫 ○動箴思是動之微爲是動之著思是動於内爲是動於外緊要在順理則裕從欲惟危兩句是生死路頭 道夫 ○四箴之意蓋欲學者循其可見易守之法以養其不可見不可繫之心也至於久而不懈則表裏如一而私意無所容矣 荅陳明仲

二章 仲弓問仁

或問二章之説曰脩己以敬則私意無所萌矣推己以恕則私意無所施矣如是則天理流行内外一致而仁在我矣至於在邦在家無怨惡於我者則是敬恕之功而仁之效也夫為仁非以求是效也而并言之蓋將使之以是自攷耳曰弟子之問多矣獨二子有請事之對何也曰二子蓋度其能踐是言而后對記者亦以其能克是對而記之也○己所不欲勿施於人如以刑罰加人豈其人之所

欲所以程子言恕須兼忠夫以刑罰加人其人實有罪其心亦自以為當然故以刑加之非强之以所不欲也其不欲被刑者乃其外面之私心善其真心既已犯罪亦自知其當刑矣今人只為不知忠而徒恕其弊只是姑息 璘

○恕既是他人之恕則有是有非安得使之無曰此但說恕之是者 雉

○己所不欲勿施於人緊接出門使民邦家無怨緊接己所不欲勿施於人如一片水注出到此方住

效驗至此方是無虧欠內外纔有一人怨者即是未徹如天下歸仁纔有一人未稱其仁即是有未到處　植

○問乾道坤道曰坤無首其繇辭曰利牝馬之貞先迷後得乾變而坤其辭曰見群龍無首吉乾便從知處説起故曰知至至之知終終之坤但從守處説起故云敬以直內義以方外克己復禮有知之之功在主敬行恕但據見定做去　夔孫

○忠信所以進德脩辭立其誠所以居業者乾道也

敬以直内義以方外坤道也賀孫○乾道奮發而有為坤道静重而持守健順而已時舉○乾道是一服藥便效坤道是服藥調護漸漸消磨祖道○克己復禮如撥亂反正主敬行恕如持盈守成雉○告仲弓是防賊工夫告顔淵是殺賊工夫賀孫○冉温粹顔剛明伊川曰質美者明得盡查滓便渾化其次惟莊敬以持養之顔則明得盡者冉則莊敬持養者廣○程子曰敬義夾持直上達天德自

此蓋言表裏夾持更無東西走作去處上面只更有箇天德有一樣人裏面謹嚴外面却藞苴又有人外面寬恕裏面却都是私意者內外夾持如有人在裏面把住一人在門外把住不由他不上去 夔孫 ○會到私欲淨盡天理流行處皆可謂之仁如博學篤志切問近思如克己復禮如出門如賓如居處恭等皆是仁不論自何路入做到極處皆是仁 寓

三章 司馬牛問仁

仁者心常醒事来便須要做得合道理不可輕易故自不敢輕言不仁者心如瞌睡者都不見事理便天様大事亦敢輕輕説 時舉 ○ 仁者之人言自然訒學仁者則當自慎言以操其心且如今人輕易其言便知其心之不存 明作 ○ 孔子荅問但問如何行仁但荅如何可以至仁未嘗有問如何是仁者觀顔子仲弓司馬牛樊遲之問荅可見矣 賀孫

四章 司馬牛問君子

司馬牛將謂是由然頑然不必憂懼不知夫子自説内省不疚自然憂懼不來明作○所以不憂不懼由内省不疚學者又須觀所以内省不疚又如何得之然后可以進步不然書自書人自人可學

五章司馬牛憂

有命言稟之素定在天言制之在彼如自有一人為之主宰然外卿問意圓而語滯曰子夏初意但謂在我者如此則人皆敬愛之矣

特不當下箇皆兄弟字便無等差了淳

六章子張問明

或問明遠之說曰蘇氏之說亦中不明不遠者之病學者所當深戒也蘇氏曰譖愬之言常行於偏暗而隘迫者蓋一有所聞而怱心應之也明且遠者虛以察之則不旋踵而得其情矣○以明字不足又以遠字賁之燾○聞膚受之愬若其父兄有急難以愬若待審究已失事了此當如何曰所以謂之明遠自

見得真僞如識藥材者或將假者以責任其說千言萬語也不貫明作

七章子貢問政

或問七章之說其詳可得聞乎曰制其田里薄其賦斂使民有常產而不失時則倉廩實而足於食矣比其什伍時其簡教使民有勇而知方則戎備飾而足於兵矣有是二者則民以信事其上而無詐欺離叛之心所謂民信之者也曰然則兵之可去何也曰食足而

民信則民親其上死其長如子弟之衛父兄手足之捍頭目可使制梃以撻秦楚之堅甲利兵矣故必不得已而去則兵或可無也曰食之可去何也曰以序言之則食為先以理言之則信為重蓋死生常理人之所必不免者若民無信則失其所以為民者而無以立乎天地之間是以必有以使民寧無食以死而不失其尊君親上之心則其政之所以得民心而善民俗者可得而言矣○信是在人

心不容變者有信則相守以死無信則相欺相詐臣弃其君子弃其父各自求生路去 淳

◐集註不善死之爲安安字極有味宜玩之

荅李守約

八章 棘子成曰

或問棘子成之言與夫子之荅林放何異而子貢非之若是耶曰夫子之言權衡審密而辭氣和平蓋未始以文爲可盡去也若子成則辭氣矯激而取舍則過中矣其流之弊將

必至於弃禮蔑法如西晉君子之爲者故子貢惜其言之失而力正之也曰何以言子貢之言之有病也曰子成之說偏矣而子貢於文質之間又一視之而無本末輕重緩急之差焉則又矯子成之失而過中者也蓋立言之難如此自非聖人孰能無所偏倚而常適其平也哉○夫子之說君子也與其爭也君子同肅○虎皮與羊皮雖去毛畢竟自别事體不同使一君子與屠販之人對坐並不以人

文處之畢竟好惡自別大率不可以無文亦當以質爲本　明作

九章　哀公問於有若

或問洪氏以爲哀公之不足非不足也什取其二不歸於公室而歸於三家也其說如何曰以春秋傳攷之是亦然矣曰然則雖徹而何補於哀公之不足耶曰徹法行則自一夫百畝等而上之士大夫卿各有等差以至於君什卿祿之制皆可次第而舉盖不惟野人

之井地均而君子之穀祿亦平矣問孰與之說曰君之所與者民也民足矣則君雖不足亦無與共其不足者民苟不足則君雖自足而孰與共其足哉○徹是八家皆通出力合作九百畝田收則計畝均收公取其一如助則八家各耕百畝同出力共耕公田此助徹之別也燾

十章 子張問崇德辨惑

或問崇德辨惑何以有是目而子張樊遲皆

以為問也曰胡氏以為或古有是言或世有是名而聖人標而出之使諸弟子隨其所欲知思其所未達以為入道之門戶也其說得之矣曰主忠信徙義之所以為崇德何也曰主忠信則其徙義也有地而可據能徙義則其主忠信也有用而日親内外本末交相培養此德之所以日積而益高也曰愛之欲其生惡之欲其死既欲其生又欲其死所以為惑者何也曰溺於愛惡之私而以彼之死生

定分為可以隨己之所欲且又不能自定而一生一死交戰於胷中虛用其力於所不能必之地而實無所損益於彼也可不謂之惑乎引詩之辭姑從程子之說蓋亦有所不得已而然者未敢信其必然也

十一章 齊景公問政於孔子

或問景公審能悅夫子之言而繹之則如之何曰舉齊國之政而授之夫子則君臣父子之倫一日而正之有餘矣惜乎其不能此齊

之所以卒於亂也○問當時陳氏厚施於國政使孔子為政而欲正其君臣父子當於何處下手曰此便是難據晏子之說曰惟禮可以已其亂然當時舉國之人皆欲陳氏之所謀成豈晏子之所謂禮者可得而已之如孔子相魯欲墮三都至成則為孟氏所覺遂不可墮要之三家孟氏㝡弱強者墮之弱者反不可墮強者不覺而弱者覺之故也不久夫子亦去魯矣若使聖人久為之亦須別有箇

道理廣

十三章　聽訟吾猶人也

或問聽訟之説曰胡氏吳氏説亦可取胡氏曰聖人耳順目徹物無遁情其聽訟豈可及也而曰吾猶人也者將以深顯夫使人無訟之難也吳氏曰家語曰孔子為魯司寇聽訟皆進諸議者而問之則皆曰云云然后孔子曰當從其子幾是大學無情者不得盡其辭大畏民志言使民無情實者不得盡其欺誕

之辭不敢自欺其心志此所以能使民無訟也

十四章 子張問政

居之無倦者便是要此心常在做主不可放倒便事事都應得去行之以忠者是事事要著實 時舉

十六章 君子成人之美

成字只是欲他如此底意思 㽦

二十章 子張問士

以之事君則得乎君以之事親則得乎親以之交朋友而朋友信雖蠻貊之邦行矣此在邦在家而必達也 寓 ○質是朴實直是不偏曲 驤 ○質直好義若有觸突人之意至察言觀色慮以下人則和順矣慮謂思之詳審而常常如此思慮恐有所不覺知也聖人之言其周密若是 僴 ○但據己心言之不已而不問人之聽否即是不察言觀色也 燾 ○質直以下是詳細收斂工夫專是從實色取仁以

下是大意氣加人者專是駕虛 賀孫 ○色取仁而行違此是占外面地位闊了裏面塡不足 植 ○色取仁而行違便是不務實而專務外居之不疑便是放出外而收斂不得只得自擔當不放退蓋纔放退則連前面都壞只得大拍頭居之不疑此其所以駕虛而無實行也 燾 ○色取仁與鄉原一箇是向前去做一箇是退來做 義剛

二十一章 樊遲從遊

或問二十一章之説曰崇德之説范氏大槩得之特義字𠈌事字差重蓋曰義所當為之事耳其以上下二字訓先後則為切當也○人惟一心耳既為其事又有求得之心即不專矣安能有積累之功此一條心路只是一直去更無他岐纔分成兩途便不可且如今做一事一心在此做一心又去計功則此事定不到頭亦不十分精緻 賀孫 ○德理之得於心者也凡人若能知所當為而無為利之

心此意思便自高遠才有爲利之心此意思

便卑下了所謂業者謂德自此而愈高起也

時舉 ○須是截斷他人過惡方能自攻著才

點檢他人即於自己踈而心亦麤矣 僩

三十三章 子貢問友

或問善道之說曰心平氣和理明意盡或從

容深厚或親切簡當使聞者不忤而樂於聽

從之謂也

四書集義精要卷二十一

四書集義精要卷二十二

論語十八

子路

首章

或問先之勞之曰明於左右師保之爲先切於佚使勸相之爲勞蘇氏之説如此○如欲使民親其親我必先之以孝欲民之事其長我必先之以弟勞之如星言夙駕説于桑田之類蓋勞苦亦人之難事故以無倦勉之寓

二章　仲弓爲季氏宰

或問程子之説何以言人各親其親然後不獨親其親也曰此以明夫人各舉其所知然後可以得其所不知也○人各舉其所知則天下之賢無不舉矣不患無以知天下之賢才也興邦喪邦蓋極言之必自知而後舉之則遺才多矣未必不由此而喪邦也　答方賓王○可見聖賢用心之大小仲弓只緣見識未極開闊故如此人之心量本自大緣私故

小蔽固之極則可以喪邦故程子曰推其義也 廣

三章 衛君待子而爲政

或問胡氏正名之說曰據事言之當如此亦使孔子仕衛亦必以此告之出公若不聽則去之矣 廣 ○胡氏之言乃聖人大用之全體但其間曲折之徽聖人須更有隨宜裁處 答李守約 ○必也正名乎如此一二大事惜聖人做不成若做得成則三綱五常既壞而復

興千條萬目自此而更新聖人年七八十而拳拳之心終做不成賀孫

八章衛公子荆

居室似處家之意人不治家者則墻崩壁倒一無所問而專治家者則又汲汲於致富惟公子荆所爲正合道理聖人所以善之時舉

九章子適衛

或問九章之說曰曾氏亦佳曾氏曰孟子曰鷄鳴狗吠相聞而達乎四境而齊有其民矣

行仁政而王莫之能禦也適衛廢矣之言殆謂是與然人之聞是言也必以爲常談而置之置之則無用之言尔冊有獨能再問以究其說然後有所發明

十一章 善人爲邦

或問十一章之說曰集註并下章程子所言程伯子舉進士時對策語也○如卓茂魯恭陳太丘皆有此效 淳

十二章 必世而後仁

或問十二章之説曰所謂仁者以其天理流行融液洞徹而無一物之不體也舉一世而言固無一人之不然即一人而言又無一事之不然也求之詩書惟成康之世爲足以當之○問必世而后仁曰自己之仁而言之這箇道理浸灌透徹自天下言之舉天下之人皆是這箇理浸灌透徹　植

十四章　冉有退朝

或問十四章之説曰集註之説似於文義得

矣然疑其頗若傷巧者姑存而攷之可也

十五章　定公問一言

或問十五章之說曰抑嘗詳味言不可若是其幾也及如其善而莫之違以下曲折見聖人之言平正穩密無毫髮偏重處此又言外之意

十九章　樊遲問仁

問雖之夷狄不可棄也曰須是無間斷方得若有間斷此心便死了又問上三句動靜出

處待人接物無所不該即私意自無容處曰若無私心當體便是道理 南升 ○問居處章曰這箇道理須要到處皆在使生意無少間斷方好譬之木然一枝一葉無非生意纔有一毫間斷便枝葉有不茂處 時舉 ○孟子言存心養性便說得虛孔子教人居處恭執事敬與人忠等語則就實行處做工夫如此則存心養性自在 端蒙 ○此章須反求諸己而思之曰居處恭乎執事敬乎與人忠乎又須

思居處恭時如何不恭時如何執事敬時如何不敬時如何與人忠時如何不忠時如何方知須用恭敬與忠也令人處於中國飽食暖衣猶且與之相忘而不知其不可棄而況之夷狄而能不自棄者乎 夔孫 ○問胡氏先後之說曰雖無明證看來是如此若未嘗告以此說則所謂先難者將何從下手乎至於愛人則又以其發於外者言之矣 廣

二十章 子貢問如何斯可謂之士

稱孝稱弟是能守一夫之私行不能廣其固有之良心賀孫○行己有恥爲使不辱雖未甚高然攷其實則甚難程子所謂篤實自得之事正謂此也子貢見其難故問其次至宗族稱孝鄉黨稱弟見亦非易故再問其次可見孔門學者爲己之實答范伯崇

二十一章不得中行而與之

中行之人有狂者之志而所爲精密有狷者之節不至過激故極難得時舉○狂者知之

過猶者行之過二者皆謂過中

二十三章 君子和而不同

或問和同之説曰二者外雖相似而内實相反乃君子小人情狀之隱微自古至今如出一轍非聖人不能究極而發明之也且以近世諸公論之韓富范公上前議論不同或至失色而卒未嘗失和氣王吕章曾蔡氏父子兄弟同惡相濟而其隙也無所不至焉亦足以驗聖言之不可易矣○和同周比五峯所

謂天理人欲同行異情者也畱

二十八章子路問何如斯可謂之士

問切切偲偲之爲懇到詳勉何也曰古人多以聯字形容其事意當時之人皆能知之而今則想像其聲音以度其意義或如此而已尔殆難解也寓

二十九章善人教民

或問教民之説曰吳氏言之詳矣吳氏曰白虎通云教民者皆里中之老有道德者爲之

師教里中之子弟以道藝孝弟行義朝則坐於里門弟子皆出就農復罷亦如之若旣成藏皆入教學立春而就事故無不教之民非謂教之戰也然其三時務農一時講武則金鼓旗物之用坐作進退之節亦在所教矣○孝弟忠信務農講武古人政事本末兼具如後世保伍之法春秋教習以民爲兵及後放歸則不復務農而惟好生亂其害亦不淺矣古人兵出於民必先教之以孝弟忠信而後

驅之於此所以無後來之害也燾

憲問

首章

令集註廣憲之志使知所以自勉而進之於有爲之説吾聞諸師者如此而胡氏亦云○人有不爲也而後可以有爲原憲蓋要有不爲而不知有爲一節者也賀孫○問原憲狷介安貧豈不知邦有道穀之可恥乎曰未可知也人到用處方見子貢問士必先荅之以

行己有恥使於四方不辱君命而后及於宗族稱孝鄉黨稱弟自今觀之宗族鄉黨皆稱孝弟豈不是第一等人然聖人未以爲士之至行者僅能行其身無過而無益於人之國不足深貴也邦有道不能有爲只小廉曲謹濟得甚事向秦檜當國時有人壁立萬仞和宫觀亦不請豈非世間第一等人及秦既死用之爲臺諫不過能論貪汙而已於國家大計亦無所建立此亦不免蹈聖人之所謂恥也

洽

二章 克伐怨欲

此制之使不行與勿禁止之辭似不甚異而彼乃爲仁而此不得爲仁者蓋如自家飢見芻豢在前心中要喫却忍得不喫雖強忍得住然欲喫之心未嘗忘克己者則併其欲喫之心克去之矣 廣 ○如克伐怨欲不行亦不要去尋求勝他如此則胷中隨從者多反害事只此便是克伐怨欲只是虛心看物物來

便見是非事事物物皆有箇透徹無障礙方是從周○如克伐怨欲不是要去克伐怨欲上面知得到只是自就道理這邊看得透則許多不待除而去若實見得大底道理要去求勝做甚麽要去矜夸他人做甚麽求仁而得仁又何怨怨箇甚麽耳目口鼻四肢之欲惟分是安欲箇甚麽見得大處分明許多小小病痛都如氷消無有痕跡矣又曰看得本來道理只自家身已上是勝箇甚麽是伐

箇甚麽是怨欲箇甚麽所以夫子告顏子克己復禮能如此則許多病痛一齊退聽 賀孫

三章 士而懷居

或問張子懷居之說有爲而重遷無爲而輕遷何也曰重遷者有所繫著而不去乎此也輕遷者無所繫著而有慕乎彼也有繫乎此者固懷居也有慕乎彼者亦懷居也然夫子之言則亦謂夫重遷者尒張子盖推言之也

四章 邦有道危言危行

易曰知幾其神乎如邦有道危言危行邦無道危行言孫今有人其不畏謹者又言過於直其畏謹者又不敢出一言此即是不能知其幾若知幾則自中節而無此病矣君子上交不諂下交不瀆蓋上交貴恭恭便近諂下交貴和和便近瀆只爭些子便至於流也　僩

六章　南宮括問於孔子

問何以知禹稷比孔子曰舊說如此觀夫子不答恐有此意蓋不欲承當故不答尓　必大

九章 為命裨諶草創之

春秋辭命猶說義理戰國談說則利害而已

時舉

十三章 子路問成人

文之以禮樂一句最重四人所長且把做箇樸子惟文之以禮樂却能取四子之所長而去四子之所短 時舉 ○ 問集註云才全德備粹然無復偏駁之弊雖聖人亦不過如此而又云若論其至則非聖人盡人道不足以與

此何也曰聖人天理渾全則不待如此逐項
説矣同上
十四章子問公叔文子
不厭字意與孟子所謂文王之囿方七十里
民猶以爲小相似僩○公叔文子時人稱之
已過當及夫子問之而賈所言又愈甚可學
十八章子貢曰管仲非仁者與
程子之説甚精然其曰當死而不死則後雖
有功亦不復取則未安耳若曰不與其事桓

則可若曰不取其功則不可今集註隱括其說如此蓋功自功過自過若過可以揜功則功亦得以揜其過矣康節論學春秋者當先定伍伯之功罪而以五伯為功之首罪之魁此語最為切當然非獨論古事為然也見諸行事則操賞罰之權持黜陟之柄者亦當以是為心乃能盡用一世之材以濟天下之務而不失其正耳答汪易直○如孺子入井有一人捄出之且稱其仁未說到那納交要譽

惡其聲而然

十九章　公叔文子之臣

或問所謂文曰聖人之於文子見其無今昔貴賤之嫌其倫理明順粲然而可觀也

二十二章　陳成子弒簡公

或問程子以左氏所記爲非夫子之言然則夫子將不復較其力之強弱而獨以大義驅之耶曰程子之意以爲夫子之告魯君但當明君臣之大義以見殺逆之大惡天下所不

容人人得誅況在鄰國而何可以不討之意而其爲計則必請其君上告天子下告方伯而舉天下之兵以誅之也以天下之兵討天下之賊彼雖衆強亦將奚以爲哉固不當區區獨較齊魯之強弱而以天下之義爲一國之私也左氏所記蓋當世傳聞之謬以衆人之復爲聖人之心者而程子門人記其師說又不能盡其意之曲折所以啓讀者之疑耳曰程子以爲必告之天子而胡氏乃有先發

後聞之説其相反若是何耶曰孜之春秋先王之時疑必自有此凡弑君者人人得而討之如漢所謂天下共擊之者晉李毅告王濬以爲弑君之賊爲惡尤大當不拘常制者則以當世本無此法而言尔然事非一槩告與不告又在乎時義之如何使其地近於天子而可以告也其事之未至於迫遽而得以告也其力之不足以敵而不得不告也則告而俟命以行甚則或不俟命而遂行皆可也使

其地之相去也遠其事機之來也不可以少緩而吾之力又足以制之而乃區區焉徇請命之小節忘逆賊之大罪使彼得以植其根固其黨或遂奔逸而不可以復得則任其事者亦無以免乎春秋之責矣○哀公若委孔子須有計畫以處之必不空言而但已也是時孔子年七十一矣而猶欲有爲也不知吾已矣等語是何時所發者　壽　○問三子有無君之心而夫子所以警之曰聖人初告時眞

欲討成子未有此意後人自流泝源知聖人之言可以警三子無君之心非是聖人託討成子以警三子耳聖人心術不如此枉曲雅

二十四章 君子上達

究乎汙下究竟至於此也此段反天理徇人欲橫渠語也日進乎高明日究乎汙下呂與叔語也湊說語意方備小人徇人欲只管被他墜下去只見沉了如人墜水然僩

二十五章 古之學者爲己

或謂程子之説曰其曰成物固非爲人之謂曰喪己其爲人也亦非謂其有濟人利物之心也○爲己如人做家計要錢使其人外面百方作計一錢也要將歸何故如此蓋只是爲自家若如此爲學如何無所得 賀孫

二十六章 蘧伯玉使人於孔子

問六十化化字之義曰消融而無固滯蓋舊事都忘之矣 蓋卿

二十九章 君子恥其言而過其行

或問君子耻其言而過其行之説曰以文義觀之若作耻其言之過其行乃與舊説合如令之文則恐其當爲兩事也○問過其行猶易所謂行過乎恭喪過乎哀之過非言過其行也以而字貫其中可見矣曰甚合鄙意 答潘端叔

三十一章 子貢方人

夫我則不暇學者須思不暇箇甚麼須於自己體察方可見 友仁

三十章　不逆詐

逆億是未至未見而逆度之先覺蓋其情態已露而覺之也　燾　○凡抑字皆是挑轉言語　可學　○齊仲云抑亦二字當玩味有深意固是如此莫須也會先覺方是賢乎乎者疑問之辭以上意未盡故疑問之也　答許順之

三十四章　微生畝

或問警微生之說曰夫微生固自以其隱遯忘世爲高而謂夫子之委曲憂時爲佞是以

夫子即其意而反之使知其所謂高者是乃所謂固而已

三十六章　以德報怨

問集註謂旨意曲折反覆微妙無窮何也曰如呂申公與賈昌朝有怨朝廷治賈呂乞寬之云恐渠以爲臣與有私怨故也賈以是得減罪可謂以德報怨矣然賞罰出於朝廷之公豈可以己意行乎其間也以直報怨則不然如此人舊與吾有怨令果賢邪吾則引之

薦之果不肖邪吾則棄之絕之是盖未嘗有怨矣老氏之言死定了孔子之言意思活移來移去却都得設若不肖者後能改而賢則吾又引薦之矣 淳 ○以直報怨以德報德便是天地氣象

三十七章 莫我知也夫

或問不怨不尤下學上達何以人莫之知而天獨知之也曰其不怨不尤也則不責之人而責之已其下學人事也則又不求之遠而

求之近此固無與於人而不駭於俗矣人亦何自而知之耶及其上達而與天爲一焉則又有非人之所及知者而獨於天理爲相關尔此所以人莫之知兩頭蹉過而天獨知之也曰下學而上達言始也下學而卒之上達云尔今程子以爲下學人事便是上達天理何耶曰學者學夫人之事形而下者也而其事之理則固天之理也形而上者也學是事而通其理即夫形而下者而得其形而上者

爲非達天理而何哉○不然不尤下學上達
如水無石木無風貼貼然在此人亦無從得
而知之夔孫○集註惜乎未達蓋以子貢聞
斯言之後無繼語不能如曾子之唯也○
論語中此等與告子路知德者鮮告曾子一
以貫之皆一類是大節目要當自得文蔚○
只知下學則局促只知上達則亦孤單枯燥
如一貫但求其一而不求其所以貫者如得
一錢索而無錢可穿也義剛○如釋氏頓悟

則是上達而下學也 答廖子晦 ○意在言表如下學只是下學如何便解上達自是言語形容不得 寓此年六十時語 ○意在言表謂因其言而知其意便是下學上達 淳此是年七十時語

三十八章 公伯寮愬子路

或問命曰命者天理流行付與萬物之謂也然其形而上者謂之理形而下者謂之氣自其理之體而言之則元亨利貞之德具於一

時而萬古不易自其氣之運而言之則消息盈虛之變如循環之無端而不可窮也萬物受命於天以生而得其理之體故仁義禮智之德根於心而爲性其既生也則隨其氣之運故廢興厚薄之變惟所遇而莫逃此章之所謂命蓋指氣之所運爲言

三十九章　賢者辟世

或問賢者辟世之說程伯子以事之大小言或以人之高下言二說之不同奈何曰以古

聖賢之迹與隨時之義攷之則程子得之但辟世之士或志量宏大而不屑一國之事或智識明達而灼見天下之幾飄然事物之外以沒其身而不悔此則僅能辟地若辟人之士猶頗有意於當世者或有時而不能爲耳故程子所謂遠照故能辟一世事其說亦爲有理

四十二章 子擊磬於衛

荷蕢之徒高於子產晏平仲輩而不及蘧伯

玉盖伯玉知爲學者也僩○擊磬之時其心憂乎樂乎此是一大題目須細思之拱壽

四十三章子張曰書云諒陰

諒陰盖古今言殊所以未詳

四十五章子路問君子

或問四十五章之說或以安人安百姓爲擴而大之或以爲推而及物而集註但謂以其充積之盛自然及物者告之無他道也何哉曰所謂修己以敬者語雖至約而所以齊家

治國平天下之本舉積諸此子路不喻而少
其言於是告以安人安百姓之說蓋言修己
以敬而極其至則心平氣和靜虚動直而所
施為無不自然各當其理是以其治之所及
者羣黎百姓莫不各得其安也是皆本於脩
己以敬之一言然所謂敬者非若四端之善
始然始達而可擴由敬而安人安百姓非若
由格物致知以至於正身及物有待夫節節
推之也非若老老幼幼由己及物而待夫舉

斯心以加諸彼也亦謂其功效之自然及物者爲然耳曰然則夫子之言豈其畧無大小遠近之差乎曰修己以敬貫徹上下包舉遠近而統言之也安人安百姓則因子路之問而以其功效之及物者言也然曰安人則修己之餘而敬之至也安百姓則修己之極而安人之盡也是雖若有大小遠近之差然皆不離於修己以敬之一言而非有待於擴之而後大推之而後遠也○體信達順此禮記

中語信實理也順和氣也體信即致中之意達順即致和之意言能敬則能體信達順聰明睿智皆由是出以此事天饗帝曰是曰此皆栺敬也　銖

○體信達順只是主忠行恕　道夫

四十六章　原壤夷俟

或問四十六章之説曰胡氏以爲原壤之喪母而歌也孔子爲弗聞者矣今乃責其夷俟何舍其重而責其輕也蓋數其母死而歌則壤當絶叩其箕踞之脛則壤猶爲故人耳盛

德中禮見乎周旋此亦可見其說亦善

四書集義精要卷二十二

四書集義精要卷二十三

論語十九

衛靈公

首章

問明日遂行在陳絶粮想孔子都不計較所以絶粮曰若計較則不成行矣燾○或問固窮二說孰是曰以文言之則舊說安以固字答上面有字文勢乃相應以理言之則程說勝然曰固有窮而不若小人之濫則程子之

意亦在其中矣

二章　女以予為多學而識之

問集註彼以行言此以知言何也曰以上下語脉知其如此曾子言忠恕是就行上說夫子問子貢多學而識之是就知上說　賀孫

○子貢之學其於衆理萬殊者固已深知而洞曉矣其所欠者猶未知萬之為一耳故夫子當其可告而告之其於曾子則亦以其隨事力行之已熟而告之也然其所謂一者固所

以該萬若無所謂萬者則其為一也亦將何以貫為哉○嘗謂子貢曰然非與然字亦是非與亦是而今只管懸想說道一貫却不知貫箇甚底聖人直是事事理會得如云好古敏以求之不是驀直恁地去貫得佗夔孫○問謝氏引詩是贊其理之密乎曰多學而識之則可說至一以貫之則不可說矣廣

三章由知德者鮮矣

或問知德者鮮諸說多謂知德為自知其德

而以食而知味為說何也曰若是則曰知道可矣何知德之云乎既曰德乃己之所得也豈有己既得之而反不知哉

四章　無為而治者

或問恭己之為聖人之容何也曰純敬不已無事乎操修自外觀之見其恭己而已尔曰其為無為而治之道何也曰若是者不言而信不怒而威不知其所以然者也然更合所以獨言舜之意觀之則知其時事心跡無一不然

而足以見夫子之言蓋非偶然而發矣○老氏之所謂無爲簡忽而已如此所謂無爲是甚麼樣本領豈可與老氏同日而語 賀孫

五章 子張問行

或問五章之說曰行猶不行於妻子之行而參前倚衡猶曰坐則見堯於墻食則見堯於羹也○篤有重厚深沉之意敬而不篤則恐有拘迫之患 時舉 ○鞭辟如云驅辟此是洛中語一處說作鞭約 寓 ○質之美者明得盡

所以查滓一齊渾無 洽 ○天地同體處是義理之精英查滓是私意人欲之未消者人與天地本一體只緣查滓未去所以有間隔 寓

○言忠信行篤敬只說言行當如此下一句蠻貊之邦行矣未須理會及其久也只見得合如此言合如此行亦不知其爲忠信篤敬而忠信篤敬自在方好 德明

六章 直哉史魚

學者當知伯玉所以如此蓋其德性深厚循

理而行自然中節初非規規然務爲緘默而預爲可以卷懷之計也

八章 志士仁人

或問殺身成仁之説曰仁者心之德而萬理具焉一有不合於理則心不能安而害其德矣順此理而不違則身雖可殺而此心之全此理之正浩然充塞天地之閒夫孰得而亡之哉○志士仁人所以不求生以害仁者乃其心中自有不安不忍就彼以害此且非爲

恐虧其所以生者而后殺身以成仁也所謂成仁者亦但以遂其良心之所安而已非欲全其所以生而後爲之也人當殺身時何暇更思量我是全性命之理只爲死便是生便不是不過就一箇是故伊川說生不安於死也今解者每不以仁義忠孝爲吾心之不能已者而以爲畏天命謹天職欲全其所以生者而後爲之則是本心之外別有一念計及此等利害輕重而後爲之也誠便真能舍生

取義亦出於計較之私而無慤實自盡之意矣大率全所以生等說自他人旁觀者言之以爲我能如此則可若挾是心以爲善則已不妥帖況自言之豈不益可笑哉答張敬夫

十章　顏淵問爲邦

古之聖人以寅爲生物之始改歲之端未有知其所由始也至商周始以征伐有天下於是更正朔爲一代制以新天下之耳目而有三統之說　○行夏之時是行夏小正之事

德明○問天開於子地闢於丑人生於寅何也曰此邵子皇極經世書中所說蓋彼以數推而知之以元統會十二會爲一元十二萬九千六百年也一萬八百年爲一會初一萬八百年而天始開又一萬八百年而地始成又一萬八百年而人始生初未有物只是氣塞及天稍開即有查滓在其中初則溶軟後漸堅實常見山形如水漾沙之勢想初間地未成質之時皆是水後漸凝結勢自如此凡

物皆然　義剛　○　邵子一元前虛子丑二位至寅上方注開物字或云人自寅年寅月日時生以意推之必是先有天方有地有天地交感方始生物至戌上則注閉物字到此則不復有人物矣或問人物盡時天地壞否曰也須鶻突一場既有形氣如何得不壞但一箇壞了又有一箇　淳　○　文定春秋説夫子以夏時冠月以周正紀事此亦不敢據今周禮有正月有正歲則周實是元改作春正月　義剛

○問註輅始異其制曰前但謂之車既曰輅想其制度與車不同聞今南郊五輅極高大可學

○問程子發此以爲之兆曰兆猶言準則也非謂爲邦之道盡於此四者畧説四者作準則其餘皆可依此而推行之耳雉

○問春秋之意何也曰蓋三代制作極備矣孔子更不可復作故告以四代禮樂只是集百王不易之大法其作春秋善者取之惡者誅之意亦只是如此淳

○問答顏淵用四代禮樂

至論郁郁乎文則曰從周何也曰此正適來說心小則物物皆病賢心中只著得上一句不著得下一句（可學）

十四章（躬自厚）

厚者責之又責積而不已之意責乃求責之責非咎責之責（賀孫）○此章之說洪氏亦善洪氏曰雖朋友責善義所當責亦必以自厚爲本○呂伯恭自言少時見使令者不如意即躁怒後讀論語至躬自厚而薄責於人遂

不復如此廣

十七章君子義以爲質

問行與出何別曰行是安排如此行出是從此發出禮而不孫則不免矯世以威嚴加人拱壽○信以成之是終始誠實以成此一事非是孫以出之之後方信以成之也時舉○問程子曰敬以直內則義以方外義以爲質則禮以行之孫以出之信以成之曰義以爲質便是從義以方外處說起若無敬以直內

亦不知義之所在　同上

二十章　君子求諸己

或問楊氏之說不太巧乎曰雖巧而有益於學者吾是以著之○好名之戒固然矣然偏持之則將恐廉隅毀頓其弊有甚於好名故先聖云疾沒世而名不稱焉又曰君子求諸己詳味此言不偏不倚表裏該備此其所以爲聖人之言與學者要當於此玩心則勿忘勿助之間天理卓然事事物物無非至當矣

答鄭景望

二十一章 君子矜而不爭

矜與不矜細行之矜相似是珎惜持守之意

人傑

二十三章 子貢問有一言

恕可以終身行之是行之無窮盡分言忠恕則有忠而后恕獨言恕則忠在其中 榦

二十四章 吾之於人也

毀破壞也如器物之未敗而故破壞之若其

已敗則不可謂之毀 答張敬夫 ○或問若有譽而無毀則聖人之心爲有所倚矣曰有譽無毀是乃善善速惡惡緩之意正書所謂與其殺不辜寧失不經罪疑惟輕功疑惟重春秋傳所謂善善長惡惡短孔子樂道人之善惡稱人之惡之意而仁包五常元包四德之發見證驗也聖人之心雖至公至平無私好惡然此意則未嘗不存是乃天地生物之心也若以是爲有倚而以夫恝然無情者爲至

則恐其高者入於老佛荒唐之説而下者流於申韓慘酷之科矣○斯民也三代之所以直道而行也此句全在所以字如云斯民也三代嘗以此行直道矣古亦此民今亦此民三代能行之耳班固漢景帝贊引此以明秦漢不易民而化之意亦爲粗得文意者

二十六章　巧言亂德

或問婦人之仁匹夫之勇強弱不同而皆爲不忍何也曰忍之爲義有所禁而不發云尓

婦人之仁不能忍其愛也匹夫之勇不能忍其忿也如項羽是也而尹氏所謂忍性則可以成事者蓋亦可以兼此矣

三十章吾嘗終日不食

蓋勞心以必求不如遜志而自得思是硬要自去取學是依本子去做便要小著心隨順箇事理去做軟著心貼就他去做孟子所謂以意逆志極好逆是推迎他底意思個○遜志是卑遜其志放退一著寬廣以求之不恁

地迫窄便要一思而得雉

三十二章知及之

知及之如大學知至仁守之如意誠莊不莊動不以禮如所謂不得其正敖惰而辟之類夔孫○知及仁守是說講學莊蒞以後說爲政時舉○動猶動民以行不以言之動禮如古所謂蒐苗獮狩就其中教之以少長有序之事燾○先須有知及仁守作根本了又用意點檢其餘即無處無事不善若根本不立

又有何可點檢處時舉○問氣稟學問之小疵曰固有生成者然亦有學底燾

三十四章民之於仁也

或問三十四章之說曰舊說曲折太多似傷巧竊今節取范氏之說曰凡民之情以仁爲難故畏之甚於水火蓋其蹈水火而死者有之而畏仁莫肯爲也故夫子言水火能害人而仁不傷人所以教民爲仁也

三十五章當仁不讓於師

問或云當仁是適當爲仁之事曰謂值爲仁則不讓如此恐不值處極多所以覺得作任字說是此仁字是指大而難者這般處須要擔當不可道自家做不得是師長可做底事賀孫

○或問當仁不讓之說曰所謂不讓者則猶程子所謂不可將第一等事讓與別人做者其事則所謂顏子曰舜何人也予何人也有爲者亦若是是已大抵此與上章皆勉人爲仁之語然上章爲凡民都不知仁而憚

於爲之者發此章爲學者粗知仁之爲美而不知勇於有爲者發各有所當云

三十六章　君子貞而不諒

正而固也所謂知斯二者弗去是也爲正字説不盡故更加固字　時舉

四十章　辭達而已矣

辭達而已矣亦難心熟自然有見理處熟則心精微不見理緣是心麄辭達而已矣

四十一章　師冕見

或問卒章之説曰張敬夫推之尤詳曰道無往而不存聖人之動靜語默無往而非道蓋各止於其所而已如此章蓋待瞽者之道當然耳子張竊窺而有問焉夫子以爲固相師之道辭則近而意無不盡矣事事物物莫不有其道蓋所當然者天之所爲也夫以一日之間起居則有起居之道飲食則有飲食之道見是人則有待是人之道遇是事則有處是事之道道不可須臾離也一失所宜則廢是道矣是

故君子戰兢自持顛沛必於是造次必於是

惟懼其失之也夫惟天下之至誠一以貫之

道之所在如影之隨形蓋無往而非是也○

告之階席者慮其不見或至於覆跌告之以

在坐之人者恐其不知所爲而壹鬱無聊也

季氏

首章

求相季氏而以其家事來問此其與謀必矣

非疑之也○七百里見禮記若如孟子百里

之說安能作侯國而又容顓臾在其中乎寓

○焉用彼相以扶持二字知其謂瞽者之相此亦舊人之說也㽦

○蕭墻舊說諸侯至屏內當有肅敬之意亦未知是否燾

○蕭墻之禍亦本汎言非預知哀公以越伐魯之事也

三章祿之去公室

或問此章之說曰孔子所言常理也猶書之言惠迪吉從逆凶易之言積善餘慶不善餘殃者也氣數舛戾當然而不然者多矣孰得

而齊之但儒者之所守則亦知有常理而已矣其成敗得失有非所計者是以雖世故反復百千萬變而在我者未嘗失其守也而胡氏又以後世篡奪之跡攷之則如王莽司馬懿高歡楊堅五胡十國南朝四姓五代八氏皆得之非道或止其身或及其子孫遠不過四五傳而極矣唯晉祚爲差永而史謂元帝牛姓猶呂政之紹嬴統也以此論之則所謂常理者又未嘗不驗也天定勝人其此之謂

與

四章　益者三友

或問三益之旨盡於集註之説而已乎曰是亦釋其文之正意云尔若推而言之則是三者之於人皆有薰陶漸漬之益焉皆有嚴憚畏敬之益焉皆有興起慕效之益焉不但如彼之所言而已也

五章　益者三樂

或問三樂之益曰君子之於禮樂而辨明之

則存之熟而守之正矣存之熟則内有以養其莊敬和樂之實守之正則外有以善其威儀節奏之文與夫道人善而悦慕勉强之意新多賢友而直諒多聞之士集樂是三者而不已焉則雖欲不收其放心以進於善亦不可得矣其爲益豈不大哉○宴樂便須狎近小人踈遠君子最可畏所謂宴安鴆毒是也時舉

七章 君子有三戒

人苟常持此志雖血氣衰極亦不由他如其令老病非不知晚起以養病但自心不穩到五更便睡不著雖欲勉強睡此心不肯就枕僩

○問謝曰簞食豆羹不受不屑此非義心勝血氣壯故也萬鍾有不辨理義而受之者血氣衰故也恐不受不屑者非血氣之壯乃義心之勝而受萬鍾者非血氣之衰特不辨理義耳曰謝說但傷急而闕三數字當云此非特義心自勝亦血氣之壯故也蓋血氣助

得義心起來人之血氣衰時則義心亦從而衰夫子三戒正爲血氣而言又問血氣與志氣曰只一氣耳雖浩然之氣亦此氣也但以道義充養之而浩然必大○論三戒血氣移人曰疾病亦能移人呂伯恭因病後讀躬自厚而薄責於人一句忽有見遂一向這下來大雅

八章 君子有三畏

要緊在畏天命畏天命之要緊又在於知蓋

知則自不容不畏 賀孫 ○有位有齒有德者皆謂之大人 同上

九章 生而知之者上也

或問氣質之說所以有是四等者何也曰人之生也氣質之稟清明純粹絶無查滓則於天地之性無所間隔而凡義理之當然有不待學而了然於胸中者所謂生而知之聖人也其不及此者則以昏明清濁正偏純駁之多少勝負爲差其或得於清明純粹而不能

無少查滓者則雖未免乎小有間隔而其間
易達其礙易通故於其所未通者必知學以
通之而其學也則亦無不通矣所謂學而知
之大賢也或得於昏濁偏駁之多而不能無
少清明純粹者則必其窒塞不通然后知學
其學又未必無不通也所謂困而學之衆人
也至於昏濁偏駁之甚無復少有清明純粹
之氣則雖有不通而懵然莫覺以爲當然終
不知學以求其通也此則下民而已矣○困

也者行有不得之謂也

十章 君子有九思

問程子曰九思各專其一曰專一者非雜然而思也當這一件止思這一件燾○視不爲惡色所蔽爲明聽不爲姦人所欺爲聰節

十三章 陳亢問於伯魚

或問十三章之說曰陳亢實以私己之心期孔子故有此問及其聞伯魚之說而又以孔子爲遠其子則以其私意之未忘而以爲聖

人故推其子而遠之也殊不知聖人曷嘗有是心哉但其教人之法不過如此而自世人之私厚其子者觀之則亦可以有警云尒此愚所聞於師者

四書集義精要卷二十三

四書集義精要卷二十四

論語二十

陽貨

二章 性相近也

性即理一語自孔子後惟程子言之此一語即千萬世說性之根基理者公共之物不會不善 賀孫 ○孟子未嘗言氣質之性程子言性所以有功於名教者以其發明氣質之性也以氣質論則凡言性不同者皆氷釋矣 人

傑

○氣質之說起於程張有功於聖門有補於後學自孔孟後未嘗有人說到此如諸子說性惡說善惡混說三品亦是但不曾明其爲氣質之性耳孟子說性善但說得本原處是剔出而言性之本不雜氣質而言却不曾說得下面氣質之性所以亦費分踈且起許多善惡混等說之紛争程張之說立則諸子之說泯矣程子曰論性不論氣不備論氣不論性不明二之則不是自周子太極圖始言

陰陽五行之變不齊使二程生周子之前未必能發明到此若但言仁義禮知是性世間却有生而無狀者是氣禀如此若不論氣此道理便不周匝所以不備孟子是也若只論氣禀有善者惡者却不論一原處又却不明荀楊以下是也故予於太極圖解亦云所謂太極者不離乎陰陽而爲言亦不雜乎陰陽而爲言也張子曰形而后有氣質之性善反之則天地之性存焉故氣質之性君子有弗

性者焉盖天地之所以生物者理也其生物者氣與質也人物得是氣質以成形而其理之在是者則謂之性然所謂氣質者有偏正純駁昏明厚薄之不齊故性之在是者其爲品亦不一所謂氣質之性者也告子所謂生之謂性程子所謂生質之性所稟之性所謂才者皆謂是也然其本然之理則粹至善而已所謂天地之性者也孟子所謂性善程子所謂性之本所謂極本窮原之性皆謂是也

○性相近也兼氣質而言只是這箇道理堯舜三王治天下只是理會這箇千百年来無人曉得都黑了到程子說得方分明

○性非氣質則無所寄氣非天性則無所成 道夫

○性本同氣禀異如水無有不清傾放白椀中是一色黑椀中是一色青椀中又一色 夔孫

○氣禀得偏則理亦欠闕了如人有厚於仁而薄於義有餘於禮而不足於智便自氣質上来

○氣雖理所生然既

生出則理管他不得如這理寓於氣了日用之間運用都由這箇氣只是氣强理弱如君命赦稅而村知縣硬自去徵被他近了而叫上面不應蓋氣麄而理微也又如父子本是一氣子乃父所生若子不肖父亦管他不得聖人所以立教正是要救這些子　時舉　○黄榦問性既爲氣質所雜矣而未發之中若何曰未發之前氣不用事所以有善而無惡

○質並氣而言則是形質之質陳了翁所

謂天氣而地質無物不然是也若生質則是
資質之質義剛○問氣出於天否曰性與氣
皆出於天如天氣之清明陰黯可見氣之美
惡然好者常少而不好者常多以一歲言之
晴和而不寒不暖者能幾時而夏寒冬暖愆
陽伏陰者皆是也雖一日之閒亦然且以撲
錢觀之純者常少不純者常多蓋其氣錯揉
萬變故不能均平所以君子常少而小人常
多又曰人之貧富貴賤壽夭不齊處亦是被

氣衮亂了都没理會如顔夭而跖壽堯舜與孔子福壽之不同是也寓

三章惟上知與下愚不移

問程子曰語才則有下愚之不移與孟子非天之降才爾殊意不同曰孟子説與程子小異孟子見得性善便將才亦作善不如程子之説密后稷自幼而岐嶷越椒自幼而惡是氣禀如此淳○問集註謂氣質相近之中又有一定而不可易者復舉程子無不可移之

說似不合曰人自有不移者夫子之言本如此伊川是推說須知其異而不害其爲同木之○問集註與程子說尚未知其合處曰不必求合人所言各有地頭孔子說相近至不移便定是不移人之氣質實有如此者如何必說道變得而其所以至此下愚者便是氣質之性孔子說得都渾成了程子此段却只說到七分不說到底孟子却只說得性善其所言地頭各不同同上○或問三章游氏之

說有曰夫道未始有名感於物而出則善之名立矣托於物而生則性之名立矣善者性之德故莊子曰物得以生謂之德性者善之資也故莊子曰形體保神謂之性蓋道之在天地則播五行於四時百物生焉無非善者也無惡也故曰繼之者善也道之在人則出作而入息渴飲而飢食無非性者無妄也故曰成之者性也何也曰道未始有名感於物而出則善之名立托於物而生則性之名立

此則老佛之言而分道與善性爲三物矣至
形體保神各有儀則謂之性者雖出於莊周
之言然所謂儀則者猶有儒者之意也今引
其言而特遺之且獨以出作入息飢食渴飲
者爲言則是所謂性者無復儀則而專以佛
者作用是性之言爲主矣是雖欲極其高妙
而言而不知其所指以爲性者反滯於精神
魂魄之間也此近世言性之大弊學者不可
以不辨且所謂託於物而生者是又以爲先

有是物而性託之以生如釋氏授胎奪陰之説也○或問二章三章皆言氣質而夫子不言性之本何也曰於易大傳詳矣曰其習而相遠何也曰自其常者而言之則性之善者習於善而日進乎高明性之惡者習於惡而日究乎汙下也自其變者而言之則性之善者或習於惡而失其善性之惡者或習於善而失其惡也凡是四者始皆相近而終則遠矣曰上知下愚之品不同如此亦可謂相近

也耶曰其品固相絶矣然其禀生之初則亦未嘗不相近也但就其相近之中又自有遠近之殊而此爲其甚遠耳曰其不移也則終不以習而有所變耶曰其習於善而日進乎高明習於惡而日究乎汙下者固亦有之但善者不習　於惡而失其善惡者不習於善而失其惡耳曰然則終不可移也耶曰以聖人之言觀之則曰不移而已不曰不可移也以程子之言攷之則曰以其不肯移而后不

可移耳盖聖人之言本但以氣質之禀而言其品第未及乎不肯不可之辨也程子之言則以人責其不可移也而徐究其本焉則以禀賦甚異而不肯移非以其禀賦之異而不可移也

四章 子之武城

君子學道則愛人是曉得那己欲立而立人己欲達而達人與那乾稱父坤稱母之道理方能愛人小人學道不過曉得那孝弟忠信

而已故易使也蘇

五章公山弗擾

或問五章之説曰蘇氏曰孔子之不助畔人天下之所知也畔而召孔子其志必不在於惡矣故孔子因其有善心而收之使不自絶而已弗擾之不能爲東周亦明矣然而用孔子則有可以爲東周之道故子欲往者以其有是道也卒不往者知其必不能也此説亦得之謝氏有弗擾執季氏以畔安知志不在

克亂以權之說而張敬夫辨之亦佳曰弗擾不禀命於君而叛其大夫逆也欲以是克亂是以亂易亂而又加甚耳後世亂臣賊子所以借虛名而爲篡奪之計者多出於此夫子豈以是而欲往耶○吾其爲東周乎其字乎字只是閑字與吳其爲沼乎同不當作不爲東周之事說 寓

六章 子張問仁

不侮謂不侮人耳○任是人靠得自家如謂

任挾者是能爲人擔當事也 熹

七章 佛肹召

二子暫有尊賢向善之誠心故感得聖人欲往之意如重陰之際忽略開霽有少光明處自是好如陽貨全無善意來時便已不好了故亦不能略感聖人也 時舉 ○ 匏瓜不食如今言無口匏亦此類 荅劉韜仲

八章 女聞六言六蔽

勇只是果敢剛有堅强之意 閎祖 ○ 問好信

不好學如何便至於相賊害曰人若固執必信而不知學則必至害物如其父攘羊而子證之是也昔劉忠定荅部使者以不聞司戶有贓退而以爲有負温公不妄語之戒既而讀楊子避礙通諸理之說然後脫然無疑向非以不聞之語告之其不爲賊害者幾希矣道夫○李氏謂此數章文體與前後不相似大抵論語後數篇間不類前諸篇而家語中此樣話亦多淳

十章子謂伯魚曰

爲如固哉高叟之爲詩之爲必大○修身齊家自家最近底事皆不待出門而后有者於此而不知爲即似當牆立眼既無所見要動也行不去植

十一章禮云禮云

或問禮樂之說曰樂記所謂天高地下萬物散殊而禮制行矣流而不息合同而化而樂興焉亟謂此也詳味而深體之則於禮樂之

本其庶幾乎曰諸家之言禮也以敬其異乎程子者何也曰程子以理言禮之體也諸家以人言禮之用也黄榦曰今集註與程子説不但敬與序之不同雖言和則同而所以爲和亦不同也集註之敬與和主人心而言也程子之序與和主事理而言也然有人心之敬與和則見於事理者始有序而和矣

十四章道聽而塗説

或問德之弃之説曰德之弃固爲弃其德矣

然不曰棄夫德而曰德之棄者盖曰德之所以見棄猶鄉原之賊夫德而以謂德之賊也若謂其爲有德者之所棄則上章德之賊者亦曰爲有德者之所賊可乎○賊字棄字説得重而有力盖鄉原只知偷合苟容似是而非而人皆稱之故曰德之賊道聽塗説者纔聽之便説了更不能蓄既不能有之於心行之於身是棄其德也故曰德之棄必大

十五章鄙夫可與事君

或問十五章之説曰蘇氏之説亦足以驗其事實蘇氏曰李斯之立胡亥張禹之右王氏其謀皆始於患失矣

十六章古者民有三疾

或問愚而詐曰豈若史氏所謂塞侯微巧者與

十八章惡紫之奪朱

或問十八章之説曰凡物之類有邪有正邪之與正不同而必相害此必然之理也然其

顯然不同者雖相害而易見唯其實不同而若相似者則相害而難知易見之害衆人所能知而避之難知之害則非聖智不能察也是以聖人於此三者深惡而力言之其垂戒遠矣○紫之奪朱紫近黑色蓋過了朱既爲紫更不能爲朱便是奪了元亦一色染出鄭雅也只是一箇樂雅較平淡鄭便過而爲淫哇蓋過了雅便是亂雅 植 ○此章不但是易於惑人蓋不正之物自常易勝正者且如以

朱染紫一了便退不得朱却不能變得紫只為他力勢大了便易得勝時舉○問范氏謂天下之理正而勝者常少不正而勝者常多曰此當以時運言之譬如一日與人平生能有幾多好底時節廣

十九章予欲無言

先生問林擇之天何言哉三句何句要對曰四時行焉百物生焉二句先生曰是只四時行焉百物生焉所謂天何言哉者已在其中

矣德明 ○予欲無言只是不消得說蓋已都撒出来了如四時行焉百物生焉天又更說箇甚底燾 ○程子謂聖人恐人不能盡曉而反欲無言何也須熟玩之當自見得分明也荅劉韜仲 ○或問楊氏謂子貢能言而理有言之不能論者故夫子以是發之曰理之實於事物之間無不可論之理也夫豈以爲日用彛倫之外別有一物恍恍惚惚逈脫根塵而不可以言論耶近則失其文義而不可

尋繹遠則乖於天理而流於異端不可以不深察也

二十一章 宰我問三年之喪

或問二十一章之説曰洪氏論禮壞樂崩曰禮樂之實乃自事親從兄而出宰我輕所重而惜其末故夫子推本以告之此其意亦善然亦有所未盡蓋禮樂無所不在喪固有喪之禮矣唯樂爲無所用於喪者然當喪而不樂是乃樂之所以爲樂也若當喪而玉帛陳

焉鍾鼓作焉則其壞禮而崩樂也益以甚矣然其言之失有不待言而喻者故夫子不之荅而直以不忍之端告之也○聖人尋常未甞輕許人以仁亦未甞絶人以不仁今言予之不仁乃予良心死了也 植 ○夫謂三年而免於父母之懷者責宰予耳父母之愛其子子之愛其親皆出於自然而無窮豈計歲月而論報施之爲哉 荅陳明仲 ○宰我問三年之喪聖人荅他也只是從心上説教他自感

悟僩

○問成布曰斬衰三升如今網然所以未成布成布是稍細成布問縓緣曰縓今淺絳色一入之謂縓禮有四入之說亦是漸加深色耳然古人亦不專以素色爲凶皮弁純白寓

二十三章子路問曰君子尚勇乎

或問二十三章之說曰楊氏以君子爲有德位之通稱而釋以諸侯曰君大夫曰子甚善蓋古者不以不肖治賢不以賢事不肖凡在

上者必其賢於所臨所治之人也故後世因以君子爲有德之稱蓋其義初不異但所施有不同者如此章言君子者三其上二者以德言者也其對小人者則以位言之耳

二十四章 君子亦有惡乎

或問勇果之别曰勇謂材力强猛果敢則其材力未必過人而臨事敢爲者也○果敢而不窒則所爲之事必當於理窒而不果敢則於理雖未通然亦不敢輕爲惟果敢而窒者

則不論是非而率然妄作此聖人所以惡之也時舉

二十五章唯女子與小人

或問小人何以知其爲僕隸下人也曰若爲惡之小人則君子遠之惟恐不嚴怨亦非所恤矣

二十六章年四十而見惡焉

見惡謂有可惡之實而得罪於能惡人者非群嘲衆駡而不善者惡之之謂也答劉韜仲

微子

首章

延平先生説三仁事云當理而無私心則仁矣今以此語推之三仁之心只欲紂改過而圖存皆理不得不然者使其先有殺身强諫之心則亦不得爲仁人矣答李時可○三仁同謂之仁以其皆無私而各當理也無私故得心之體而無違當理故得心之用而不失此其所以全心之德而謂之仁歟或以爲箕

子天昇九疇未傳而不敢死則其爲說迂矣延平先生曰九疇後來事初無此念也後來適然爾豈可相合看致仁人之心不瑩徹耶

○游氏所謂仁人之用心惟仁所在則從之不論所以者似非知仁之言蓋仁者心之德有是心而不失其德則謂之仁人一時如此則一時之仁也一事如此則一事之仁也其時與事雖有不同而所謂仁者則常在此而不在彼也蓋始出乎此而終合乎此爾若如

游氏之言則是所謂仁人者與仁自爲二物人常在此仁常在彼而以人徃從乎仁也○三仁以此一事推及其他則其所爲之當理無私亦可知矣觀鳳一羽則知五色之備僩

○問三仁同出於至誠惻怛之意若箕子不死而爲之奴何以見惻怛之意曰箕子與比干心同但偶不死尒然其處此最難微子去却易比干一向死而箕子在半上半下處被紂囚於此而不免佯狂所以易中特說箕子

之明夷可見其難也寓

二章 柳下惠爲士師

或問柳下惠之說曰尹氏曰柳下惠孟子所謂不屑去者也遺佚而不怨阨窮而不憫仕而不喜黜而不慍自知其直道而已愚聞之師柳下惠之直道其自知甚審其自信甚篤所謂確乎其不可拔者也蓋與尹氏之意同謝氏曰其官不移用我亦可舍我亦可玩世不恭者之所爲也張敬夫謂其曰焉往而不三

黜則亦幾於不恭矣此與謝氏意亦相發揚
氏以孔子無可無不可爲近於和非也夫無
可者近於清無不可者近於和是以孔子之
於夷惠集其大成而時出之豈曰無可無不
可而反獨近於一偏之和與盖爲是說者其
立心制行有近於柳下之風者故未察乎孔
子之言而幷以爲亦若惠之爲也○惠三黜
之後雖不屑去然亦意其遂不復仕故孔子
得以列之於逸民之目

四章齊人歸女樂

或問史記載孔子之去魯也有彼婦之口可以出走之歌令尹氏直以爲知魯之君相無敬賢之心而去何耶曰齊人之謀固欲以是沮孔子矣蓋欲以女子爲間於魯之君相使之先有以熒惑其耳目感移其心志遂乘間而進說以沮敗其所爲甚則或中以不測之禍而不慮孔子之覺之早去之速也魯仲連論帝秦之害有彼又將使其子女讒妾爲諸

侯妃處梁之宮梁君安得晏然而已乎之説想當時列國多此等事夫子不得不急走然

孔子之覺之也直以其無敬賢之心知其不足與有爲耳而其禍之將至者則固亦不外乎此也尹氏之言不及其他其有得於孔子之初心與○問使魯致膰夫子果止乎曰亦行但不若是之速耳必須別尋一事故而去寓○史傳所載亦多可疑如魯之司徒司馬司空乃三家世爲之不知聖人何以得爲司

寇木之

七章子路從而後

或問知道之不行而徒仕可乎曰仕所以行義也義則有可不可矣義合而從則道固不患於不行不合而去則道雖不行而義亦未嘗廢也是以君子雖知道之不行而未嘗不仕然亦未嘗懷私徇祿而苟一時之安也由此觀之道義之未嘗相離也亦可見矣○舊人說但謂仕便是義不知所謂仕不是埋頭

一向只要仕如孟子說所就三所去三雖未嘗不欲仕亦未嘗不顧其義之如何 賀孫 ○說聖人無憂世之心固不可謂聖人視一世未治嘗戚戚無聊亦非也須看聖人至誠懇切處及灑然無累處文中子說天下皆憂吾獨得不憂天下皆疑吾獨得不疑又曰窮理盡性吾何疑樂天知命吾何憂此說是 恪

九章 大師摯適齊

或問何以知亞飯爲侑食之官也曰白虎通

曰王者平旦食晝食晡食莫食凡四飯諸侯三飯大夫再飯故魯之樂官自亞飯以下盖凡三飯也

四書集義精要卷二十四

四書集義精要卷二十五

論語二十一

子張

首章

問致命曰澤無水困君子以致命遂志君子道窮之時但當委致其命以遂吾之志而已致命猶送此命與彼不復爲我之有授命亦然○祭思敬喪思哀只是思著自是敬哀

僩

同上

二章 執德不弘

或問弘之爲義奈何曰此以人之量而言也蓋人之所以體道者存乎德而其所以執德者存乎量量有大小之不同故人之所以執德有弘而有不弘也夫總羣言該衆理而不自以爲博兼百善具衆美而不自以爲得知足以周萬物而於天下之事有不深察才足以濟衆務而於天下之事有不屑爲恢恢乎其胷中常若有餘地焉此非其量之大則其

執德者孰能如是之寛廣而不迫哉易所謂寛以居之而曾子所謂可以任天下之重者正謂此耳其量之小者一善之得則先爲主而若不可以有所容一事之當則喜自負而若不可以有所加小有知則必欲用其知小有才則必欲試其才所謂執德不弘者蓋如此雖其所守之固若不可奪然亦安能爲有無哉故諸家不弘之説惟謝氏所謂心不廣者最爲得之但范氏所謂不足有容則鄙詐

人之謝氏所謂執德弘則物莫能勝皆若有不切者然不弘則鄙詐纖巧之心生而是非利害得喪之自外至者足以奪其所守要必熟復而深體之乃可見其意耳○弘便知道理儘有自家心下也儘有地步寬廣著得在番○不弘不特不能容人自家亦自不能容故有片善必自矜見人善必不喜人告以過亦不受從狹隘上生萬般病可學○問如何是執德樣子曰子貢但執貧而無諂富而無

驕之德而不聞樂與好禮之說子路但執不耻褞袍之德而不聞夫子何足以臧之說則其志皆未免止乎此蓋義理無窮心體無限賀孫○易學問之後斷以寬居此章信道篤又欲執德弘者人之爲心不可促迫也善之來無窮而吾心受之有餘地方好洽○不弘不篤各是一病世固有自執其小善者然不害其爲信道之篤亦有信道雖不篤然却有兼取衆善之意者時舉○若信道不篤則容

衆太廣後隨人走作反不能守正理信道篤而不弘則是確信其一説而或至於不通璘

三章子夏之門人問交於子張

或問三章之説曰二子之言各有所偏折以聖人之中道則初學大略當如子夏之言然於不可者亦踈之而已拒之則害乎交際之道成德大略當如子張之説然於其有大故者亦不得而不絶也以是處之庶幾乎

四章雖小道

或問何以言小道之爲農圃醫卜之屬也曰小者對大之名正心脩身以治人道之大者也專一家之業以治於人道之小者也然是皆有用於世而不可無者其始固皆聖人之作而各有一物之理焉是以必有可觀也然能於此者或不能於彼而皆不可以達於君子之大道是以致遠恐泥而君子不爲也謝氏謂坦途之支别是矣但不可以異端當之若謂異端則其可觀者非眞可觀亦不待致

遠已不可行矣

五章　日知其所亡

或問五章之説曰或者以温故知新爲此章之説則於彼此先後之序兩失之矣且以知所亡爲知新者猶可也以無忘所能爲温故則不可蓋温故者慮其遺忘而温習之無忘所能則其見之之明守之之固無待於温習而自不能忘矣觀尹氏不失之云則可見其得失也○此與温故知新意不同彼是温故

之中而得新底道理此却是因知新而帶得溫故雉○一日之間知所未知長遠後也記得今學者今日所知者過幾日又忘之若不真在此做工夫如何會記得謙之

六章 博學而篤志

篤志是至誠懇切以求之不是理會不得又掉了若徒汎然博學而無懇切之志反思於此即是放而不知求之心也便成頑麻不仁之死漢那得仁惟篤志又切問近思便有歸

宿廢志不泛濫心不走作便只在這窠坎裏
寓
○或問近思曰程伯子謂學要鞭辟近裏著己而已故切問而近思蓋曰思之以不遠乎己耳叔子所謂類推者則以思之有序爲近也伯子之言固亦得其本者然不条以類推之說則將有揹事棄物專以反思默造爲功而不自知其陷於異端者是則二子之說雖殊要之不可以偏廢也而謝氏專以篤志近思爲心不外馳而其意若以博學爲非心

不外馳之事者蓋懲乎玩物喪志之言故爲
說如此且獨不聞孟子張子之言乎孟子曰
博學而詳說之將以反說約也張子曰書所
以維持此心一時放下則一時德性有懈讀
書則此心常在觀此二言則玩物喪志心不
外馳二說之疑可釋然矣○問了此便是徹
上徹下之道曰徹上徹下是這箇道理深說
淺說都如此又曰於此四者中見得箇仁底
道理便是徹上徹下之道也廣○問近思者

以類而推曰不要望遠但就曉得處推將去如親親便推類去仁民仁民是親親之類仁民便推去愛物愛物是仁民之類須是一步了因此又進一步學記謂善問如攻堅木先其易者後其節目管子謂攻瑕則堅者瑕攻堅則瑕者堅亦此意也寓

七章百工居肆

百工居肆方能成事學方能致道然而居肆亦有不能成其事學亦有不能致其道如學

小道與夫中道而廢之類故必二說相須而義始備燾

九章君子有三變

或問九章之說曰程子至矣程子曰儼然秉天陽高明氣象溫中心和而接物也溫備人道也厲如四方正定地道也又以囁嚅形厲之反尤爲明白然其曰孔子全之者蓋以孔子明之而或者因以爲子貢之言正爲孔子發也

十一章大德不踰閑

大處既是小處雖未盡善亦不妨然小處放過只是力做不徹不當道可也寓○程子謂小德如援溺之事張子謂出入爲時中此却是大處非聖人不能豈得謂之小德却是合當如此如何却只云可也可也只是且恁地也得之意僴

十二章子夏之門人小子

或問程子所謂洒掃應對便是形而上者何

也曰灑掃應對所以習夫形而下之事也精義入神所以究夫形而上之理也此其事之大小固不同矣然以理言則未嘗有大小之間而無不在也理既無大小故君子之學不可不由其序以盡夫小者近者而后可以進夫遠者大者耳故曰其要只在慎獨此甚言小之不可忽也而說者反以爲理無大小故學者即是小者而可以并舉其大則失之遠矣其曰便是云者亦曰不離乎是耳非即以

此爲形而上者也曰既以爲理無大小而又以爲教人有序何也曰無大小者理也有序者事也正以理無大小而無不在是以教人者不可以不由其序而有所遺也蓋由其序則事之本末鉅細無不各得其理而理之無大小者莫不隨其所在而無所遺不由其序而捨近求遠處下窺高則不惟其所妄意者不可得而理之全體固已虧於切近細微之中矣此所以理無大小而教人尤欲必由其

序也曰其然所以然之說奈何曰灑掃應對之事其然也形而下者也灑掃應對之理所以然也形而上者也自形而下者而言則灑掃應對之與精義入神本末精粗不可同日而語矣自夫形而上者言之則初未嘗以其事之不同而有餘於此不足於彼也曰其曰物有本末而本末不可分者何也曰有本末者其然之事也不可分者以其悉具所以然之理也曰自灑掃應對上便可到聖人事何

也曰亦言其理之在是而由是可以至於彼苟習焉而察而又勉焉以造其極則不俟改途而聖可至爾豈曰一洒掃一應對之不失其節而遂可直以聖人自居也哉○治心脩身是本洒掃應對是末皆其然之事也至於所以然則理也理無精粗本末皆是一貫升卿○洒掃應對是小學事精義入神是大學事精究其義以入神正大學用工以至於極致處也寓○洒掃應對精義入神事有大小

而理無精粗事有大小故其教有等而不躐理無精粗故惟其所在而皆不可不用其極也 道夫

○不能慎獨只管理會大處小處或照管不到理無大小大處小處都是理小處不到理便不周匝 淳

○道散在萬事那箇不是若事上有毫髮蹉過則理上便有間斷欠闕故君子直是不放過只在慎獨 荅石子重

○某向費無限心思而終不曉此章見程門諸人之說與子夏之說相反常以爲疑子夏

正說有本末諸人却說末即是本後在同安作簿時因睡不着思之方透若非程子教人有序五句亦無緣看得出然其言緩而無奇故讀者忽之而不深考一例大言無本末精粗之辨反使此章意指都無歸宿

○雖堯舜孔子之聖其自處亦常在下學處上達處不可著工夫更無依泊處今動不動說本末精粗無二致正如渾淪吞棗然答許順之

○有始有卒不是自始做到終乃是合下始

終皆備道頭便知尾下學便上達若教學者則須循其序也必大○所以然者理也惟窮理則自知其一致故伊川說衆人習不致察由之而不知惟延平說與伊川合寓○黄榦曰先後二字程子以教者所施之次第而言集註以義理之精粗而言

十三章仕而優則學

或問十三章之言先仕而後學何也曰仕優則學爲已仕者言也盖時必有仕而不學者

故有是言學優則仕爲未仕者言也蓋未有以明乎修已治人之道則未可以仕耳此章本意蓋如此而推其餘意則又以明夫仕未優而學則不免有背公徇私之失學已優而不仕則亦不免有愛身忘物之累當時恐或兼有此意也

十四章 喪致乎哀而止

或問十四章之說曰楊氏所引孔子及禮記二言皆不得已而去之意今子游雖亦其意

然直以爲致哀而止則將有直情徑行之失其弊將有如棘子成之言者矣

十五章　吾友張也

或問十五章之説曰難能蓋美之之辭而有譏之之意下章曾子堂堂之云亦猶是耳

十七章　吾聞諸夫子人未有自致者也

或問十七章之説曰尹氏所引親喪自盡之言疑與曾子意合而所謂於此不誠惡乎用其誠者則推曾子之意以責夫人之當然而

不然者耳非正以此章之意爲如此也

十八章吾聞諸夫子孟莊子之孝

問此當然事何以爲難曰爲是人多不能所以爲難人固有用父之臣行父之政者然稍拂其意而或不便其私即已不能用而行矣孟莊子豈不爲難能若用人立政未善又不可不改銖○今集註之說臨川鄧元亞之說也答張敬夫

十九章孟氏使陽膚爲士師

或問民散之説曰以其生業不厚教化不修內無尊君親上之心外無仰事撫育之賴是以恩踈義薄不相維持而日有離散之心耳

二十二章 仲尼焉學

或問文武之道爲周之禮樂何也曰此固好高者之所不樂聞然其文義不過如此以未墜在人之云者攷之則可見矣若楊氏所謂道無適而非唯所取而得則又何時墜地且何必賢者識其大不賢識其小而後得師耶

此所謂人正謂老聃萇弘郯子師襄之儔耳若入太廟而每事問焉則廟之祝史亦其一師也大率近世學者習於老佛之言皆有厭薄事實貪騖高遠之意故其說常如此不可以不戒也然彼所謂無適而非者亦豈離於文章禮樂之間哉但子貢本意則正指其事實而言不如是之空虛恍惚而無所據也○文武之道舊說太高若論道體則不可特言文武矣但向來貪箇意思將此一句都瞞過

了不若四平放下意味深長也但聖人所以能無不學無不師而一以貫之便有一箇生而知之底本領不然則便是近世博雜之學而非所以爲孔子故子貢之對雖有遜詞然其推尊之意亦不得而隱矣 答張敬夫

二十三章 叔孫武叔語大夫於朝

或問二十三章之說曰張敬夫之說亦善曰武叔亦豈真知子貢者使果知之則於夫子之門當求其所以入者而不暇矣○聖人固

自難知若子貢之在當時明辨果斷通曉事務歆動得人孔子自言達不如賜賀孫○古所謂宮只是墻古人無今廊屋燾○問夫子之道高遠故不得而入耶曰不然人自不能入耳譬如與兩人說話一人理會得一人理會不得會得者便是入得會不得者便是入不得且孔子之教衆人與教顏子何異顏子自入得衆人自入不得多少分明大雅

二十四章叔孫武叔毀仲尼

多祇與只同　倜

二十五章　陳子禽謂子貢曰

植其生如五畝之宅樹之以桑百畝之田勿奪其時鼓舞如又從而振德之　寓○黄榦曰榮謂賴聖人以生爲榮幸故莫不尊親

堯曰

首章

或問曆數之說曰帝王相承其次第之數若曆之歲月日時亦有先後之序也然聖人所

以知其序之屬乎此人則以其人之德知之
非若讖緯之說徒以其姓名見於圖籙而爲
言也曰執中之說如何曰聖賢所言中有二
義大本云者喜怒哀樂未發之時之理其氣
象如此也允執其中云者理之在事而無過
不及之地也若天下之大本則不可得而執
矣且聖人之道時止時行夫豈專以塊然不
動者爲是而守之哉蘇氏疑此章有顛倒失
次者或有之蘇氏曰此章雜取大禹謨湯誥

泰誓武成之文而顛倒失次不可復攷由此推之論語蓋孔氏之遺書簡編絶亂有不可知者如周八士周公語魯公邦君夫人之稱非獨載孔子與弟子之言行也○簡閱也善與罪天皆知之如天點檢數過相似寓○問論語記門人問荅之辭而堯曰一篇乃記堯舜湯武許多事何也曰不必如此理會只當理會道理先儒說是夫子常稱誦前聖之言弟子類記於此然道理緊要不在此此只是

外面一重讀書須去裏面理會　義剛

二章　子張問何如斯可以從政

或問五美之說曰欲而不貪泰而不驕胡氏得之在人上者人欲爲多不能窒之則其貪無時而已惟反是心以欲仁則求諸己而必得何物足以累其心夫何貪泰者安舒自得之謂近於驕矣然君子之心一主於敬不以彼之衆寡小大而二其心則其自處未嘗不安而何驕之有此胡氏之說也夫威而不猛

者非作威也蓋作威而欲人之畏已則必至於猛正其衣冠尊其瞻視以自修而已矣非欲人之畏已也然百姓望其容貌顏色之儼然而知其不可慢也則何猛之有哉○仁是我所固有而我得之何貪之有若是外物欲之則爲貪此正與當仁不讓於師同意問於爲政而及此何也曰治已治人其理一也 廣

○因說慢令致期謂之賊云昔在同安作簿時每點追稅必先期曉示只以一幅紙截作

小牓徧帖云本聽取幾日點追甚鄉分稅仰人戶鄉司主人頭知委到限近時納者紛然此只是一箇信而已如或違限遭點斷不貸所以人畏時舉○猶之均之也言一等是如此史家多有此般字吝是戒人遲疑不決底意思若當賞便賞若澁縮靳惜即悞事機如李絳勸唐憲宗速賞魏愽將士曰若待其來請而後賞之則思不歸上矣正此意也如唐藩鎮之患新帥當立朝廷不即命之却待軍

中自請而後從之所以人不懷恩反致敗事若是有司出納之閒吝惜而不敢自專卻是本職當然人君爲政大體則凡事皆不可如此當爲處便果决爲之倜

三章

或問知命之說曰胡氏亦善胡氏曰一定而不可易者命也人不知命嘗求其所不可得避其所不可免斯所以徒喪所守而爲小人也○不知命無以爲君子且以利害禍福言

之此是至粗者此處人都信不及便講學得亦無安頓處令人亦解說一飲一啄自有定分及遇少利害便生趨避計較之心古人刀鋸在前鼎鑊在後視之如無者蓋緣只見道理都不見刀鋸鼎鑊又曰死生有命如合死於水定是溺殺此非深奧難曉者如今朋友都信不及覺得此道日孤令人意思不佳人傑

○論語首云人不知而不慍不亦君子乎終云不知命無以爲君子也此深有意蓋學

者所以學爲君子若不知命則做君子不成死生自有定命若合死於水火須死於水火合死於刀兵須死於刀兵如何逃得此說雖甚麄然所謂知命者不過如此若於此信不及纔見利便趨見害便避如何成得君子也閎祖○樂天知命五十而知天命謂知其理之所自也譬之水人皆知其爲水聖人則知其發源處此不知命却是說死生壽夭貧富貴賤之命也人傑○尹氏章末數句於讀此

書者深有所警不可不熟察而深念之也

四書集義精要卷二十五終

四書集義精要二十六

孟子一

梁惠王上

首章

或問孟子不見諸侯十五其見梁惠王何也曰不見諸侯者不先往見也見梁惠王者荅其禮也盖先王之禮未仕者不得見於諸侯戰國之時士鮮自重而孟子猶守先王之禮故其所居之國而不仕焉則必其君先就見也

然後往見之若異國之君不得越境而来則必以禮貌先焉然後往荅其禮耳故史記以爲梁惠王卑禮厚幣以招賢者而孟子至梁得其事之實矣曰仁義之說奈何曰人之所以爲性者五而獨舉仁義何也曰天地之所以生物者不過乎陰陽五行而五行實一陰陽也故人之所以爲性者雖有五德之殊然曰仁義則其大端已舉矣盖以陰陽五行而言則木火皆陽金水皆陰而土無不在以性

而言則禮者仁之餘智者義之歸而信亦無不在也曰然則其或主於愛或主於宜而所施亦有君親之不同何也曰仁者人也其發則專主於愛而愛莫切於愛親故人仁則必不遺其親矣義者宜也其發則事皆得宜而所宜者莫大於尊君故人義則必不後其君矣曰太史公之歎其果知孟子之學耶曰未必知也以其言之偶得其要是以謹而著之耳使其誠知孟子之學也則豈其崇勢利羞

賤貧而不自知其非耶○心之德是渾淪説愛之理方説到親切處心之制是説義之體程子所謂處物爲義是也楊雄言義以宜之韓愈言行而宜之之謂義若只以義爲宜則義有在外意思須如程子言處物爲義則處物者在心而非外也賀孫○仁言心之德便見得可包四者義言心之制却只是説義而已廣○心自有這制制如快利刀斧事来劈將去可底從這一邊去不可底從那一邊去

節

二章王立於沼上

王德修解梁惠王沼上齊宣王雪宮謂梁之辭遜齊之辭誇分得好閔祖

三章寡人之於國也

或問既曰魚鼈不可勝食矣又言老者然後可以食肉何也曰魚鼈自生之物養其小而食其大老幼之所同也至於芻豢之畜人力所為則非七十之老不得以食之矣先王制

慶之節始於略而終於詳大率如此○問程
子曰譬如一樹有可栽培之理則栽培之不
然須别種聖賢何心視天命之改與未改尒
天命之改與未改如何見得曰大勢已去人
心不復有愛戴之實

六章孟子見梁襄王至

問古者改正朔如以建子月爲首則謂之正
月抑只謂之十一月曰此亦不可考如詩之
月數即今之月孟子七八月之間旱乃今之

五六月十一月徒杠成十二月輿梁成乃令之九月十月是以為改月則與孟子春秋相合是以為不改月則與詩書相合如秦元年以十月為首末又有正月又似不改月義剛

七章 齊宣王問曰

或問王霸之辨曰古之聖人致誠心以順天理而天下自服王者之道也後之君子能行其道則不必有其位而固有其德矣故用之則為王者之佐伊尹太公是也不用則為王

者之學孔孟是也若夫齊桓晉文則假仁義以濟其私欲而已設使僥倖於一時遂得王者之位而居之然其所由則固霸者之道也故漢宣帝自言漢家雜用王霸其自知也明矣曰君子之遠庖廚何也曰禽獸之生雖與人異然原其稟氣賦形之所自而察其說生惡死之大情則亦未始不與人同也故君子嘗見其生則不忍見其死嘗聞其聲則不忍食其肉蓋本心之發自有不能已者非有所

為而為之也曰然則曷為不若浮屠之止殺而撤肉也曰人物並生於天地之間本同一理而禀氣有異焉禀其清明純粹則為人禀其昏濁偏駁則為物故人之與人自為同類而物莫得以班焉乃天理人心之自然非有所造作而故為是等差也故君子之於民則仁之雖其有罪猶不得已然後斷以義而殺之於物則愛之而已食之以時用之以禮不身翦不暴殄而既足以盡吾心矣其愛之者

仁也其殺之者義也人物異等仁義不偏此先王之道所以為正非異端之比也彼浮屠之於物則仁之過矣而於其親乃反恝然其無情也其錯亂顛倒乃如此而又何足法哉曰所謂見牛未見羊者豈必見之而後有是心耶曰心體渾然無内外動靜始終之間未見之時此心固自若也但未感而無自以發耳然齊王之不忍施於見聞之所及又正合乎愛物淺深之宜若仁民之心則豈為其不

見之故而忍以無罪殺之哉且觀齊王聞孟子之言而心復有戚戚焉則此心之未嘗亡而感之無不應者又可見矣曰老吾老以及人之老幼吾幼以及人之幼而天下可運於掌何也曰天地之間人物之衆其理本一而分未嘗不殊也以其理一故推己可以及人以其分殊故立愛必自親始爲天下者誠能以其心而不失其序則雖天下之大而親踈遠邇無一物不得其所焉其治豈不易哉曰

推其所為舉斯心加諸彼何所指也曰孟子此言正為推近及遠者發以明齊王能遠遺近之失欲其於此深識其本而善推之非欲反推愛物之心以及於仁民也○無道桓文之事營覇之事儒者未嘗講求 謨 ○術猶方便也 履孫 ○物之輕重長短之差易見心之輕重長短之差難見物之差無害心之差有害故曰心為甚 節 ○本然之權度亦只是此心此心本然萬理皆具應物之時須是子細

看合如何便是本然之權度也 廣

梁惠王下

首章

或問范楊之說不同何也曰非不同也范氏以孟子之言為救時之急務而楊氏亦以為姑正其本則其意固皆以為使孟子得政於齊則夫所謂世俗之樂者必將以漸而去之矣但二公之說皆有所未竟故使人不能無疑然從范氏之說而失之不過為失孟子之

微意而未害乎為邦之正道從楊氏之說而失之則是古樂終不必復今樂終不必廢而於孟子之意為邦之道將兩失之此不可以不審也

三章 交鄰國有道乎

或問樂天畏天之說其詳復有可得而聞者乎曰予聞之亡友何叔京曰仁者以天下為度一視而同仁惟欲使人各得其所不復計彼此強弱之勢故以大事小而不以為難如

葛與昆夷之無道湯文愍懃而厚卹之及夫終不可化而禍及於人然後不得已而征伐之仁之至也智者達於事變而知理之當然故以小事大而不敢忽然而必自強於政治期於有以自立其功如獯鬻與吴之方強太王句踐外卑躬而事之内則治其國家利其民人終焉或興王業或刷其耻此智者之明也使湯文保養夷葛惡極而不能去是不仁而縱亂也使太王句踐惟敵人之畏而終不

能自強是無恥而苟安也又何取於仁智哉其說當矣曰畏天之威于時保之此周頌之言保天下之事也而以畏天為言何哉曰聖賢之言各有攸當彼以成王而言則固畏天而能保文武之天下矣且古人引詩斷章取義固不如是之拘也曰孟子之引詩書文多與今本不同當以何者為正曰古者詩書簡冊重大學者不能人有其藏師弟子間類皆口相授受故其傳多不同要亦互有得失不

可以一槩論也○仁者與天為一智者聽天
所命與天為一者嘉人之善矜人之惡無所
擇於利害故能以大事小聽天所命者循理
而行順時而動不敢用其私心故能以小事
大然此亦各因一事而言惟仁者能如此智
者能如此耳非專以事大事小為仁智之分
樂天畏天之別也仁者固能事小然豈不能
事大智者固能事大然豈不能事小但其事
之情則有樂天畏天之異耳保天下保一國

以其德之厚薄量之大小而言亦無一定之拘答或人○智者不特是見得利害明道理自合恁地小之事大弱之事強皆道理合恁地至

五章人皆謂我毁明堂

問孟子荅梁王問利直掃除之此處又却如此引導之曰此處亦自分義利特人不察耳可學○五峯天理人欲同行異情之說好閎祖○問公劉至古公十世今謂九世豈不數

古公己身耶而函詩集傳乃云公劉復修后稷之業十世而太王徙居岐山之陽二者必有一誤曰通數即計己身爲數曰祖曰孫則不當計己身蓋謂祖孫則是指他人而言矣史傳及今人文字以高祖之父爲五世祖甚多無可疑也荅董叔重

八章　湯放桀

賊仁之罪重賊義之罪輕仁義都是心之天理賊仁則大倫大法虧滅了譬之伐木乃是

伐其本根也義就一節一事上言一事不合宜便傷義如殘害其一枝一葉也寓○傷敗彝倫只是小小傷敗常理如不以禮食不親迎之類若是紾兄之臂踰東家者便是滅絕天理丹書怠勝敬者滅即賊仁者謂之賊之意欲勝義者凶即賊義者謂之殘之意義剛

九章為巨室

前後兩譬似不相似至

十章齊人伐燕勝之

孟子論取之而燕民不説則勿取文王是也取之而燕民説則取之武王是也此亦止為齊王欲取燕故引之於文武之道非謂文王欲取商以商人不説而止之武王見商人説而歸已而遂往取之也如言仲尼不有天下益伊尹周公不有天下豈益伊尹周公仲尼皆有有天下之願而以無天子薦之與天意未有所發而不得爭直是論其理如此耳凡此類皆須研究體味見得聖人之心脱落自

在無絲毫惹絆處方見義理之精微於日用中自然得力所謂知至而意誠也 荅范伯崇

十三章 滕小國也間於齊楚

孟子荅滕文公只得如此是吾得正而斃焉之意蓋滕有必亡之勢況王政非一日之所能行或行之粗成次第而二國亦必不見容也湯文之興皆在空閑之地無人來覷他故日漸盛大若滕則實是難保也世間事難得恰好齊梁甚强可以有為而孟子與其君言

恬然不恤滕文公却有善意又以國小主張不起以此知機會直不易得也 時舉

十五章 滕小國也竭力

潘恭叔說遷國以圖存者權也效死勿去者義也義字當改作經字思之誠是蓋義便近權如或可如此或可如彼皆義也經則一定而不易既對權字須當用經字 僩

四書集義精要卷二十六終

四書集義精要卷二十七

孟子二

公孫丑上

二章 夫子加齊之卿相

或問孟子不動心何也曰盡心知性無所疑惑動皆合義無所畏怯雖當盛位行大道亦沛然行其所無事而已何動心之有易所謂不疑其所行者蓋如此而孔子之不惑亦其事也曰孟子既以孟施舍為守約矣又曰舍

之守氣不如曾子之守約何也曰守約云者言其所守之得其要耳非以約為一物而可守也盖黝舍皆守氣以養勇然以黝比舍則舍之守為得其要至以舍而比於曾子則曾子之守尤為得其要也今謂約為一物而可守而遂以守氣不如守約言之則是約者孟子既以與孟施舍矣又可奪而歸之曾子耶曰如子之言則告子之所不得者己之言也孟子之所知者他人之言也二者亦不同矣

而以一說貫之何耶曰是亦嘗欲一之矣然以告子之所不得爲人之言則與其下文心若氣者爲不類而所謂勿求諸心者與後所謂生於其心者亦復不同以孟子之所知爲己之言則不應無一詞之合理而常自處於詖淫邪遁之間也是以反復推之而得其說如此蓋告子不自知其言之所以失而孟子乃兼貫物我舉天下之言所以失者而知之是以其心正理明而無疑於天下之故至其

由是以集義而無不慊於心則非義之義亦不得以入於其間而直無不慊於心矣抑後篇告子論性數章皆率然立論而辭窮即止無復思惟論辨之意是又吾所謂不得於言而不求於心之一驗而其所謂勿求者二亦文同而意異蓋一以為無益有損而不可求一以為理所必無而不必求讀者審之則得其文意而知其所以失矣曰持志養氣之為交養何也曰持志所以持其内也無暴其氣

所以防於外也兩者各致其功而無所偏廢焉則志正而氣自完氣完而志益正其於存養之功且將無一息之不存矣曰程子所謂志動氣者什九氣動志者什一何也曰此言其多少之分也而孟子所以猶有取於勿求於氣之云者而不盡善之於此亦可見矣曰知言養氣之説如何曰蓋孟子之不動心知言以開其前故無所疑養氣以培其後故無所懾如智勇之將勝敗之形得失之筭已判

然於胸中而熊虎貔貅百萬之衆又皆望其旌麾聽其金鼓故爲之赴湯蹈火有死無二是以千里轉戰所向無前其視告子之不動心正猶勇夫悍卒初無制勝料敵之謀又無蚍蜉蟻子之援徒特其所養之勇而挺身以赴敵也其不爲人擒者特幸而已不務知言不務養氣但只硬把定中間箇心要也不動

曰何以言氣之配義與道也曰道體也義用也二者皆理也形而上者氣也者器也形而

下者也以本體言之則有是理然後有是氣而理之所以行又必因氣以為質也以人言之則必明道集義然後能生浩然之氣而義也道也又因是氣而後得以行焉蓋三者雖有上下體用之殊然其渾合而無間也乃如此苟惟不知所以養焉而有以害之則理自理氣自氣其浩然而充者且為慊然之餒矣或略知道義之為貴而欲恃之以有為亦且散漫蕭索而不能以自振矣曰氣配乎道義

者也又曰集義所生何耶曰是則程子土山金器之喻至矣程子曰氣者積義所生者却言配義如以金為器既成則目金器可也又曰若累土為山須是積土方成山非是山已成形乃名為義也而吾所謂有理然後有氣故必明道集義然後能生浩然之氣者亦詳且明矣曰有事勿正勿忘勿助何謂也曰大抵今人之學或似頗為之期而不為其事其或能有所為者則亦必期其功期而不至則

或以為無益而忘之或不勝其欲速而助之此衆人之通患也故孟子言養氣者惟當集義以為事而不可期於襲取之功不可以集義為無益而忘之又不可以其氣未充而助之也曰然則助長之害甚於舍之何也曰舍之之害特不察乎義之所在無以慊足其心而已助之長則知其不慊而又作偽以張之也較是二者其為罪之輕重可見矣曰程子所謂活潑潑地者何也曰此所以形容天理

流行自然之妙也盖無所事而忘則人欲之私作正焉而助之長則其用心之過亦不免於人欲之私也故必絶是二者之累而後天理自然之妙得以流行發見於日用之間若鳶之飛而戾乎天也魚之躍而出乎淵也若曽點之浴沂風雩而詠以歸也活潑潑地者盖以俗語明之取其易知而已或者乃以此語為源於禪學則誤也曰四辭如何曰詖而不安則必為淫辭以張其説淫而過實則必

有邪辭以離於道邪必有窮故必為遁辭以自解免凡曰異端無不具此○施發語辭古注說也以後但稱舍字可見如舟之僑孟之反尹公之他之例 德明 ○問子夏篤信聖人何以言之曰此因孟子說處推究亦無事實可指但將平日所言詳味有篤信聖人氣象如博學篤志切問近思之類 儒用 ○不動心章只曾子告子襄一段已自盡了已具得後面許多意只為丑之問無了期故荅得亦

周匝（自修）○告子之意以為言語之失當直求之於言而不足以動吾之心念慮之失當直求之於心而不必更求之於氣蓋其天資剛勁有過人者力能堅忍固執以守其一偏之見所以學雖不正而能先孟子以不動心也夫心之不正未必皆氣使之故勿求於氣未為甚失至言之不當未有不出於心者而曰勿求於心則有所不可矣（與張敬夫）○問志至焉氣次焉曰志最緊要氣亦不可緩（賀

孫

○持其志只是輕輕地做將去無暴其氣只是不縱喜怒哀樂節○持其志是心之方漲處便持著賀孫○持志即是養心也非持志之外別有養心卓○問無暴其氣處曰凡人多動作多語笑做力所不及事皆是暴其氣如只行得五十里却硬要行百里只舉得五十斤重却硬要舉百斤凡此類皆能動其氣今學者要須事事節約莫教過當此便是養氣之道也時舉○氣若併在一處自

然引動志古人所以動息有養也外卿○天地之氣雖至堅如金石無所不透故人之氣亦至剛蓋其本相如此方子○浩然之氣一章說得稍粗只是要仰不愧俯不怍氣便浩然如吾何慊乎哉吾何畏彼哉而已前輩說得太高閎祖○浩然之氣一章只內省不疚夫何憂何懼兩句盡之其原蓋出於大學心廣體胖處榦○勇而不懼便是浩然之氣此說似粗而實精淳○問浩然之氣曰不須多

言只是箇有氣魄無氣魄而已人若有氣魄方做得事成於世間得喪利害方敵得去不被他恐動若無氣魄便做人衰颯懾怯又曰浩然之氣充塞天地只是氣魄大所謂氣蓋世僩○以直養而無害此直字便是上文縮字下文義字答呂子約○道義是虛底物本自孤單得這浩然之氣襯貼起則道義自然張王延平先生說配是襯貼起來又曰若道襯貼却是兩物道義與氣只是一衮發出來

其後來思之一衮發出來說得道理好襯貼字却說得配字親切盖卿○配義與道如人能弘道可學○非謂配便是助但養得那氣充不餒方合得那道義所以說有助之意義剛○若無此氣則道義亦不可見譬如利物可以斬割須有力者乃能用之若自無力利物何為力行○配是合而有助之意如與人鬭敵又有一人在後相助自然愈覺氣勝謨○是字與非字為對生字與取字為對其意

蓋曰此氣乃集義而自生於中非行義而襲
取之於外正如所謂仁義禮智非由外鑠我
也我固有之也 答項平父 ○集義與配義是
相向說初間其氣由集義而生後來道義却
須那氣相助 燾 ○論集義所生則義為主論
配義與道則氣為主 答方正淳 ○養氣一段
緊要處是自反而縮以直養而無害是集義
所生者三句 至 ○必有事焉而勿正這裏是
天命流行處 謨 ○勿正是不要等待勿助長

是不要催促淳○助長是無不畏之心而强爲不畏之形節○事正忘助相因無所事必忘正必助長閎祖○必有事焉下兩句非是覆解上兩句此自有淺深勿正是勿期必其如此勿助是不到那地位不可硬要充去才助長在我便有那欺僞之心施於事末稍必不勝任如十鈞之力而負千鈞故助長之害最大端蒙○必有事焉謂集義正是期望忘是不把做事助長是作弄意氣世自有此等

人孟子之意只是如此粗言之要之四者初無與養氣事只是立此界至如東至某西至某其中間一段方是浩然處也必大○集義是養氣之丹頭必有事焉四句是炮炙煅煉之法文蔚○養氣一章在不動心不動心在勇勇在氣氣在集義勿忘勿助又是那集義底節度端蒙○詖只是見得一邊字凡從皮者皆是一邊如跛是脚一長一短坡是山一邊邪淳○溺如身溺在其中溺於水只見水

而不見岸 夔孫 ○心術不正便自節次生此四者如楊墨自有楊墨之詖淫邪遁佛老申韓亦然如近世功利者及苟且論議又各有一種詖淫邪遁 文蔚 ○偏頗而蔽塞必至於放蕩而陷溺淫而陷溺必至於邪僻而叛道纔問着便窮而遁夷之云愛無差等施由親始不是他本意只為被孟子勘破其辭窮遂為此說是遁也如佛家初有桑下一宿之說及行不得乃云種種營生無非善法皆是遁

也德明

浩然之氣章緊要全在知言上僩

孟子能知人言之是非告子乃自以其言爲外而不復考其得失孟子善養其氣而告子乃以爲末而不求其得失可見矣端蒙

孟子之學蓋以窮理集義爲始不動心爲效唯窮理爲能知言唯集義爲能養浩然之氣理明而無所疑氣充而無所懼故能當大任而不動心考於本章次第可見矣荅郭冲晦

三章以力假仁者霸

以德行仁者王所謂德者非止謂有捄民於水火之誠心此德字又說得濶是自己身上事都做得來是無一不備了所以行出去便是仁如成湯不邇聲色不殖貨利克寬克仁彰信兆民是先有前面底方能彰信兆民捄民於水火之中武王亶聰明作元后是亶聰明方能作元后捄民於水火之中　壽

以力假仁仁與力是兩箇以德行仁德便是仁　夔孫

霸必有大國須有如是資力方可以服

人個

四章仁則榮

仁則榮不仁則辱此亦只為下等人言若是上等人豈以榮辱之故而後行仁哉伊川易傳比卦有去以聖人之公言之固至誠求天下之比以安民也以後王之私言之不求下民之附則危亡至矣蓋且得他畏危亡之禍而求所以比附其民猶勝於全不顧者正此謂也個

或問夫子引鴟鴞之詩而歎其知

道何也曰孔子誦周公之詩而有感於其言也然聖人之所謂知道者如此而近世陋儒乃有謂釋氏之徒知道而不可以治世者謂蘇子由則亦異乎孔子之言矣夫知道矣而不可以治世則彼所謂道者果何物哉

五章　尊賢使能

問市廛而不征市在何處曰此都邑之市人君國都如井田樣畫爲九區面朝背市左祖右社中間一區則君之宮室前一區爲外朝

凡朝會藏庫之屬皆在焉是區之中左則宗廟右則社稷後一區爲市市四面有門每日市門開則商賈百物皆入焉賦其廛者謂收其市地錢如今民間之鋪面錢蓋逐末者多則賦其廛以抑之少則不廛而但治以市官之法所以招徠之也市官之法如周禮司市平物價治爭訟謹權量譏察異服異言之類市中惟民乃得入凡公卿大夫有爵位者及士者皆不得入入則有罰左右各三區皆民

所居此國君都邑規模之大槩也僩○漢之獄市軍市之類皆是古之遺制蓋自有一箇所在以為市其中有有司者治之耳是周禮市官之法也廣○問鄭氏謂民無常業者罰之使出一夫百畝之稅一家力役之征如何其罰如此之重曰後世之法與此正相反農民賦稅丁錢却重而游手浮浪之民泰然都不管他至

六章 人皆有不忍人之心

或謂孟子專論不忍人之心而後乃及乎四端何也曰不忍之心即惻隱之謂也蓋性之爲德無所不具總之則惟仁義禮智而一以包三者仁也情之所發無所不通總之則惟是四端而一以貫三者惻隱也謝顯道身汗面赤實羞惡之發也而程子以爲惻隱之心是亦其貫四端之一驗也惻隱初動時也如羞惡之類亦必先動而後能然然則其言之也又安得無先後輕重之别耶曰子以四端

為情而孟子皆以心言之何也曰心統性情者也故仁義禮智性也四端情也而皆得以心名之蓋以其所統者言耳○捨心則無以見性捨性又無以見心又曰性雖虛都是實理心雖是一物却虛又曰心以性為體如將性作餡子然又曰在心曰性在物曰理僩○天地以生物為心譬之以甑蒸飯從下蒸上到上復下衮然在中即蒸得熟天地即是包得許多氣在此無出處別無作為只知生物

而已亘古亘今生生不窮所謂爲心者如云天命豈是諄諄然命之所謂爲心亦豈是切切然做人物得此生物之心以爲心所以箇箇肖他人便是箇小胞天地便是箇大胞人首圓象天足方象地中間虛空包得許多氣自是惻隱不是爲見人我一理方有此惻隱而今便教單獨一人未見孺子入井亦自是有這惻隱夔孫○天地生人物須是和氣方生溫煖和煦人自和氣中生所以有不忍心

慈祥惻怛泳　○非惡其聲非惡其不救孺子之惡名也外卿　○方其乍見孺子入井時縱有許多私意要譽鄉黨之類亦未暇思量到義剛　○見孺子入井惻隱之心如何已得世間事若出於人力安排底便已得若已不得底便是自然底祖道　○腔子是此身內虛處榦　○問滿腔子是惻隱之心曰此身軀殼謂之腔子此洛中俗語也而今人滿身知痛處可見銖　○四端未是盡所以只爲之端然

四端八箇字每字是一意如惻是方惻然有此念起隱是惻然之後隱痛比惻為深但仁是總名若說仁義便如陰陽若說四端便如四時若分四端八字便如八節又曰天地只是一氣便自分陰陽緣有陰陽二氣相感化生萬物故事物未嘗無對天便對地生便對死語默動靜皆然以其種如此故也 明作○

性是太極渾然之體本不可以名字言但其中含具萬理而綱理之大者有四故命之曰仁

仁義禮智孔門未嘗備言至孟子而始備言之蓋孔子時性善之理素明雖不詳著其條而說自具至孟子時異端蠭起往往以性爲不善孟子懼是理之不明而思有以明之苟但曰渾然全體則恐其如無星之秤無寸之尺終不足以曉天下於是別而言之界爲四破而四端之說於是而立蓋四端之未發也性雖寂然不動而其中自有條理自有間架不是儱侗都無一物所以外邊才感中間便

應如赤子入井之事感則仁之理便應而惻
隱之心於是乎形如過廟過朝之事感則禮
之理便應而而恭敬之心是乎形蓋由其中
間衆理渾具各各分明故外邊所遇隨感而
應所以四端之發各有面貌之不同是以孟
子析而爲四以示學者使知渾然全體之中
而粲然有條若此則性之善可知矣然四體
之未發也所謂渾然全體無聲臭之可言無
形象之可見何以知其粲然有條如此蓋是

理之可驗乃依然就他發處驗得凡物必有本根性之理雖無形而端緒之發最可驗故由其惻隱所以必知其有仁由其羞惡所以必知其有義使其本無是理於内則何以有是端於外惟其有是端於外所以必知有是理於内而不誣也孟子言乃若其情則可以為善矣乃所謂善也是則孟子之言性善蓋亦遡其情而逆知之亦仁義禮智既知得界限分曉又須知四者之中仁義是箇對立底

關鍵盖仁仁也禮則仁之著義義也而智則義之藏猶春夏秋冬雖爲四時然春夏皆陽之屬也秋冬皆陰之屬也故曰立天之道曰陰與陽立地之道曰柔與剛立人之道曰仁與義是知天地之道不兩則不能以立故端雖有四而立之者則兩耳仁義雖對立而成兩然仁實貫通乎四者之中盖偏言則一事專言則包四者故仁者仁之本體禮者仁之節文義者仁之斷制智者仁之分別猶春夏

秋冬雖不同而同出乎春春則春之生也夏
則春之長也秋則春之成也冬則春之藏也
自四而兩自兩而一則統之有宗會之有元
矣故曰五行一陰陽陰陽一太極是天地之
理固然也仁包四端而智居四端之末者蓋
冬者藏也所以始萬物而終萬物者也智有
藏之義焉有終始之義焉則惻隱羞惡恭敬
是三者皆有可為之事而智則無事可為但
分別其為是為非耳是以謂之藏也又三者

皆是一面底道理而是非則有兩面别其所是又别其所非是終始萬物之象故仁爲四端之首智則能成始能成終猶之元雖四德之長然元不生於元而生於貞蓋天地之化不翕聚則不能發散理固然也仁智交際之間乃萬化之機軸此理循環不窮脗合無間程子所謂動静無端陰陽無始者此也 植 ○

陰陽只是一氣陽是方長者陰是方消者仁義亦然如人呼吸呼而入則熱吸而入則寒

明作○問仁義禮智立名有意義否曰言仁便有慈愛底意思言義便有剛果底意思亦不可謂無意義節○人之五臟固不曾有先後但其灌注時自有次序又曰如釀酒然仁是酒微發帶些温氣時到發到極熱時便是禮到得熟時便是義到成酒後却只與水一般便是智道夫○擴是自此推將去充則填得来滿了又曰擴是脹開充是放滿又曰上句是方知去充下句是真能恁地充淳○人

但言孟子有闢楊墨之功殊不知其就人心
上發明大功如此使此說着行楊墨亦不攻
而自退四端着常體認得所謂活潑潑地真
箇是活潑潑地　賀孫

九章　伯夷非其君不事

或問卒章程張諸說皆以為隘與不恭非夷
惠之過乃其流之弊耳子之說不然何也曰
諸先生之意則厚矣然以孟子之言考之則
恐其意未必果然也○伯夷自有隘處柳下

惠自有不恭處且如雖袒裼裸裎於我側分明是玩世不將人做人看去偽○不隱賢謂不隱蔽其賢如己當黜却以利自汙己當勇却以怯自處之類是枉道也與下文必以其道兩句相承只作一意讀文勢然也人傑

四書集義精要卷二十七

元至順本四書集義精要

第四册

元 劉因撰

元至順元年江浙行省刻本

山東人民出版社·濟南

四書集義精要卷二十八

孟子三

公孫丑下

首章

孤虛以方位言如俗言向其方利其方不利之類王相指日時僴

二章 孟子將朝王

問將朝而止豈以齊王不當託疾乎曰未說不當託疾觀孟子之意但言其不當來召耳

召之則有自尊之意故不往見也僩　孟子之時時君重士為士者不得不自重故必待人君致敬盡禮而後見自是當時做得箇規模如此定了如史記中列國之君擁篲先驅之類卻非當時輕士而孟子有意於矯世以自高也同上

七章孟子自齊葬於魯

或問不以天下儉其親如子之說其有稽乎曰王氏中說記太原府君之門曰一布衣二

十年不易曰無爲貴天下也文意正與此同

十一章 孟子去齊宿於晝

或問泄柳申詳無人乎穆公之側則不能安其身二子之賢其心果如是乎曰非謂二子之心爲然也語其勢則然耳若二子之心如此則與世之田面汙行而事君側便嬖之人者何以異乎

十二章 孟子去齊尹士語人曰

或問十二章之說曰楊氏嘗夢人問王由足

用為善何以見語之曰云云今集註之說是也其說有味且其發於夢寐者如此益可見其所存之正矣○問所引李氏說未知何如曰孟子與荷蕢皆是憂則違之但荷蕢果於去不若孟子之遲遲吾行蓋得時行道者聖人之本心不遇而去者聖人之不得已此與孔子去魯之心同蓋聖賢憂世濟時之誠心非若荷蕢之果於去也時舉

十三章孟子去齊充虞路問曰

或問孟子既曰憂天下之憂矣又曰何爲不豫何也曰或問文中子曰聖人有憂乎曰天下皆憂吾獨得不憂聖人有疑乎曰天下皆疑吾獨得不疑或人退文中子曰樂天知命吾何憂窮理盡性吾何疑若孟子不忘天下之憂而亦不害其樂天知命之樂其幾是乎

十四章 孟子去齊居休

或問張子此章之說有曰古之人亦有仕而不受祿者仕者未嘗遽受其祿以觀可否在

上者亦不欲便臣使之爲道爲禄此所以同
出而異致其説何如曰禮有之曰仕而未有
禄者君有饋焉曰獻使焉曰寡君違而君薨
弗爲服也張子之言蓋取此云耳

滕文公上

首章

或問孟子道性善而言必稱堯舜者何也曰
性善者以理言之稱堯舜者質其事以實之
所以互相發也其言蓋曰知性善則有以知

聖人之必可爲矣知聖人之可爲則其於性善也信之益篤而守之益固矣曰夫子之言性與天道子貢猶有不得而聞者而孟子之言性善乃以語夫未嘗學問之人得無陵節之甚耶曰性命之理若究其所以然而論之則誠有不易言者若其大體之已然則學者固不可以不知也蓋必知此然後知天理人欲有賓主之分趣善從惡有順逆之殊董子所謂明於天性知自貴於物然後能知仁義

知仁義然後重禮節重禮節然後安處善安處善然後樂循理程子所謂知性善以忠信為本此先立其大者皆謂此也曰世子疑孟子之言而孟子不之拒何也曰孟子之言非當時之所常聞者故聞者非徒不之信也而亦莫之疑也是其漠然如飄風之過耳亦不可復冀其思繹而信從矣世子復來則豈其思之未得而不舍於心與故孟子之言雖若怪之實則喜其能思而將有以進乎此也曰

胡文定公父子之學謂孟子之言性善非與惡對之善也特賛美之辭耳信乎曰此亦異乎吾所聞矣夫孟子性善之論至矣而荀楊韓氏或以為惡或以為混或以為有三品最後釋氏者出然後復有無善無惡之論焉儒者雖習聞孟子之說然未知性之所以為性於是悅於彼說之高而反羞吾說為不及則牽孟子之說以附焉而造為是說以文之蓋推性於善惡之前而置孟子於異同之外自

以為得性之真而有功於孟氏之門矣而不知其實陷於釋氏之餘直以精神魂魄至粗之質而論仁義禮智至微之理也且又不究秉彝之實德而指為贊美之空言不察至善之本然而別立無對之虛位推而言之至以天理人欲為同體特因其發之中節與否而後有善惡之名焉則亦勞力費辭而無復彷彿孟子之遺意矣惜乎吾不得從事於其門以質其說庶乎其有相長之益也○胡氏資

義之說其源出自龜山 賀孫 ○須常自問云人之性善而已之性卻不見其善人皆可以為聖人而已之身即未見其所以為聖人者何故常常自問知所愧恥則勇猛奮發而志立矣 璘

二章 滕定公薨

或問二章之說曰孟子生於戰國紛爭之際不得見先王之全經矣然其學得孔氏之正傳而於文武之道則既識其大者故其攷論

制度雖若疏闊而於大本大經之際則豪釐之間有不可得而亂者以是為主而酌乎人情世變以文之則禮雖先王未之有者亦可以義起矣後世議禮者不明乎此故常以其節文度數之小不備而不敢為卒以就夫大不備而後已此劉向所以深嘆之也然無孟子之學而强欲為之如叔孫通曹褒之流是又不免乎私意之鑿而已矣○古宗法如周公兄弟之為諸侯者則皆以魯國為宗故至

戰國時滕猶稱魯為宗國也廣

三章　滕文公問為國

或問所言井地之法以周禮諸說攷之亦有未悉合者何也曰吾於前章固已論之矣大抵孟子之言雖曰推本三代之遺制然常舉其大而不必盡於其細也師其意而不必泥於其文也蓋其疏通簡易自成一家乃經綸之活法而豈拘儒曲士牽制文義者之所能知哉曰三代授田之多少不同陳氏徐氏有

說焉陳氏曰夏時洪水方平可耕之地少至商而浸廣及周而大備也徐氏曰古者民質用約故田少而用足後世彌文而用廣故授田之際亦隨時而加焉此其為說如何曰然皆若有可疑者蓋田制既定則其溝涂畛域亦必有一定而不可易者今以易代更制每有增加則其勞民動衆廢壞已成之業使民不得服先疇田畝其煩擾亦已甚矣不知孟子之言其所以若此者果何耶而張子又別

爲一說謂夏殷周因其所興之國以立法蓋夏后氏以五十里而王殷以七十里而王周以百里而王則又未知其說之必然否也曰貢法大禹之遺制而其不善若此何也曰蘇氏林氏嘗言之矣作法必始於粗終於精古之不爲此非不智也勢未及也方其未有貢也以貢爲善矣及其既貢而後知其有不善也此蘇氏說也禹貢之法九州之賦有錯出於他等者不以爲歲之常數又因遊豫則視

其豐凶而補助之周制鄉遂用貢法亦有同稼之官巡野觀稼視年之上下以出斂法則其弊未至如龍子之言乃當時諸侯用貢之弊耳此林氏説也曰先王之學教民其效如此後世學校固未甞廢而獨未覩其效何耶曰先王之學以明人倫爲本故自其詠歌猗誦之間洒掃應對之際所以漸磨誘掖勸勵作成之者無非有以養其愛親敬長之心而教之以修己治人之術是以當是之時百姓

親睦風俗淳厚而聖賢出焉後世學校雖存而不復此意所以教之者不過趨時干祿之技而其所以勸勉程督之者又適所以作其躁競無恥之心雖有長材美質可與入於聖賢之域者亦往往反為俗學頹風驅誘破壞而不得有所成就尚何望其能致化民成俗之效如先王之時哉先王君子蓋有憂之故程夫子兄弟皆嘗建言欲以漸變流俗之繆而復於先王之意顧皆屈於俗儒之陋説而

不得有所施行也後之君子有能深攷其說而申明之其亦庶幾矣乎○問周制都鄙用助法八家同井鄉遂用貢法十夫有溝鄉遂所以不爲井者何故曰都鄙以四起數五六家始出一人故甸出甲士三人步卒七十二人鄉遂以五起數家出一人爲兵以守衛王畿役次必簡故周禮惟挽匶則用之此役之最輕者近郊之民王之内地也共輦之事職無虚月近胥之比無時無之其受廛爲民者

固與畿外之民異也七尺之征六十之舍王
非姑息於迩民也遠郊之民王之外地也其
溝洫之治各有司存野役之起不及其羡其
受廛爲氓者固與内地之民異也六尺之征
六十五之舍王非荼毒於遐民也圜廛二十
而一若輕於近郊也而草木之毓夫家之聚
不可以擾擾則不能以寧居是故二十而稅
一漆林二十而五若重於遠郊也而器用之
末作商賈以資利不可以爲則必至於忘本

是故二十而五鑿近郊遠郊勞逸不同○問耕則通力而作收則計畝而分何以考之也曰此亦不可詳知但因洛陽議論中道徹而耕之說張子説也推之耳或但耕則通力而耕收則各得畝亦未可知也荅吳伯豐○問士於農隙而學孰與教之曰卿大夫有德行而致其仕者俾教之德明○孟子只把雨我公田證周亦有公田讀書亦不必須究盡細微因論永嘉之學於制度名物上致詳故有此語

四章　有爲神農之言者

或問許行爲神農之言而有君民並耕市不二賈之説何耶曰程子之言盡矣然以易考之二者皆神農之所爲也當時民淳事簡容或有如許行之説者及乎世變風移至於唐虞之際則雖神農復生亦當隨時以立政而不容固守其舊矣況許行之安乃欲以是而行於戰國之時乎○問許行之説如此鄙陋

當時亦有數十人從之何也曰不特此尔如莊子所言惠施鄧析之徒與夫堅白異同之論歷舉其說是何等問學然亦自名家廣○有憂之有讀爲又古字通用當補之

五章　墨者夷之

或問夷之請見者再而孟子不許何也曰孟子雖以闢邪說爲己任然不過講明其說傳之當世使聞者有以發寤於心而自得之耳固不輕接其人交口競辯以屈吾道之尊也

譬如蠻夷冠賊之害聖人固欲去之然豈肯被甲執兵而親與之角哉曰天之生物使之一本而夷子二本何也曰天之生物有血氣者本於父毋無血氣者本於根荄皆出於一而無二者也惟其本出於一故其愛亦主於一焉蓋一體而分血氣連屬眷恋之情自不能已固非他人之可比也自是之外則因其分之親疎遠近而所以為愛者有差焉此儒者之道所以親親仁民以至於愛物而無不

各得其所也今夷之乃謂愛無差等則是不知此身之所從出而視其父母無以異於路人也雖其施之先後稍不悖於正理然於親而謂之施焉則亦不知愛之所由立矣而說者乃或謂其施由親始之言暗合於吾儒之一本者愚竊以為差之毫釐繆以千里為是說者亦自不知一本之所以為一本矣又有以愛有差等為一本者雖無大失而於文義有所未盡蓋謂其一本故愛有差等則可真

以愛有差等爲一本則不可也曰夷子之學於墨矣而必推其說以求合於儒者何也曰天下之理其本有正而無邪其始有順而無逆故天下之勢正而順者常重而無待於外邪而逆者常輕而不得不資諸人此理勢之必然也且胡不以近世之佛學觀之乎夫吾所以拒彼者至矣而彼未嘗不求自附於吾儒也雖其陰離陽合有不可信要不如是則吾知其反側而無以自安也其理之悖說之

窮於此亦可槩見惜乎世無孟子無能因其所明以誘之者是以卒於漂蕩而不反也○問二本曰事他人之親如己之親則是兩箇一樣重了如一木有兩根也 壽○人只是一父母所生如木只是一根株若愛無差等便是二本何止二本盖千萬本也 德明○夷之所以卒能感動而自知其非盖因孟子極言非為人泚之心有以切中其病耳此是緊要處當着眼目也 荅張敬之○命之矣之字作

夷字名看方成句法 至

四書集義精要卷二十八

四書集義精要卷二十九

孟子四

滕文公下

首章

貫字音慣當補之荅歐陽希遜○某常語此間朋友孟子一生忍窮受餓費盡心力只破得枉尺直尋四字今日諸賢苦心勞力費盡言語只成就枉尺直尋四字不知諸訛在何處無告訴處只得仰屋浩歎也荅呂子約○

李先生說不忘二字是活句須向這裏參取愚謂若果識得此意辦得此心則無入而不自得而彼之權勢威力亦皆無所施矣 答廖子晦

二章 景春曰

或問大丈夫之說其詳可得聞乎曰廓然大公心不狹隘則所居者真天下之廣居矣履繩蹈矩身不苟安則所立者必天下之正位矣秉彝循理事不苟從則所行者皆天下之

大道矣得志與民由之則出而推此於人也不得志獨行其道則退而樂此於己也如是則富貴豈能誘而淫其心貧賤豈能撓而移其志威武豈能脅而屈其節哉此其下視儀衍之以睢盱側媚得志於一時真可謂妾婦之為而所謂大丈夫者其不在彼而在此也決矣○居者心之所存廣居無私意也纔有私意則一分為二二分為四四分為八只見分小著立者身之所處正位者當為此官則

為此官當在此則在此行者事之所由大道者非偏旁之逕荊棘之塲人生只此三事節

○今日讀答景春章直是痛快三復令人胷中浩然如濯江漢而暴秋陽也　答蔡季通

三章　周霄問曰

近者程沙隨深詆王蠋忠臣不事二君之言切疑其言之失將啓萬世不忠之弊夫出疆載質乃士之不得已曾謂以是為常耶楚漢之間陳平猶得多心之誚況平世乎

五章宋小國也

或問湯為童子復讐而四海之内皆知其非富天下何也曰聖人之心廓然大公表裏洞達故一有所為則天下信之如雨暘寒暑之無不感而無不通也然書所謂葛伯仇餉者非孟子之言則人孰知其曲折之如此哉陽貨歸豚事亦類此

九章外人皆稱夫子好辯

或問孟子之欲息邪説距詖行放淫辭而必

以正人心為先者何也曰此此探本之言也以聖道之不明是以人心不正而邪說得以乘間入之也曰然則亦明聖道以正人心而已矣又何必為此之紛紛而涉於好辯之嫌乎曰邪說既入則人心益以不正聖道益以不明矣此又其末之不可不理者也故孟子之道性善稱堯舜必使天下曉然知仁義之所在者此其所以正人心而為息邪詖之本也排為我斥兼愛必使天下曉然知邪詖之

不可由者此其所以息邪距詖而為正人心之用也蓋其體用不偏首尾相應如此然後足以撥亂世而反之正此其所以雖得其本而不免於多言也然豈其心之所好哉亦畏天命悲人窮故不得已而然耳昔湯伐桀而誓其衆曰予畏上帝不敢不正武王伐紂而誓其衆曰予弗順天厥罪惟鈞夫豈好戰也哉孟子之心亦若此而已矣豈得以好辯之小嫌而遂輟不言哉○此章最好看見諸聖

賢遭時之變各行其道是這般時節其所以正救之者是這般樣子這見得聖賢是甚麼樣大力量恰似天地有闕罅處得聖賢出來補教周全補得周全後稍久又不免有闕又得聖賢出來補這見得聖賢直有闔闢乾坤之功 賀孫

○問率獸食人亦深探其弊而極言之非真有此事也曰不然如東晉如梁武如近世之王介甫其終必至於大亂而後已 僩

○問墨氏兼愛疑於仁此易見楊氏為我

何以疑於義曰楊朱是老氏之學但逍遥物外保嗇神氣僅足其身不屑世務而其界限齊整不相侵越微似義耳同上

十章　陳仲子

或問司馬公曰仲子以兄之禄爲不義之禄蓋爲不以其道事君而得之也以兄之室爲不義之室蓋謂其不以其道取於人而成之也君子之責人當探其情仲子之避兄離母豈所顛耶若仲子者誠非中行亦猶者有所

不為也孟子過之何其甚與其說奈何曰仲子齊之世家則其祿與室非其兄不義而得之矣設其果以不義得之而非有悖逆作亂之大故則夫母子兄弟之間豈可以是而遂滅天性之恩哉飾小行以妨大倫是乃欺世亂俗之尤先王之所必誅而不以聽者也所謂狷者則亦言行之間小過乎中而已夫豈出於倫理之外若是其甚哉

離婁上

首章

或問孟子告齊宣王曰是心足以王矣則仁心者固王政之本也今曰有仁心仁聞而不能行先王之道則是所謂仁心者初不足恃而所謂先王之道者又在此心之外也曰是心足以王者言有是心而能擴充之以行先王之道如其篇末所論制民之產云者則可以王耳非謂專恃此心而直可以王也先王之道固亦由是心而推之以為法耳但其盡

心知性而無私意小知之累故其為法也盡天理合人心雖聖人復起而有所不能易者後之人君當因吾心而擴之以盡夫法制之善而充吾心之固有者非謂心外有法而俟於他求也後人雖有是心然或未能無私意小知之累苟不循是而之焉則雖有仁心仁聞而未免於循私安作之失譬之蔑弃規矩而欲以手制方員其器之不至於苦窳也幾希矣曰所謂陳善閉邪者柰何曰君有邪心

所當閑也然不知所以用之之道而逆閑之則動有矯拂之患其言不可得而入矣故必為之閑陳善道使之脫然知善道之所在則所謂邪者亦不難乎閑之矣孟子與時君論事多類此其自謂敬王者豈虛語哉○恭意思較濶大是就人君分上理會敬意思較細密是在己當如此做恭是尊君之辭把他做箇大底人看如以堯舜望之不敢以中才常主期之非尊而何陳善閑邪謂之敬此是尊

君中細密工夫也不特事君為然為學之道
亦如此大立志向而細密著工夫　淳

二章　規矩方員之至也

或問二章之說曰程子有言道二仁與不仁
而已自然理如此道無無對有陰則有陽有
善則有惡有是則有非無一亦無二故易曰
三人行則損一人一人行則得其友只是二
也此雖非正為孟子之言而發然其所言亦
可深味與所謂性善無對之云者異矣予嘗

與人論此而問之曰碁局之中一路者孰爲對乎其人曰是所以對夫三百六十路者云耳其言深有會於予意知此則程子之意可以推之而無窮矣

四章 愛人不親反其仁

聖賢說話是趲上去更無退後來如愛人不親反其仁之類是也今人愛人不親更不反求諸己教你不親也休 賀孫

七章 天下有道

問小役大弱役强亦曰天何也曰到那時不得不然亦是理當如此 淳

十章 自暴者不可與有言也

或問十章之說曰曠其安宅則必放辟邪侈而安其所不可安之居矣舍其正路則必行險僥倖而由其所不可由之塗矣安宅正路人皆有之而自暴自弃以至於此是可哀也

○自暴者强即剛惡之所為自弃者弱即柔惡之所為 卓

十二章 居下位而不獲乎上

或問十二章之說曰獲上信友悅親誠身皆以有道言之則蓋有不由其道以求之者矣若諛說苟容以求獲乎上便佞詭隨以求信乎友阿意曲從以求悅乎親冥行助長而求誠其身者皆是也孟子之言固已開其所入之塗矣而其支徑別歧亦不可以弗之表也

十九章 事孰為大

或問十九章之說曰程子曰王介甫說魯用

天子禮樂云周公有人臣所不能爲之功故得用人臣所不得用之禮樂妄也人臣豈有不能爲之功業哉臣子身上豈有過分事哉借使功業有大於周公亦是人臣所當爲爾人臣而不當爲其誰爲之豈不見孟子言事親若曾子可也曾子之孝亦大矣孟子纔言可也蓋曰子之事父其孝雖過於曾子畢竟是以父母之身做出來豈是分外事若曾子者僅可以免責爾臣之於君猶子之於父也

臣之能立功業者以君之人民也以君之勢位也假如功業大於周公亦是以君之人民勢位做出来而謂人臣所不能為可乎使人臣恃功而懷怏怏之心者必此言矣其言至矣先儒所不及也

二十章　人不足與適也

人不足與適也政不足與閒也惟大人為能格君心之非三句當作一句讀其脊説此處與言不必信行不必果惟義所在無適也無

莫也義之與比皆須急忙連下句讀若偶然脫去下句豈不害事方子○大人格君心之非此謂精神意氣自有感格處然亦須有箇開導底道理不但默默而已程子解遇主于巷所謂至誠而感動之盡力以扶持之明義理以致其知杜蔽惑以誠其意正此意也曰設遇暗君將如何而格之曰要之有此理在人者不可必可學○格如今人言合格之格人傑

二十七章仁之實

或問實之為精實何也曰是有數義有以實對虛而言者有以實對僞而言者有以實對華而言者此所謂實則以對華而為言爾曰何也曰以實對虛而言者曰仁義理也孝弟事也理虛而事實此孝弟所以為仁義之實也然以事為實何矣謂理為虛則理豈虛而無物之謂乎以實對僞而言者曰莫非仁義也惟孝弟發於人心之不僞此孝弟所以為

仁義之實也然謂孝弟為不僞可矣謂凡惻隱羞惡之發皆人之所僞為可乎惟以實對華而言則以為凡仁義之見於日用者惟此為本根精實之所在必先立乎此而後其先華枝葉有以發見於事業之間此説為得之耳○親親仁民愛物無非仁也但愛親乃是切近而真實者是仁最先發處至仁民愛物乃遠而大了義之實亦然 夔孫 ○張無垢曰當其事親之時有以見其温然如春之意便

是仁當其從兄之時有以見其肅然如秋之意便是義愚謂古人固有習而不察由而不知者今乃是略略然習而由却加意去察而知也李先生以為然道夫○此章要緊在五箇實字上泳

二十八章天下大悅而將歸己

承順顏色不問是非一向不逆其志是得親之心然猶是淺事惟順乎親則親之心皆順乎理必如此而後可以為子賀孫

四書集義精要卷二十九

四書集義精要卷三十

孟子五

離婁下

首章

或問此以為舜卒鳴條則湯與桀戰之地也而竹書有南巡不反禮記有葬於蒼梧之說何耶曰孟子之言必有所據二書駁雜恐難盡信然無他考驗則亦論而闕之可也○我思古人實獲我心言古人所為適與我相合

只此便是至善前乎千百世之已往後乎千百世之未來只是此箇道理孟子所謂得志行乎中國若合符節政謂此爾僩○古人符節多以玉爲之如牙璋以起軍旅周禮又有竹符英蕩符漢有銅虎符竹使符凡符節右留君所左以與其人有故則君以其右合其左以爲信也曲禮曰獻田地者執右契右者取物之券也如發兵取物徵召皆以右取之也卓

二章 子產聽鄭國之政

或問孔子以子產之惠為君子之道而子以私恩小利言何也曰孔子之言通乎臣細故不害其為君子之道此承上文乘輿濟人而言則私恩小利而已矣曰子產相鄭能使都鄙有章上下有服田有封洫廬井有伍則非不知為政者橋梁之備尤非難事乃獨有闕於此何耶曰聞之師曰子產之才之學於先王之政雖有所未盡然其於橋梁之備蓋

有餘力而其惠之及人亦有大於乘輿之濟者矣意者此時偶有故而未就又不忍乎冬涉之艱而為是耳然暴其小惠以悅於人人亦悅而稱之孟子慮夫後之為政者或又悅而效之則其流必將有廢公道以市私恩違正理而干虛譽者故極語而深譏之以警其其微亦拔本塞源之意也此說最為得之

九章　言人之不善

或問所謂後患者謂得罪於其人耶抑恐其

亦言己之不善耶曰是皆有之

十章　仲尼不為已甚者

或問十章之說曰楊氏所謂本分者乃義理之至當非苟然而已也學者於此宜深察之一有小差則流而入於鄉原之亂德矣○本分之外不加毫末如人合喫八棒只打八棒不可說此人可惡更添一棒稱人之善不可有心於溢美稱人之惡不可溢惡皆不為已甚之事也　僩

十一章　言不必信

或問十一章之說曰尹氏所謂信果在其中者亦言外之餘意也

十二章　大人者不失其赤子之心者也

大人之心無所不知無所不能赤子之心全無所知全無所能這兩箇相拗在這裏但是大人之所以為大人者却緣他存得那赤子之心而今不可將大人之心只作通達萬變赤子只作純一無偽蓋大人之心通達萬變

而純一無僞赤子之心未有所知而純一無僞著箇不失字便是不同處夔孫○赤子之心不可盡謂已發亦有未發處方其未發時亦與老穉賢愚一同但其已發時未有私欲故未遠乎中耳銖

十四章　君子深造之以道

或問君子深造之以道欲其自得之何也曰學是理則必是理之得於身也不得於身則口耳焉而已矣然又不可以強探而力取也

必其深造以道然後有以默識心通而自然得之也蓋造道之不深者用力於皮膚之外而責效於日用之間不以其道者從事於虛弃之功而妄意於言意之表是皆不足以致夫默識心通之妙而自得之必也多致其力而不急其功必務其方而不躐其等則雖不期於必得而其自然得之將有不可禦者矣若程子所謂潛心積慮優游涵養皆其所以造之之道而君子之所以自得者其所謂開

淺近事莫非義理伊川曰造道深後聞常人語言至淺近事莫非義理有安排布置者皆非自得便須放開明道曰既得後便須放開不然却只是守不靠書冊伊川曰解義一向靠書冊何由得居之安資之深不惟自失兼亦誤人之類則又著夫自得之驗而欲學者有以審之也其曰放開亦非惡其拘而故放使開也曰自得之則居之安何也曰未得之則固無可居之地得而不出於自然則雖有

可居而不安惟自得之則理之在我者吾皆得以居之如人有室廬之安動作起居種種便適自眷戀而不去也曰居之安則資之深何也曰未得其所居則無所藉以為用居而未安則其所藉以為用者淺迫而易窮惟居之安則理之在我者吾皆得藉以為用而無窮如富人蓄積之多金珠穀帛無求不獲見其出而不見其盡也曰資之深則取之左右逢其原何也曰無所資者固無本之可求資

之淺者取之艱難而或值或不值也惟資之
深者不待遠求而所取無不得如既取諸其
身之左而值其所資之本又取諸其身之右
而復值其所資之本以水譬之苟其源之盛
則滔滔汩汩不舍晝夜或泝或沿無不值其
來處此君子所以欲其自得之也○深造之
以道方始欲其自得觀其欲字不是深造以
道便解自得 夔孫○之以二字尋常多作助
語打過要之緊切 謨○資如萬物資始之資

資之深謂所資藉者深言深得其力也去僞

十五章博學而詳說之

或問謝氏曰由博以知約猶知四方而識中央也何也曰謝氏之意蓋曰不極乎四旁之所至則不足以識中央之所在故必由四旁而識中央如因博以求約也此其意亦善矣然四旁中央終成兩處不若以通貫言之之爲密也曰楊雄所謂多聞守之以約與孟子之言同乎曰所謂博約由孟子之言則博者

所以極夫理之散殊約則舉是散殊之理而一貫之耳是以既愽學之又詳說之而卒有以會於約蓋所謂愽且詳者固未嘗出於約之外而所謂約於其愽且詳者又未嘗有所遺也由楊子之言則所謂約者乃愽中之一物方其愽也固不知此物之為約而茫然泛然雜取乎其外及其約也則又守此一物而於所謂愽者之中僅乃處其千萬之一焉是亦何足以為約而守之乎○通貫處便是約

非通貫了又去裏面尋箇約程子説積累多
後自然脱然有貫通處積累便是博貫通處
便是約　僩

十六章　以善服人者

以善服人者惟恐人之進於善也如張華之
對晉武帝恐吴人更立令主則江南不可取
之類是也以善養人者惟恐人之不入於善
也若湯之事葛遺之牛羊使人往爲之耕之
類是也　答張敬之

十八章　仲尼亟稱於水

或問十八章之說曰集註備矣仲尼嘆水之旨吾於論語亦嘗言之取而參焉可也

二十章　禹惡旨酒而好善言

或問以而爲如亦有據乎曰詩曰垂帶而厲鄭箋曰而亦如也此以而爲如也春秋星隕如雨左氏曰與雨偕也此以如爲而也他如此類不可殫舉故陸氏釋文序論音讀之訛曰而如靡異則其混讀而互用之久矣曰是

則然矣然其曰求道之切者恐非所以言聖
人之心也柰何曰為是說者正以其德為聖
人而心不自足如此是乃所以深明聖人之
心也且子胡不以視民如傷者例而觀之乎
夫文王之民固已無凍餒者矣而視之猶若
有傷則其於道雖已與之為一亦何害其望
之如未見哉若夫博施濟衆堯舜猶以為病
而君子之道夫子自謂未能其心亦若此而
已矣如果聖人也而其心侈然每以聖人自

居焉則亦豈所以為聖哉古今為説迂回贅
附失其文字之本意而於聖人之心又不能
有所發明由不察乎此而已然則文字音讀
之學豈可忽哉讀者細考乎此而盡心以求
之則庶乎其無所疑也曰或者有謂武王之
不泄迩不忘遠非仁也勢不得不然也信乎
曰此以世俗計較利害之私心窺度聖人者
之言也聖人之心所以異於衆人者以其大
公至正周流貫徹無所偏倚雖以天下之大

萬物之多而視之無異於一身爾是以其於人之苛癢疾痛無有不知而所以撫摩而抑搔之者無有不及此武王之不泄邇不忘遠所以為德之盛而仁之至也今曰迫於勢而非仁則不知其視聖人之心為如何而指所謂仁者為何物哉蓋其學本出於權謨機變之巧故凡其形於心術之間者莫非計較利害之私因以己心窺則聖人而不自知其非也世之學者始則以其文字之美而悅之及

其誦習之久而益嗜其腴則雖端人良士亦且與之俱化而不自覺其心術之移矣可不戒哉吾爲此論久矣近讀陳魯公集有論此者適與鄙意合是固德人之言也夫○不顯亦臨無射亦保是文王望道如未見之事荅吳伯豐○讀此一章使人心惕然而常存也道夫

二十一章 王者之迹熄

緊要在王者之迹熄一句盖王者之政存則

禮樂征伐自天子出故雅之詩自作於上以教天下王迹滅熄則禮樂征伐不自天子出故雅之詩不復作於上而詩降而為國風是以孔子作春秋定天下之邪正為百王之大法也蕭○自二南進而為二雅如登山自二雅退而為王風則下坡矣文蔚

二十三章可以取

或問取者貪之屬不取者廉之屬猶與之為惠不與之為嗇死之為勇不死之為怯也今

以過取者為傷於廉則宜以不與為傷惠不死為傷勇矣而反以與為傷惠死為傷勇何哉曰過取之傷廉過於此而侵奪於彼者也過與之傷惠過死之傷勇過於此而反病乎此者也蓋奪乎彼者其失為易見而病乎此者其失於難知故孟子舉傷廉以例二者是亦孔子過猶不及之意耳○不取却是過厚而不與不死卻是過薄也慶譙

二十七章 公行子有子之喪

或問二十七章之說曰愚嘗聞之師曰陳司敗譏孔子爲有黨而孔子受之不辭右師以孟子爲簡己而孟子辨之如此其力聖賢地位固不同也使孟子聞右師之言而曰禮也足矣無已而曰朝廷不歷位而相與言不踰階而相揖則已微見圭角矣然猶可也而又必盡其辭焉此所以鋒芒發露而不及孔子之渾然也學者於此宜致察焉

二十八章 君子所以異於人者

或問楊氏以為孟子三自反不若顏子不校信乎曰自反所以自修學者之事也不校不見可校成德之事也其淺深之序信如楊氏之說矣然自反之說謹嚴精切正學者所當用力處若反之未至而遽欲自以不校為高則恐其無修省之功而陷於苟且頹惰之域也○此章存心與存其心養其性之存心不同只是處心 節

四書集義精要卷三十

四書集義精要卷第三十一

孟子六

萬章上

首章

盡性之云蓋尹氏之說其義至精自古及今衆人都不能如此獨舜能如此是何故須就此剔抉看出來始得蓋聖人做出純是道理更無些子隔礙是他合下渾全都無欠闕衆人都是已虧損了須加修治之功　賀孫

二章　詩云娶妻如之何

或問二章之說曰程子所謂天理人情於是為至者極為精切學者所宜反復而深思未易草草領略也曰它說如何曰此事要切在兄弟天性處而舜之所以然者但其兄弟之愛發於自然不以殺己而有變耳凡雜以它意者皆非所以語舜之心也○聖人一身渾然天理故極天下之至樂不足以動其事親之心極天下之至苦不足以害其事親之心

一心所慕惟知有親其餘不論何事皆是至輕施於兄弟亦然但知我是兄當友愛其弟更不問如何且如完廩浚井雖平日極知當孝其親者到父母以此施於己此心亦喫不過定是動了若常人被弟激惱則未免愛弟之心減少而舜則明知象之將殺己而自我觀之則吾弟耳許多不好景象都自不見但有愛弟之心常存這道理非獨舜有之人人皆有之非獨舜能爲人人皆能爲 賀孫 ○愚

聞之師曰兄弟之親天理人倫蓋有本然之愛矣雖有不令之人傲狠鬬鬩於其間而親愛之本心則有不可得而磨滅者惟聖人盡性故能全體此理雖遭橫逆之變幾殺其身而此心湛然不少搖動答何叔京○封之有庳富貴之也是仁之至使吏治其國而納其貢賦是義之盡後世如景帝之於梁王始則縱之太過不得謂之仁後又窘治之甚峻美又失之皆不足道力行

四章 咸丘蒙問曰

以意逆志此句最好逆是前去追迎之之意蓋是將自己意思去前面等候詩人之志来而今讀書都是去捉他不是逆志 燾

六章 人有言至於禹而德衰

或問舜禹避位之說或者疑之以為舜禹之為相攝行天子之事久矣至此而復徃避之有如天下歸之而朱均不順則將從天下而廢其君之子耶抑將奉其君之子而違天下

之心耶是皆事之至逆而由避有以致之也至益不度天命而受位矣避之而天下不從然後不敢為匹夫猶且恥之而謂益為之哉是其為説也奈何曰愚嘗聞之師曰聖人未嘗有取天下之心舜也禹也益也於其君之老也奉命以行其事而已未嘗攝其位也於其君之終也位冢宰揔百官以行方喪之禮而已未嘗繼其統也及夫三年之喪畢則當還政嗣君而告歸之時也於是去而避之亦

禮之常而事之宜耳然其避去也其心固惟
恐天下之不吾釋也舜禹蓋迫於天命人心
而不獲已者若益則求仁而得仁又何恥之
有哉論者之學不足以及此而狃於利害權
謀之習妄意以為聖賢之心亦若己之心而
已矣蓋以曹操不肯釋兵歸國之心而為舜
禹益謀則宜其以為不當去位而避朱均以
曹丕累表陳讓之心而為舜禹益謀則宜其
幸舜禹之得之而以益之不得為可恥也嗚

呼學者能反是心以求之則聖人之心庶乎其可見矣曰程子所論外丙仲壬之年商書固有成湯既沒太甲元年之文矣以邵子皇極之書考之亦然彼蓋以數推之其不誤矣曰書序之文本非正經未足據也且事之有理者可以驗其有迹者可以證如其不然而又無所繫於大義則亦論而闕之可也數之茫昧吾所未學又安能必其可信而隨人以信之耶且魏惠襄哀之年見於竹書明甚史

記蓋失其實邵子之書乃從史記而不取竹書又安在其能不誤耶○天如君命如命令性如職事條貫君命是人為此職其俸祿有厚薄歲月有遠近無非是命天之命人有命之以厚薄修短有命之以清濁偏正無非是命且如舜禹益相去久遠是命之在外者其子之賢不肖是命之在內者聖人窮理盡性以至於命至於命便是贊化育堯之子不肖他便不傳與子傳與舜本是箇不好底意思

却被他一轉轉得好文蔚

七章人有言伊尹以割烹要湯

或問楊氏以田夫野老之所日用固莫非堯舜之道然堯舜之所以為堯舜者其盛德大業之全體却非一端所能盡而伊尹之所樂亦豈其專在於此而已哉此蓋生於禪者之說

昔有人以此問其人如何是堯舜之道者其人荅曰江上一犁春雨傳者恱其新奇

高妙而不深考其實遂取以為說而張大之其亦誤矣且如其言則伊尹之耕於野其於堯舜之道固已親見之久矣又何必堯舜其君堯舜其民而後為親見之耶曰道義一物非其義則非其道矣一介不安取與則其大者亦可知矣而既曰非義又曰非道既曰一介又曰天下千駟何也曰道義云者兼體用而言也一介千駟極其多少而言也蓋人之氣質不同器識有異或務大而忽小或拘小

而遺大故必兼舉而極言之然後足以見其德之全耳夫豈贅於言哉○伊尹是兩截人方其耕野若將終身是一截人及三聘而起便以天下自任是一截人燾○覺後知覺後覺二覺字皆訓喚醒僩

八章或謂孔子於衛主癰疽

進以禮退以義三揖而進一辭而退也道夫

九章或曰百里奚自鬻於秦養牲者

或問九章之説曰范氏之説意甚正宜深味

之尹氏之説則切中時俗之弊矣

萬章下

首章

或問三子之偏如此而孟子以聖名之何也曰三子之聖因其氣質之偏而力行以造極卒至於不思不勉之地而表裏洞然無一毫人欲之私者雖謂之聖然於孔子則有不得而班者矣蓋以孟子之言考之則金玉備而巧力全者孔子也若顔子之博於文而約以

禮竭其才而不能及則金聲已備而玉有未
振巧足以中而力有未充者與故以所至論
之則顏子不若三子之成以所期言之則三
子不若顏子之大以學之序而論之則三子
皆失其所當先故行愈力而見愈偏而顏子
循序以進則其所至未可量也惜乎早死而
不及見其成耳然就三子而論之則伊尹之
學又密於夷惠矣○程子謂伊尹終有任底
意思在此處極難看且放那裏久之看道理

熟自見強説不得若謂伊尹有這些意思在爲非聖人之至則孔孟皇皇汲汲去齊去魯之梁之滕非無意者非所以異伊尹者何也

僩

條理脉絡如一把草從中縛之上截爲始條理下截爲終條理若上截少一莖則下截亦少一莖上截不少下截亦不少此之謂始終條理 同上 ○知是知得到聖是行得到 蓋

卿

金有洪有殺始震終細故於衆樂之作必以此聲之玉始終如一叩之其聲詘然而止

故於衆樂之終必以此振之僩○兒寬之云

金聲者考其條貫之是非玉振者斷而歸一

節

二章北宮錡問曰

或問孟子所論班爵封國之制皆與周禮不同何也曰是不可考矣蓋自孟子時已無明驗而周禮後出又有不可盡信者是以諸儒之說紛然而卒不能得其正也曰畿內受地之制其有稽乎曰周禮所謂公邑家邑小都

大都者是巳而王制亦有天子縣内諸侯之數但其多寡與周禮復不同耳曰陳氏以為王之子弟及公卿以下其官不少也皆受地如列國之君則千里之畿有所不容疑亦視此以為差降非必盡如之也此説如何曰以周禮考之其制亦與孟子不同然大都則方百里而小都亦五十里也但王制以為天子縣内諸侯禄之則國不繼世而食之亦無嫌於不容矣其據土以傳世者殆周禮之末失

與○君十卿祿祿者猶今之俸祿蓋君所自得為私用者至於貢賦賓客朝覲祭饗交聘往來又別有財儲為公用非所謂俸祿也　僴

三章　萬章曰敢問友

張子之說詞亦傷巧與孟子他文不類而所謂亦有獻子之家者其亦字亦未通蓋不可考矣姑從之

五章　孟子曰仕非為貧也

位卑而言高罪也前世固有草茅韋布之士

獻言者然皆有所因皆有次第未有無故忽然犯分而言者縱言之亦見聽徒取辱爾如史記說商鞅范雎之事彼雖小人然皆有序不肯妄發況君子之言乎嘗惜賈誼之才而不知進言之序宜乎絳灌之徒不悅而文帝謙讓未遑也如修破屋亦有先後緩急之序固無齊毀並修之理如韓信鄧禹諸葛孔明輩無不有一定之規模而為之有序故其所為皆卓然有成蓋有定力而能作事者也而

賈誼則胷次開然不能留一事於心中而盡欲迸出其中跳擲爆趠如御生駒所以言語無序而不能有所為也易曰艮其輔言有序悔亡聖人之意可見矣 僩

六章 士之不託諸侯何也

或問六章之說曰周禮王燕則以膳夫為獻主盖受爵於君前則降而再拜燕所以待群臣嘉賓也而使之有升降拜揖之勞是以犬馬畜之矣故以膳夫為獻主而王不自獻酬

爲是乃所以爲養君子之道而廩人繼粟庖人繼肉之義也此楊氏之説也其義精矣

七章 敢問不見諸侯何義也

義路禮門其中極有節目往役義也往見不義也周之則受賜之則不受之類義之節目也廩人繼粟庖人繼肉不以君命將之之類禮之節目也君子於細微曲折一一皆要合義所以易言精義入神以致用也義至於精則應事接物之間無一非義事雖千變萬化

在前而已之所以制之者如操利刃皆迎之
而解判為兩途孟子平日之所以得力者盖
在此也賀孫

四書集義精要卷第三十一

四書集義精要卷第三十二

孟子七

告子上

三章 生之謂性

或問子以告子論性數章皆本乎生之謂性之一言何也曰性之為說吾既詳言之矣告子不知理之為性乃即人之身而指其能知覺運動者以當之所謂生者是也始而見其但能知覺運動非教不成故有杞柳之譬既

屈於孟子之言而病其説之偏且惡也則又繼而為湍水之喻又以孟子為未喻己生之意也則又於此章極其立論之本意而索言之至孟子析之則其説又窮而終不悟其非也其以食色為言蓋猶生之云爾而公都子之所引又生之食色之意也以是考之凡告子之論性其不外乎生之一字明矣但前此未有深究其弊者往往隨其所向各為一説以與之辯而不察其所以失之之端獨在於

此是以其說雖多而訖無一定之論也曰然
則告子固指氣質而言與曰告子之所謂性
者固不離乎氣質然未嘗知其為氣質而亦
不知其有清濁賢否之分也曰張子曰學者
先須立人之性學所以學為人也其說何如
曰亦親切矣予嘗以此章之旨問於李先生
先生曰孟子之意只恐人昧於其性之善耳
此正張子之意也○生之謂氣生之理謂性
　閎祖○知覺正是氣之虛靈處與形器查滓

正作對也答林德久○近世佛氏說如何是佛見性成佛如何是性作用是性蓋謂目之視耳之聽手之捉執足之運奔皆性也釋氏云作用是性或問如何是作用曰在目曰見在耳曰聞在鼻嗅香在口談論在手執捉在足運奔徧現俱該法界收攝在一微塵識者知是佛性不識喚作精魂此形而下者也人與物同者也大雅○問中庸章句謂人物之生各得其所賦之理以爲健順五常之德或

問亦言人物雖有氣稟之異而理則未嘗不同孟子集註謂以氣言之則人與物初不異以理言之則仁義禮智之稟豈物之所得而全哉二說似不同豈氣既不齊則所賦之理亦隨以異與曰論萬物之一原則理同而氣異觀萬物之異體則氣猶相近而理絕不同也氣之異者粹駁之不齊理之異者偏全之或異　答黃商伯

四章食色性也

或問四章之說曰飲食男女固出於性然告子以生為性則以性為止於是矣因此又生仁內義外之說正與今日佛者之言以作用為性義理為障者相類然孟子不攻其食色之云者使彼知義之非外則性之不止於食色其有以察之矣○長者義乎長之者義乎此二語析告子最親切處僩

六章公都子曰告子曰

或問公都子問性而孟子以才與情告之何

也曰性之本體理而已矣情則性之動而有為才則性之具而能為者也性無形象聲臭之可形容也故以二者言之誠知二者之本善則性之為善必矣曰孟子初未嘗有氣質之說也孔子雖以性之相近而言然亦不明言其爲氣質也程張之說亦何所據而云乎曰孔子雖不言相近之為氣質然其於易大傳之言性則皆與相近之云者不類是固不無二者之分矣但聖人於此蓋罕言之而弟

子有不得而聞者故其傳者止是而無以互相發明耳孟子雖不言氣質之性然其告子生之謂性之辨則亦既微發其端矣但告子辭窮而無復問辨故亦不得盡其辭焉孟子既没學失其傳吾儒之言性者漫不省此而支離穿鑿之説滿天下學者方且迷惑眩瞀不知所定而為釋氏者又鼓其荒誕之説而乘之雖其高妙虛無若不可詰然覈其實則所謂蠢動含靈皆有佛性之説所謂作用是

性之說皆不過告子生與食色之餘論耳至於性之為理與其仁義禮智之蘊惻隱羞惡恭敬是非之發則反以為前程妄想而棄絶之及論智愚善惡之不齊則舉而歸之輪回宿習不可致詰之地舉世之人亦且崇信而歸依之無有異其說者及周子出始復推明太極陰陽五行之說以明人物之生其性則同而氣質之所從來其變化錯揉有如此之不齊者至於程子則又始明性之為理而與

張子皆有氣質之説然後性之爲善者無害
於氣質之有不善氣質之不善者終亦不能
亂性之必爲善也此其有功於聖門而惠於
後學也厚矣子尚安得以其無所據而爲疑
耶曰然則孔子之所罕言者孟子詳言之孟
子之所言而不盡者周程張子又詳言之若
是何耶曰道學不明異端競起時變事異不
得不然也曰程子嘗云佛亦言性本善然則
所以異於吾説者何也曰佛之所謂善空而

無物之謂也若吾之所謂善者則彼固以為
塵勞妄想而為不善之尤矣惜乎問者之不
及此而不足以盡敎程子之言也曰然則荀
楊韓氏之說孰為近耶曰是皆不知性之為
理而以氣為性者荀楊之失蓋不難見獨韓
子以仁義禮智信為言則固已優於二子而
近世諸儒亦未有及之者但亦不察乎其所
以不齊者為氣使之然是以其論有所闕而
不完耳○所以不能盡其才處只緣是氣禀

憑地寓○問集註云近世蘇氏胡氏之説盖如此蘇氏之説曰昔者孟子以爲性善以爲至矣讀易而後知其未至也孟子之於性盖見其繼者而已矣夫善性之效也孟子未及見性而見其性之效因以所見者爲性猶火之能熟物也吾未見火而指天下之熟物以爲火夫熟物則火之效也又曰性之有習習之有善惡譬如火之能熟與其能焚也孟子之所謂善得火之能熟者也是火之得其性

者荀子之所謂惡得火之能焚者也火之失其性者也又曰君子日修其善以消其不善不善者日消有不可得而消者焉小人日修其不善以消其善善者日消有不可得而消者焉夫不可得而消者堯舜不能加焉桀紂不能逃焉是則性之所在也　朱子辯曰蘇氏初不知性之所自來善之所從立特假於浮屠非幻不滅得無所還者而爲是說以幸其萬一之或中耳是將不察乎繼善成性之所

由梏亡反覆之所害而謂人與犬牛之性無以異也而可乎又曰道有不可以名言者古之聖人命之一寄之曰中子思因其語而廣之以中和天下始知一與中在是矣孟子又推之以為性善之論性善之論出而一與中始枝矣胡氏之說曰性也者天地鬼神之奧也善不足以言之况惡乎哉曰何謂也宏聞之先君子曰孟子所以獨出諸儒之表者以其知性也宏曰何謂也先君子曰孟子道

性善云者嘆美之辭不與惡對又曰凡人之性粹然天地之心道義全具無適無莫不可以善惡辨不可以是非分無過也無不及也此中之所以名也此二家之説也似亦不執着氣曰其流必至此 可學 ○集註中以程子爲密即是見得孟子所説未免少有踈處今但以程子爲主而推其説以陰補孟子之不足則於理無遺而兩書之説亦不至甚相妨矣 答林叔和

七章富歲子弟多賴

同然之然如然否之然不是虛字當從上文看蓋自口之同耆耳之同聽而言謂人心豈無同以為然者只是理義而已故理義之悅我心猶芻豢之悅我口當○問理義之悅我心理義是何物心是何物曰此說理義之在事者節

八章牛山之木嘗美矣

或問程子曰夜氣之所存者良知也良能也

夫夜氣者特休息之餘氣清明者耳而程子遽以為良知良能者何也曰良知良能非指夜氣而言也指夜氣之所存者而言也蓋此章本以仁義之良心為主以為雖或流於物欲而其莫夜既得休歇則其氣復清明而有以存此耳及其旦晝而接物也則又梏而亡之是以流於禽獸而不反耳其存其亡蓋皆以心言之初不以為氣之存亡也故其下文引孔子之言以明心之不可不操者則其意

益明矣但日夜所息以下只以好惡相近為良心之萌蘖不復更着心字故説者反謂氣有存亡而欲致養於氣則此章文意首尾衡決而日用之間所以用其力者亦且散漫而無可守之要矣非程子以是明之孰能知其旨之為然哉然其語意亦頗深約予初讀之未覺其然也後因諷誦孟子本文忽悟其意然後求於程子之説乃若有契於予心者耳雖由予之愚暗而然然亦可見讀書之不可

不熟而前賢之説其微辭奥義又非一見之所能窺也曰程子以為心無出入然則其有出入者其無乃非心之正耶曰出而逐物者固非本心之正然不可謂本心之外別有出入之心也但不能操而存之則其出而逐物於外與其偶存於内者皆荒忽無常莫知其定處耳然所謂入者亦非此心既出而復自外入也亦曰逐物之心暫息則此心未嘗不在内耳學者於此苟能操而存之則此心不

放而常爲主於内矣易之陽絶於外而生於内者於卦爲復象正如此而其彖曰出入無疾朋来無咎則其意亦猶是也曰范淳夫之女讀孟子出入無時曰孟子不識心心豈有出入程子聞之曰此女雖不識孟子却能識心何也曰是其氣質之粹美而無逐物之心耳若聖賢所以通天下之志而盡人物之性者彼固未及知也○此章首尾止爲良心去僞○夜氣上却未有工夫只是去旦晝理會

腐

○日夜之所息平旦之氣日夜之所息者良心也平旦之氣乃氣也是兩箇物事氣雨露之潤也良心萌蘗之生也梏如被其禁械而不容其轉動也亡則如已物而失去之也幾希不多也言只些子發出來少間又被物欲梏亡之矣 賀孫

○反覆有互換更迭之意猶循環也 答蘇晉叟

○拈出足以二字看 答鄭子上

○存有保養護衛之意 僩

○良心消長今日長得一分夜氣便養得一分明日又

長得二分明夜又養得兩分便是兩日事日積累歲月既久自不可禦其消也反覆展轉亦然如人愛惜錢物逐日省節積累自多如老子言治人事天莫若嗇一段與孟子意相似但彼專就養精神處說其意自好寓○此章緊要在苟得其養無物不長苟失其養無物不消璘○孟子大意只在操則存舍則亡二句上文蔚○心體固本靜然亦不能不動其用固本善然亦能流而入於不善夫其

動而流於不善者固不可謂心體之本然然亦不可不謂之心也但其誘於物而然耳故先聖只說操則存存則静而其動也無不善矣舍則亡於是乎有動而流於不善者出入無時莫知其鄉出者亡也入者存也本無一定之時亦無一定之處特係於人之操舍如何爾只此四句説得心之體用始終眞妄邪正無所不備又見得此心不操即舍不出即入別無閑處可安頓之意若如所論出入有

時者為心之正然則孔子所謂出入無時者乃心之病矣不應郤以惟心之謂與一句直指而總結之也答游誠之○入而存者即是眞心出而亡者亦此眞心為物誘而然耳今以存亡出入皆為物誘所致則是所存之外別有眞心而孔子之言乃不及之何耶呂子約又欲幷以出而亡者不分眞妄皆為神明不測之妙二者胥失之矣蓋心之體用始終雖有眞妄邪正之分其實莫非神明不測之

妙雖皆神明不測之妙而其眞妄邪正又不可不分耳　答何叔京

十章　魚我所欲也

或問十章之說曰死生貴賤貧富榮辱此衆物者君子莫適就也君子心存目見惟義而已無是衆物之紛紛也故所守至約無所往而不爲義孟子謂舍生取義者乃喻未知者爾義在生則生在死則死我之所知者義也何生死之擇哉此張子呂氏之說也程子外

書所謂義無對者意亦通此然孟子所論宮
室之美妻妾之奉窮乏得我此三者或物欲
之尤人所易溺或意氣之私人所不能免者
自非燭理素明涵養素定而臨事有省察之
功未有不以此而易彼者也昔程子之門人
有為不義者或問之曰是人從學之久豈其
全無知識以至是耶程子曰謂之全無知識
則不可但義理不能勝利欲之心即至此耳
愚謂此言以責人言之則恕以教人言之則

切尤足以發明孟子此章之意也○問舍生取義曰此不論物之輕重只論義之所安耳時舉○謝氏謂義重於生則舍生取義生重於義則舍義取生此說不然義無可舍之理義在於生則舍死而取生義在於死則舍生而取死道夫

十一章仁人心也

舊說學問只有求放心一事未是前夜方思量得出學問之道皆所以求放心如洒掃應

對博學審問慎思明辨皆所以求放心也賀孫

○孟子說學問之道無他求其放心而已矣此最為學者第一義也故程子曰聖賢千言萬語只是欲人將已放之心約之使反復入身來自能尋向上去昨因病中兀坐存息遂覺有進步處大抵人心流濫四極何有定止一日十二時中有幾時在軀殼內與其四散閑走無所歸着何不收拾令在腔子中且令縱其營營思慮假饒求有所得譬無家之

啇四方營求得錢雖多若無處安頓亦是徒費心力爾大雅○按前說在後不與今集註相應

○上有學問二字在不只是求放心便休節

○昔陳烈先生苦無記性一日讀孟子學問之道無他求其放心而已矣忽悟曰我心不曾收得如何記得遂閉門靜坐不讀書百餘日以收放心却去讀書遂一覽無遺僴

○知其爲放而求之則即此知求之處一念悚然而此心體用之全已在是矣答吳斗南

○問求放心愈求則愈昏亂如何曰知求則心在矣今以已在之心復求心即是有兩心矣自然愈失矣 大雅 ○於未放之前看如何已放之後看如何復得了又看是如何作三節看後自習熟此心不至於放 季札 ○孟子激發人說放心良心諸處使人流汗

○學問之道無他求其放心而已矣又曰有是四端於我者知皆擴而充之孟子說得最好人之一心在外者又要收入來在內者又

要推出去孟子一部書皆是此意又曰世間只有箇闢闔内外人須自體察取　祖道

十五章　公都子問曰鈞是人也

或問十五章之說曰大抵孟子此章之要正在夫先立乎其大者之一言耳盖大者既立則凡動静云為皆主於思而不隨於物其不中理者鮮矣范氏之箴盖得其指未可以晚出而易之也○物交物上物字主外物下物字主耳目　祖道　○先立乎其大者立者卓然

竪起此心　方子

十六章　有天爵者

或問修天爵以要人爵者雖曰修之而實已棄之久矣何待得人爵之後始謂之棄耶曰若是者猶五霸之假仁猶愈於不假而不修耳𨈆人之心寬宏平正善善早而惡惡遲不如是之急迫也且若是言則彼直棄而不修者又將何以處之耶

十八章　仁之勝不仁也

仁之勝不仁也猶水勝火以理言之則正之勝邪天理之勝人欲甚易而邪之勝正人欲之勝天理若甚難以事言之則正之勝邪天理之勝人欲甚難而邪之勝正人欲之勝天理却甚易蓋纔是蹉失一兩件事便被邪來勝將去若以正勝邪則須是做得十分工夫方勝得他然猶自恐勝他未盡在正如人身正氣稍不足邪便得以干之矣 僩

告子下

二章人皆可以爲堯舜

或問二章之説曰楊氏之説親切但其書又有曰佛者龐蘊有神通并妙用運水及般柴之説此自得者之言最爲達理但其言周遮便更通徹亦須把來做一件事孟子之言則無適不然矣愚竊惑之夫釋氏之言偶與聖賢相似者多矣但其本不同則雖相似而實相反也蓋如此章孟子之言均是行也而一疾一徐其間便有堯桀之異是乃物則民彛

自然之實理而豈人之所能為哉若釋氏之言則但能識此運水般柴之物則雖倒行逆施亦無所適而不可矣何必徐行而後可以為堯哉蓋其學以空為真以理為障而以縱橫作用為奇特故與吾儒之論正相南北至於如此今不察焉而以達理自得稱之至語其病則以為特在於周遮着意而已如此則是凡為佛者去此二病而遂與吾學不殊也且其所謂無適不然者亦未見其有以發明

孟子之意而異於釋氏之言者豈其記者之失與不然則殆於儒佛語性之不同亦有所未辨矣程子有言以吾觀於釋氏句句同事事合然以其本之不正是以卒無一句一事之同正謂此爾或問於胡文定公曰禪者以拈提豎拂爲妙用如何曰以此爲用用而不妙須是動容周旋中禮方始是妙用處以此求之楊氏之言其得失可見矣

三章 高子曰小弁

或問程子有論小弁之怨與舜不同何也曰舜之怨曰父母之不我愛於我何哉盖反諸身以求其所未至之辭小弁之怨曰何辜於天我罪伊何則自以爲無罪矣此其所以不同也與

五章 孟子居鄒

或問儲子儀不及物幣可反乎曰始交未容逆料其不誠既受則不可反矣○初不自來但以幣交未爲非禮但孟子既受之後便當

来見而又不來則其誠之不至可知矣故孟子過而不見施報之宜也亦不屑之教誨也 答連嵩卿

六章 淳于髡曰

孔子於受女樂之後而遂行則言之以顯君相之過不言則已為苟去故因燔肉不至而行則吾之去國以其不致燔肉為得罪於君耳 人傑 ○問微罪不知是指魯言是孔子自謂也曰自謂 答潘子善

八章　魯欲使慎子為將軍

王制與孟子同而周禮諸公之地封疆方五百里鄭氏以王制為夏商制謂夏商中國方三千里周公斥而大之中國方七千里所以不同鄭氏不曉事情且如百里之國周人欲增到五百里須併四國其所併四國又當別裂地以封之如此則天下諸侯東遷西移改立宗廟社稷皆為之騷動矣且如此趲去不數大國便無地可容矣許多國何以處之恐

不其然竊意其初只方百里後來併吞遂漸漸大武王時諸國地已大武王亦不奈何只得就而封之非當時滅國者五十則周公太公亦無封處若劃取諸侯之地寧不有變乎然則孟子百里之說亦大綱說耳古制蓋不可得而考也淳

十四章古之君子何如則仕

或問三者之去就曰此亦視其所遭之時如何耳孔子皆嘗為之不可以上下等之也

十五章舜發於畎畝之中

程子言若要熟也須從這裏過只是要事事經歷過賀孫○動其仁義禮智之心忍其聲色臭味之性銖

四書集義精要卷三十二

四書集義精要卷三十三

孟子八

盡心上

首章

或問心無限量者也此其言盡心何也曰心之體無所不統而其用無所不周者也今窮理而貫通以至於可以無所不知則固盡其無所不統之體無所不周之用矣是以平居靜處虛明洞達固無毫髮疑慮存於胷中至

於事至物來則雖舉天下之物或素所未嘗接於耳目思慮之間者亦無不判然迎刃而解此其所以爲盡心而所謂心者則固未嘗有限量也大槩此章所謂盡心者物格知至之事曾子所以一唯而無疑於夫子之言者是也所謂事天者誠意正心修身之事曾子所以臨深履薄而無日不省其身者是也所謂立命者如是以沒身爲曾子所以啓手足而知免得正斃而無求者是也以是推之則

一章之指略可見矣○者字不可不子細看人能盡其心者只為知其性此句文勢與得其民者得其心也相似雉○盡字大知字零星知者有漸之詞盡者無餘之義其氣象規模自應有先後也若未知性而徑欲盡心則懸空無下手處矣惟就知性上積累將去自然盡心學蒙○性以賦於我之分而言天以公共道理而言天者便脫模是一箇大底人人便是一箇小底天吾之仁義禮智即天之

元亨利貞凡吾之所有者皆自彼而來也故知吾性則自然知天矣時舉○存心養性以事天存養即是事心性即是天德明○孟子言存心養性便說得虛至孔子教人居處恭執事敬與人忠等語則就實行處做工夫如此則存心養性自在端蒙○存心養性以事天天使汝父子有親便用父子有親天使汝君臣有義便用君臣有義不然便是違天矣僩○既不以天壽動其心又須脩身以俟方

始立得這命一日未死一日要是當百年未死百年要是當此便是立命令佛氏以絕滅為事亦可謂之夭壽不貳然修身以俟一段全不曾理會。賀孫○無極而太極不是有箇物事光輝地在那裏只是說這理當初皆無一物只是有此理而已既有此理便有此氣既有此氣便有陰陽以生許多物事惟其理有許多故物亦有許多大而言之則君臣父子夫婦兄弟無非是天地之事只是這一箇道理而今看他說這物事這機關一下撥轉便攔他不住如水車相似才踏發這機更住不得所以聖賢兢兢業業臨深履薄至死而後知免大化恁地流行只得隨他恁地故曰存心養性所以事天也夭壽不貳修身以俟之所以立命也 夔孫 ○由太虛有天之名只是据理而言由氣化有道之名由氣之化各有生長消息底道理故有道之名既已成物物各有理故合虛與氣而有性之名 廣

二章莫非命也

一邑三年而罷君之正命也歲月間以罪去亦是命然非正命也若去不以罪則亦正命也倪○以非義而死者固所自取是亦前定蓋其所禀之惡氣有以致之也人傑

四章萬物皆備於我矣

或問萬物皆備之説曰蓋萬物之生同乎一本其所以生此一物者即其所以生萬物之理也故一物之中莫不有萬物之理焉所謂

萬物皆備云者亦曰有其理而已矣○萬物之理皆備於我如萬物莫不有君臣之義自家這裏也有自此推之莫不皆然賀孫○問程子之説物只是物張子則以物為事何也曰張子之説甚實所謂萬事皆在我者即是君臣本來有義父子本來有親之類皆是本來在我者若事君有不足於敬事親有不足於孝便是我不能盡之反身則是不誠其苦有不可言者安得所謂樂僩

五章行之而不著焉

方行之際則明其當然之理是行之而著既行之後則識其所以然是習矣而察初間是照管向前去後來是回顧後面看所行之道理如何僩○行之不著習矣不察如今人又不如此不曾去行便要說著不曾去習便要說察可與共學未可與適道今人未曾理會可與共學便要適道賀孫○習矣而不察習字重察字輕可學

十三章 霸者之民

或問經歷處無不化曰凡所經歷物無不化不必久於此而深治之然後物從其化也然其曰經歷亦不必爲經行之地凡其身之所臨政之所及風聲氣俗之所被皆所經歷也○所過者化人化也所存者神事之成就如神也 去僞 ○荀子言仁人之兵所過者化所存者神蓋必古語也如克己復禮左傳亦引克己復禮仁也崇德修慝辨惑兩次問之皆

古語也 燾

十五章 人之所不學而能者

無他達之天下只說達之天下無別道理 賀孫

十六章 舜之居深山之中

問舜聞善言見善行若決江河沛然莫之能禦其未有所聞所見時氣象如何曰湛然而已其理充塞具備一有所觸便沛然不可禦

又問學者未有見聞之時莫須用持守而不可放逸否曰纔知持守已自是聞善言見善

行了 道夫

十八章 人之有德慧術知者

德慧純粹術知聰明須有朴實工夫方磨得出 履孫

二十一章 廣土衆民

君子通聖人而言所性猶性之之云也 燾

○問四體不言而喻曰是四體不待命令而自如此如手容恭不待自家教佗恭而手容自然恭也 同上

二十四章孔子登東山而小魯

或問二十四章之說曰此章雜取衆理錯比成文以明難明之理猶詩之有比興也登山觀海流水盈科興也觀瀾容光比也學者反覆而詳玩之則可以默識於言意之表矣

二十五章雞鳴而起

利與善之間不是冷水便是熱湯無那中間温入聲吞入聲煖處也倜

二十六章楊子取為我

三聖相授允執厥中與孟子所論子莫執中者文同而意異由三聖以爲中則其中活由子莫以爲中則其中死中之活者不待權而無不中中之死者則非學乎聖人之學不能有以權之而常適於中也　答宗深之

三十五章　桃應問曰

其嘗問李先生瞽瞍殺人事先生曰蒯聵父子只爲無此心所以爲法律所縛都轉動不得若舜之心則法律縛他不住終身訢然樂

而忘天下求仁得仁何怨之有然此亦只是論其心耳豈容他如此去得問先儒八議之説如何曰此乃嚴罪時事其初須當執之不執則士師失其職矣答范伯崇

三十六章孟子自范之齊

問居移氣養移體後却只論居不論養何也曰有是居則有是養言居則養在其中去僞

三十八章形色天性也

或問踐形之説曰人之生於天地之間也莫

不有形其有是形也莫不有色而夲其所得於天者則是形是色莫不有所以然之故爲莫不有所當然之則爲是則所謂天性者也然衆人梏於氣禀之偏狃於習俗之弊而不能無人欲之私是以視則不明聽則不聰貌則不恭言則不從蓋不能盡其形色夲然之理則雖有是形而無以踐其形也惟聖人能盡其性而無一毫人欲之私雜於其間是以視則極明聽則極聰貌則極恭言則極從蓋

凡形色本然之理無一不盡既有是形而又可以踐其形焉踐云者本有是物而又能脩其實以副之如踐言之踐也○初言形色後獨言踐形蓋有此形則有此色言形則色在其中矣 去偽 ○凡一嚬一笑一語一默無非天理惟聖人為能盡之 時舉 ○色如臨喪則有哀色介胄則有不可犯之色之類 賀孫 ○可以踐形則無愧於形矣程子所謂充人之形充字極分明 答朱飛卿

四十一章 道則高矣美矣

躍如是道理活潑潑地發出在面前如由中躍出 升卿 ○ 須知所引者何何爲而不發何物躍如須聳起此心看之蓋此心精一無夾雜方能見其精微妙處也 僴

四十五章 君子之於物也

墨氏以儒者親親之分仁民而親親反有不厚釋氏以儒者仁民之分愛物而仁民反有未至 答何叔京

四十六章 知者無不知也

人人各有當務之急凡事皆有輕重先後如孟子論今樂古樂則與民同樂乃樂之本學者所當知也若欲明其聲音節奏特樂之一事耳即是不知務 賀孫 ○此章文勢甚緊峻如龍虎變化然若精神鈍者定不能及也

盡心下

十一章 好名之人

或問好名之人能讓國矣而不能忘情於小

物何哉曰千乘之國辭受之間十目所視十手所指之地也簞食豆羹得失之際則微矣人亦何暇注其耳目於斯哉此好名之士所以飾情於彼以取美名而不意其鄙吝之真情實態乃發露於所易忽而不虞之地也○蘇氏有言能碎千金之璧不能無失聲於破釜正此章之意也此章與向為身死而不受一段當作對盖不辨萬鍾者小處遮掩得過大處發露也能讓千乘者大處打得過小處

漏綻也大雅

十五章聖人百世之師

或問孟子學孔子者也乃屢稱夷惠而深嘆仰之何耶曰夷惠之行高矣然偏勝而易能有迹而易見且世人之貪懦鄙薄者衆一聞其風而興起焉則其為效也速而所及者廣譬薑桂大黄之劑雖非中和然其去病之功為捷而田夫敗婦大寒大熱者之所便也若孔子之道則廣大而中正渾然而無跡非深

於道者不能庶幾其萬一如參苓芝朮之為藥平居有養性之益而緩急伐病之功未必優於薑桂大黄非所以施於閭巷之閒危惡之候也孟子屢稱夷惠而不及孔子其意殆以此耶

十六章仁也者人也

或問十六章之説所謂合而言之者其以人為仁之謂乎曰非也孟子此章但論仁與道之所以名耳故本文以言之為説程子亦以

率性謂道釋之也蓋言人而不及仁則血氣物欲之私而已言仁而不即人之身以明之則又徒為虛言而無以見天理流行之實故必以仁之理合於人之身而言然後仁之為道可見蓋仁則性而已矣道則父子之親君臣之分見於人之身而尤著程子所謂公而以人體之亦此意也○閩外國本更有云云者何所據曰向見尤延之說高麗本如此廣

二十四章口之於味也

或問二十四章之説所謂性命者何不同也
曰性者人之所受乎天者其體則不過仁義
禮智之理而已其發則雖食色意欲之私亦
無不本於是焉命則因夫氣之厚薄而賦於
人之名也不惟智愚賢否之所繫雖貧富貴
賤之所值亦無不由於是也故君子於食色
意欲之私則不謂之性而安於貧賤富貴之
有命於智愚賢否之殊則不謂之命而勉於
仁義禮智之有性也曰然則此其專爲貧賤

愚不肖者言之耶抑其通言之也曰孟子之意若專爲貧賤愚不肖而言者而其推之則亦無不通矣蓋富且貴者雖所求之必得而必亦有制度之節聖且賢者雖所禀之已厚而亦未嘗不勉其所當勉也○愚四十歲方看透此章之意上云性也是氣禀之性命却合理與氣而言有命焉是斷制人心欲其不敢過也下云命也專指氣性却指理而言有性焉是充滿道心欲其無不及也 賀孫

二十五章浩生不害問曰

或問二十五章之説曰善者人之所欲惡者人之所惡其爲人也處心造事行己接物凡其所爲一皆可欲而不可惡則是可謂善人矣然此或其天資之美或其知及而勉慕焉未必其眞以爲然而果能不失也必其用力之久一旦脱然有以真知其善之在己而不得不然決定眞實而無一毫虛僞之意然後可以謂之信人矣然亦足以自信於心而已

未必其充足飽滿而無歉於身也然既信之則其行必力其守必固如是而不可已焉則其所有之善充足飽滿於其身雖其隱微曲折之閒亦皆清和渟懿而無不善之雜是則所謂美人者也然亦足以充於其內而已而未必其能發見於外也又如是而不已焉則其美之充於内者弥滿布濩洋溢四出而不可禦其在躬也則睟面盎背而施於四體其在事也則德盛仁熟而天下文明是則所謂

夫人者也然大而不化則其所謂大者未能離乎方體形迹之閒必其德之盛者日以益盛仁之熟者日以益熟則向之所謂大者且將春融凍釋混然無迹而與天地合德日月合明四時合序鬼神合其吉凶矣是則所謂聖人者也至於是則造道入德之功至矣盡矣不可有以加矣是其盛德至善之極無聲無臭之妙必有非耳目所能制心思所能測者是則所謂神者而非聖人之上復有神人

也夫自可欲而至於大則思勉之所及也至於聖且神焉則雖非思勉之所及然非思勉之而不已焉則亦未有至焉者也

三十一章人皆有所不忍

餂是鈎致之意如本不必說自家却強說幾句要去動人要去悅人是以言餂之也如合當與他說却不說須故為要難要使他來問我是以不言餂之也僩

三十二章言近而指遠者

或問三十二章之説曰不知道者務為高遠之言則固荒唐而無餘味然欲其近則又鄙淺而無深遠之趣也不知約之可守則固汎濫而少成事然欲其約則又狹隘而無廣博之功也然則所謂善言善道者非有道之君子其孰能知之乎

三十三章 堯舜性者也

或問行法以俟命曰是理也三代以降惟董子嘗言之而諸葛武侯言於其君有曰臣鞠

躬盡力死而後已至於成敗利鈍非臣之明所能逆睹也程子語其門人有曰令容貌必端言語必正非欲獨善其身以求知於人但天理當然亦曰循之而已矣此三言者所指雖殊要皆行法俟命之意外此則亦寂寥而無聞矣斯道之傳不傳考之於此其亦可見也夫○聖人是人與法為一己與天為一學者是人未與法為一己未與天為一固須行法以俟命也道夫○注云無意而安行性也

性下合添之者二字僩

三十四章說大人則藐之

或問孔子畏大人而孟子藐之何也曰子嘗以爲世俗之畏大人非畏大人也畏其巍巍然而已矣故進而君公之退而爾汝之孟子之藐大人也不視其巍巍然者而已矣故雖不肯枉尺而直尋而齊人之所敬王莫孟子如也特以當世之士以道徇人內無所守故特發此以立其志使其意氣舒布無所懾懼

而得以盡其所言爾若夫君子以禮存心固將無所不用其敬豈特於大人而反藐之哉

三十五章 養心莫善於寡欲

或問周子之言不止於寡而存者奈何曰語其所至則固然矣然未有不由寡欲而能至於無者也語其所至而不由其序則無自而進語由其序而不要其至則或恐其安於小成也是以周子之說於此為有相助發之功焉○註云多而不節未有不失其本心者多

字對寡字說才要多些子便是欲僩　○未說邪僻但多欲則本心爲之紛雜如要寫字又要作詩人一心耳如何分做許多去若常於閑處用了心到合用處於這本來底都不得賀孫　○此章但言天理人欲相爲消長分數其爲人也寡欲則人欲分數少故雖有不存焉者寡矣不存焉者寡則天理分數多也多欲反是端蒙

卒章

或問卒章之說曰禹皐陶之徒本皆名世之士伊尹太公又湯文之師非必見其君而後知之也至於湯文孔子又或生知之聖亦非必聞前聖之道而後得之也此而曰見而知之聞而知之者蓋以同時言之則斯道之統臣當以君爲主以異世言之則斯道之傳後聖當以前聖爲師學者不以辭害意焉可也

四書集義精要卷第三十三

杭州路儒學教導葉 雍 謹書

四書集義精要卷第三十四

中庸上

序

道心者人心之理節　○危是危險欲陷未陷之辭舜若以人心為全不好則必言其不好而使人去之今止言危蓋謂不可據以為安耳此陸子靜之說也亦是若夫道心則必善而無惡有安而無傾有準的而可憑據也大雅　○天下之物精者即難見粗者即易見飢

渴寒燠至粗者也至愚之人亦知之若以稍精者言如利害則禽獸已有不能知者若義理則愈難知矣義剛○問上智何以有人心曰飢寒痛痒雖上智亦同僩○惟一是始終不變節○凡物剖判之初且當論其善不善既分之後方可論其中不中惟精惟一所以審其善不善也允執厥中則無過不及而自得中矣非精一以求中也答蔡季通○虛靈自是心之本體非我所能虛也如耳目之視

聽所以視聽者即其心也有耳目以視聽之則猶有形象也若心之虛靈何嘗有物人傑

○所覺者心之理也能覺者氣之靈也節

○明道說道理一看便好愈看而愈好伊川猶不無難明處然愈看亦愈好謝氏過高多說人行不得底言楊氏好援引頗淺狹尹氏主敬亦多近理以其觀之二先生衣鉢似無傳之者可學

篇目

問以不偏不倚無過不及說中乃是精密切至之語而以平常說庸疑其不相黏著曰此其所以黏著蓋緣處得極精密只是如此平常若少有差異便不是極精密便不是中庸凡事無不相反以相成東便與西對南便與北對以至於寒暑晝夜生死皆是相反而相對無一事一物不然明道云天下之物無獨必有對終夜思之不知手之舞足之蹈直是可觀事事如此 賀孫 ○中庸只是一事就那

頭看是中就這頭看是庸如山與嶺然又曰中則直上直下庸是平常不差異中如一物竪置之常如一物橫置之惟中而後常不中則不能常廣○中庸始合為一理指天命謂性言末復合為一理指無聲無臭言始合而開其開也有漸末開而合其合也亦有漸夔孫

首章

命猶誥教性猶職事賀孫○率性之謂道蓋

曰循萬物自然之性之謂道非謂以人循之若謂以人循之而後謂之道則人未循之前謂之無道可乎 砥 ○道只是性之分別處非是以人率性而為此道也 答陳卞卿 ○率循也此循字是就道上說不是就行道人說 淳 ○非是人有此性率之乃謂之道但說自然之理循將去即是道耳道與性字其實無甚異但性字是渾然全體道字便有條理分別之殊耳 答黃子耕 ○問率性之謂道飛潛動

植各正其性何莫非道曰固皆道但立言甚難須要說得實如楊氏說堯舜之道只夏葛冬裘飢食渴飲處便是如此則是全身浸在堯舜道中又何必親見李光祖解文武之道未墜以為日用之間昭然在是此皆是說得不實如此則人將以目之於色耳之於聲等認做道仁之於父子義之於君臣等却不認得矣方子

○道不可須臾離當參之於不可離不能離之間純說不能離則妄行者亦道

矣時舉○戒慎不睹恐懼不聞即是道不可須臾離處履孫○所謂不睹不聞者乃從那盡處説来非不謹於所睹所聞也如曰道在尾礫便不成不在金玉義剛○不睹不聞是從見聞處戒慎恐懼到那不睹不聞處此處是功夫盡頭所謂謹獨則是專指獨處而言蓋莫見乎隱莫顯乎微是緊切處也燾○從見聞處至不睹不聞處皆戒謹了又就其中於獨處更加謹也是無所不謹而謹上更加

謹也同上○戒懼是防其未然以全其體謹獨是察之將然以審其幾端蒙○黃灝解戒懼是統體做工夫謹獨是又於其中緊切處加工夫猶一經一緯而成帛此說是僩○道不可須臾離即是無精粗隱顯之間皆不可離故言戒懼乎不睹不聞以該之若曰自其思慮未起之時早已戒懼非謂不戒懼乎所睹所聞而只戒懼乎不睹不聞也此兩句是結上文不可須臾離一節意思了下文又提

起說無不戒懼之中隱微之間念慮之萌尤不可忽故又欲於其獨以慎之又別是結上文兩句意思也若如來說則既言不可須臾離而當戒懼矣下句却不更端而偏言唯隱微為顯見而不可不謹其獨則是所睹所聞不隱不微之處皆可忽而不謹如此牽連即將上句亦說偏了只這些子意思恐於理有礙且於文勢似亦重複而繁冗耳蓋無所不戒懼者通乎已發未發而言而謹其獨則專

為已發而設也卒章所引潛雖伏矣猶是有此一物藏在隱微之中不愧屋漏則表裏洞然更無纖芥查滓矣蓋首章本静以之動卒章自淺以及深也且所不見非獨而何不動而敬不言而信非戒懼乎不睹不聞而何若首章不分别即此等處皆散漫而無統矣答

呂子約 ○ 道不可須臾離言道之至廣至大者莫見乎隱莫顯乎微言道之至精至極者

德明 ○ 余早從延平先生學受中庸之書求

喜怒哀樂未發之旨未達而先生沒余竊自悼其不敏若窮人之無歸聞張欽夫得衡山胡氏學則往從而問焉欽夫告余以所聞余亦未之省也退而沉思殆忘寢食一日喟然歎曰人自嬰兒以至老死雖語默動靜之不同然其大體莫非已發特其未發者為未嘗發耳自此不復有疑以為中庸之旨果不外乎此矣後得胡氏書有與曾吉父論未發之旨者其論又適與吾意合用是益自信雖程

子之言有不合者亦直以為少作失傳而不之信也然間以語人則未見有能深領會者乾道己丑之春時朱子年四十為友人蔡季通言之問辨之際予忽自疑斯理也雖吾之所默識然亦未有不可以告人者今析之如此其紛糾而難明也聽之如此其冥迷而難喻也意者乾坤易簡之理人心之所同然者殆不如是而程子之言出其門人高弟之手亦不應一切謬誤以至於此然則予之所自信

者其無乃反自誤乎則復取程氏書虛心平氣而徐讀之未及數行凍解冰釋然後知性情之本然聖賢之微旨其平正明白乃如此而前日讀之不詳妄生穿穴凡所辛苦而僅得之者適足以自誤而已至於推類究極反求諸身則又見其為害之大蓋不但多言之失而已也於是又竊自懼亟以書報欽夫及嘗同為此論者惟欽夫復書深以為然其餘則或信或疑或至于今累年而未定也夫忽

近求遠厭常喜新其弊乃至於此可不戒哉

壬辰八月丁酉朔朱某仲晦云文集○通天

下只是一箇天機活物流行發用無間容息

據其已發者而指其未發者則已發者人之

一心而凡未發者皆其性也亦無一物而不

備矣夫豈别有一物拘於一時限於一處而

名之哉即夫日用之間渾然全體如川流之

不息天運之不窮耳此所以體用精粗動静

本末洞然無一毫之間而鳶飛魚躍觸處朗

然也存者存此而已養者養此而已必有事焉而勿正勿忘勿助長也從前是做多少安排無頓着處今覺得如水到船浮解纜正柂而沿洄上下惟意所適矣豈不易哉始信明道所謂未嘗致纖毫之力者眞不浪語而此一段事程門先達惟上蔡謝公所見透徹無隔礙處自餘雖不敢妄議然味其言亦可見矣又曰只一念間已具此體用發者方往而未發者方來了無間斷隔截處夫豈別有物

可指而名之我龜山謂學者於喜怒哀樂未發之際以心驗之則中之體自見未爲盡善大抵此事渾然無分段時節先後之可言今著一際字便是病痛熟玩中庸只消著一未字便是活處此豈有一息停住時耶只是來得無窮便常有箇未發底耳若無此物則天命有巳時生物有盡處氣化斷絶有古無今久矣此所謂天下之大本若不眞的見得亦無揣摸處也文集與張敬夫等書蓋己丑以

前舊說也○中庸未發已發之義前此認得此心流行之體又因程子凡言心者皆指已發而言遂目心爲已發性爲未發然觀程子之書多所不合因復思之乃知前說非惟心性之名命之不當而日用工夫全無本領蓋所失者不但文義之閒而已按文集遺書諸說似皆以思慮未萌事物未至之時爲喜怒哀樂之未發當此之時即是此心寂然不動之體而天命之性當體具焉以其不偏不倚

故謂之中及其感而遂通天下之故則喜怒哀樂之性發焉而心之用可見以其無不中節無所乖戾故謂之和此則人心之正而性情之德然也然未發之前不可尋覓已覺之後不容安排但平日莊敬涵養之功至而無人欲之私以亂之則其未發也鏡明水止而其發也無不中節矣此是日用本領工夫至於隨事省察即物推明亦必以是爲本而於已發之際觀之則其具於未發之前者固可

默識向來講論思索直以心為已發而日用工夫亦止以察識端倪為最初下手處以故闕却平日涵養工夫使人胷中擾擾無深潛純一之味而其發之言語事為之間亦常急迫浮露無復雍容深厚之風盖所見一差其害乃至於此不可以不審也與湖南諸公書己丑以後新說也

○問李先生行狀云終日危坐以驗夫喜怒哀樂未發之前氣象為如何而求所謂中者與伊川之説若不相似曰

這處是舊日下得語太重今以伊川之語格之則其下工夫處亦是有些子偏只是被李先生靜得極了便自見得是有箇覺處不似別人今終日危坐只是且收歛在勝如奔馳若一向如此又似坐禪入定 賀孫 ○李先生云默坐澄心以驗夫喜怒哀樂未發之時氣象爲如何莫亦有呂楊之失否曰他只是要於平日間知得這箇又不是昏昏地都不管也 僩 ○若必以未有見聞爲未發則只是一

種神識昏昧底人睡未足時被人驚覺間不識四到時節有此氣象聖賢之心湛然淵静聰明洞徹决不如此若必如此則洪範五事當云貌曰僵言曰啞視曰盲聽曰聾思曰塞乃為得其性而致知居敬費盡工夫却只養得成一枚癡獃罔兩漢矣千不是萬不是痛切奉告莫作此等見解

答呂子約

○喜怒哀樂未發之中未是論聖人只是泛論衆人亦有此與聖人都一般或曰恐聖人未發與衆

人異否曰未發只做得未發不然是大本道理絕了或曰恐衆人於未發昏了否曰這裏未有昏明須是還他未發淳

○未發時着不得工夫未發之時自堯舜至於塗人一也

四書集義精要卷第三十四

四書集義精要卷三十五

中庸下

二章

當看而字既是君子又要時中既是小人又無忌憚故注中特下二字要分明蓋亦有有君子之德而不能隨時以處中則不免為賢智之過也過

六章

其善者揚而惡者隱則善者愈樂告以善而

惡者亦無所愧而不惜言也若其言不善而亦揚之於人言其所言非是則其人愧恥不復以言來告矣此其求善之心廣大如此人安得不盡以言來告而吾亦安有不盡聞之言乎僴○執字只是把來量度至○自極厚以至極薄自極大以至極小於此厚薄大小之中擇其說之是而用之是乃所謂中也若但以極厚極薄為兩端而半折其中間以為中則子莫執中也蓋或極厚者是則用極厚

之説極薄者是則用極薄之説厚薄之中者是則用厚薄中之説惟其是者而用之非是弃其兩頭不用而但取兩頭之中者以用之也僴

九章

中庸便在三者之中非是別有一箇道理只於三者做得恰好處便是中庸不然只可謂之三事賀孫

十章

和而不流中立而不倚須就強字上看答潘

謙之 ○強哉矯贊歎之辭人傑

十二章

夫婦之愚可與知焉何不道行路之人何不道衆人之愚何為說夫婦是必有意義剛 ○及其至也至非道之精妙處若道之精妙處有所不知不能即與庸人無異矣何足為聖人寓 ○天地之大人猶有所憾既是不可必望其全便有未足處答徐居甫 ○天下莫能

載是無外莫能破是無內如物雖至小而尚可破作兩邊是有內若云無內則是至小更不容破矣 燾 ○言其上下察也其者指道體而言 荅王子合 ○活潑潑地所謂活者只是不滯於一隅 德明 ○非是有事於此却見得一箇物事在彼只是必有事焉便是本色 文蔚舊說 ○舊說程子借孟子必有事焉而勿正兩句形容天理流行之妙初無凝滯倚著之意今說乃將必有事焉作用功處如何曰

必如此方能見得這道理流行無礙也。銖。○問：舊說謂程子引必有事焉與活潑潑地兩語，皆是指其實體而形容其流行發見無所滯礙倚著之意。其曰必者，非有人以必之；曰勿者，非有人以勿之。蓋謂有主張是者而實未嘗有所為耳。今說則謂必有事焉乃指此心之存主處，活潑潑地云者方是形容天理流行無所滯礙之妙。蓋以道之體用流行發見，雖無間息，然在人而見諸日用者，初不外乎此心故必此心之存然後方見得其全體呈露妙用顯行活潑潑地略無凝滯耳然恐非程子當日之本意也曰舊說固好似涉安排令說若見得破則即此須臾之頃此體便已洞然不待說盡下句矣可更猛著精彩稍似遲慢便蹉過也答董叔重

鳶飛魚躍必有事焉說相似又不甚相似說不相似又却相似必有事焉是纔舉這事理便在此夔孫

○註中文義已分曉矣恐人只如此容易領略

便過故引此語使讀者於此更加涵泳又恐支葉太盛則人不復知學有本根妄意穿穴別生病痛故引而不盡使讀者但知此意而別無走作則只得將訓詁就本文上致思自然不起狂妄意思 答張敬夫

十三章

人之為道如為仁由己之為不可以為道如克己復禮為仁之為 閎祖

十六章

如寒往暑来日往月来春生夏長秋收冬藏皆鬼神之功用僩○如日月晝夜風雷雨露皆造化之跡雉○問良能曰屈伸往来是二氣自然能如此淳○問功用良能曰但以一屈一伸看一伸去便生許多物事一屈来更無一物了便是良能功用夔孫○造化之跡是日月星辰風雨之屬二氣良能是屈伸往来之理蓋卿○其氣蔟揚於上人氣本騰上如火之煙其下薪盡則煙只管騰上去昭明

是精光焄蒿是暖氣悽愴是慘慄如漢書李少君招魂云其氣肅然義剛○誠實也言鬼神是實有者屈是實屈伸是實伸屈伸合散無非實者故其發見昭昭不可揜如此銖○此一段上下章恁地說驀忽插一段鬼神在此亦是魚躍鳶飛意思所以末後只說微之顯誠之不可揜如此夫夔孫

十七章

問氣至而滋息為培氣反而流散曰覆曰物

若扶植種在土中自然生氣湊泊他若已傾倒則生氣無所附著從何處來相接銖

十八章

三年之喪達乎天子中庸之意只是主為父母而言文蔚

十九章

問官師一廟只得祭父母無乃不盡人情曰位卑則流澤淺其理如此文蔚○適士二廟各有門堂寢各三間是十八間今士人安能

行之　賀孫

二十二章

贊天地之化育人在天地中間雖只是一理然天人所為各自有分人做得底却有天做不得底如天能生物耕種必在人水能潤物而灌溉必用人火能熯物而薪爨必用人財成輔相須是人做非贊助而何　閎祖　○聖人贊天地之化育蓋天下事有不恰好處被聖人做得都好丹朱不肖堯則以天下與人洪

水泛濫舜尋得禹而民得安居桀紂暴虐湯武起而誅之義剛

二十三章

致曲固無曲之不致也如孝如弟如仁義須件件致得到誠處始得賜○曲能有誠猶言曲處能盡其誠僩

二十五章

誠者物之終始凡有一物則其成也必有所始其懷也必有所終而其所以始者實理之

至而向於有也其所以終者實理之盡而向於無也若無是理則亦無是物矣此誠所以為物之終始而人心不誠則雖有所為皆如無有也蓋始而未誠則事之始非始而誠至之後其事方始終而不誠則事之終非終而誠盡之時其事已終若自始至終皆無誠心則徹頭徹尾皆為虛偽又豈有物之可言哉

荅李時可 ○不誠無物一句以人言何也曰不字是誰不他須是有箇人不他方得 賀孫

○顏子克己復禮爲仁成己也智周乎萬物而道濟天下成物也僩

二十六章

悠是擴始以要終久是隨處而常在廣○呂氏說有如是廣博則其勢不得不高有如是深厚則其精不得不明此兩句甚善章句雖是用他意然當初只欲辭簡故反不似他說得分曉如爲臺觀須是大做根基方始上面可以高大又如萬物精氣蓄於下者深厚則

其發越於外者自然光明同上

二十七章

廣大似所謂理一精微似所謂分殊升卿○立心超乎萬物之表而不為物所累是高明及行事則恁地細密無過不及是中庸淳○高明廣大氣象二句全在自蔽與自累上不為私意所蔽則心胷開闊無此疆彼界之殊為私欲所累則沉墜在物欲之下而卑污矣義剛○所謂明哲者只是曉天下事理順理

而行自然災害不及其身可以保其祿位今人以邪心讀詩謂明哲是見幾知微先去占便宜

二十八章

問倫次序之體曰次序如等威節文之類皆是天子所制通天下共行之故其等威節文皆如一也銖

○杞不足徵也杞都無了有宋存爲宋猶有些商禮在榦

三十一章

臨如臨十人須是強得那十人方得所以言亶聰明作元后義剛

三十二章

問爲有所倚曰堂堂然流出爲有倚著若學者須是靠定一箇物事做骨子方得僩

三十三章

中庸後面愈說向裏來凡八引詩一步退似一步廣○知遠之近以己對物言是知人之是非由乎己之得失知風之自是知身之得

失由乎心之邪正畱

四書集義精要卷第三十五終

敎導葉雍謹書

何叔京 鎬 文集四十卷

江德功 默 文集四十四

李敬子 燔 文集六十二

李孝繼 繼善字孝述 文集六十三 續集七十

王子合 遇 文集四十九

朱子繹 文集五十四

滕德章 珙 文集四十九

吴伯豐 必大 文集五十二

孫敬甫 自修 文集六十三

曾無疑 三異 文集六十

陳膚仲 孔碩 文集四十九

陳安卿 淳 文集五十七

曾擇之 祖道 文集六十

周舜弼 謨 文集五十

黃道夫 文集五十八

黃商伯 灝 文集四十六

李晦叔 煇 文集六十二

陳齊仲　文集三十九

林擇之用中　文集四十三

任伯起希夷　文集四十四

張敬夫栻　文集卅卅一

呂子約祖儉　文集四十七　四十八

陳明仲　文集四十三

黃子厚銖　文集四十一　續集七

李堯卿唐咨　文集五十七

江長孺德輔　文集五十二

范伯崇念德　文集三十九

劉季章　文集五十三

熊夢兆　文集五十五

吳晦叔　文集四十二

胡廣仲　文集四十二

蔡季通元定　文集四十四　續集二三

程允夫洵　文集四十一

潘子善時舉　文集六十

廖子晦德明　文集四十五

趙恭父 師鄭 文集五十九

董叔重 銖 文集五十 五十一

章季思 康 文集六十

陳與叔 夢良 文集五十九

方伯謨 文集四十四 續集七

潘端叔 友端 文集五十

鄭子上 可學 文集五十六

李守約 閎祖 文集五十五

潘坦翁 履孫 文集六十二

楊志仁 復　文集五十八

李時可　文集五十五

潘恭叔 友恭　文集五十

石子重 憝　文集四十二

歐陽希遜 謙之　文集六十一

連嵩卿　文集四十一

方賓王 誼　文集五十六

汪易直　文集六十

許順之 升　文集三十九

二十 沈僩 字莊仲永嘉人

六九 戊午 以後所聞 池録 卅八卅九四十四一

十一 楊道夫 字仲愚建寧人

六十 己酉 以後所聞 池録 十八十九

十三 葉賀孫 字味道括蒼人居永嘉

六二 辛亥 以後所聞 池録 七八九十十一

十八 董銖 字叔重鄱陽人

六七 丙辰 以後所聞 池録 十三 饒録 四十六

十二 徐寓 字居父永嘉人

六一 庚戌以後所聞 池録廿廿一 饒録四十六

十三 游敬仲 字連叔南劒人

六二 辛亥所聞 饒録十九

十五 黄義剛 字毅然臨川人

六四 癸丑以後所聞 池録廿六廿七 饒録卅八

十九 林夔孫 字子武三山人

六八 丁巳以後所聞 池録三十四

十 李方子 字公晦 邵武人

五九 戊申以後所聞 池録六

十六 輔廣 字漢卿 慶源人 居嘉興

六五 甲寅以後所聞 池録二

十三 鄭可學 字子上 莆田人

六二 辛亥所聞 饒録十六

十六 龔蓋卿 字夢錫

六五 甲寅所聞 池録廿九

十一十六 楊驤 字子昂 道夫族兄

六十五 己酉甲寅所聞 饒錄十一

十五 甘節 字吉父臨川人 六四 癸丑以後所聞 池錄廿五

一 廖德明 字子晦南劍人 卌四 癸巳以後所聞 池錄一 饒錄四十六

十九 錢木之 字子山晉陵人寓永嘉 六八 丁巳所聞 池錄卅六

二 金去僞 字敬直樂平人 卌六 乙未所聞 池錄十五

十七 林賜 字聞一

六六 乙卯 以後所聞 饒録 卅三

十六 潘履孫 字坦翁 婺女人居紹興

六五 甲寅 所聞 池録 卅二

五 程端蒙 字正思 鄱陽人

五十 己亥 以後所聞 饒録 三

十 李閎祖 字守約 邵武人

五九 戊申 以後所聞 池録 五

六 萬人傑 字正淳 興國人

五一 庚子以後所聞 池録十七 饒録四十六

十五 潘植 字立之

六四 癸丑所聞 饒録廿九

十五 潘時舉 字子善天台人

六四 癸丑以後所聞 池録十二 饒録四十六

十七 湯泳 字叔永丹陽人

六六 乙卯所聞 池録卅三

卅二 陳淳 字安卿臨漳人

六七十一 庚戌己未所聞 饒録十三十四

十六 孫自修 字敬父宣城人

六五 甲寅所聞 池録三十一

十五 林恪 字叔恭天台人

六四 癸丑所聞 池録廿二 饒録四十六

十四 周明作 字元興建陽人

六三 壬子以後所聞 饒録廿二

五 周謨 字舜弼南康人

五十 己亥以後所聞 饒録四五

十九 曾祖道 字擇之

六八 丁巳所聞 池錄

廿一 吳必大字伯豐興國人 五九六十 戊申己酉所聞 饒錄八

廿二 呂燾字德昭南康人 七十 己未所聞 饒錄卅六卅七

廿 胡泳字伯量南康人 六九 戊午所聞 饒錄卅五

李壯祖字處謙邵武人

蜀類

八 竇從周 字文卿丹陽人

五七 丙午 以後所聞池錄 十四

四 余大雅 字正叔上饒人

四九 戊戌 以後所聞池錄 三

十六 王過 字幼觀鄱陽人

六五 甲寅 以後所聞饒錄 三十

十 陳文蔚 字才卿上饒人

五九 戊申 以後所聞池錄 四

十二 童伯羽 字蜚卿甌寧人

十五 鄭南升 字文振 潮州人 六一 庚戌 所聞 饒録 十五

十五 游倪 字和之 建寧人 六四 癸丑 所聞 饒録 廿五

黄榦 字直卿 三山人 六四 癸丑 所聞 饒録 廿七

饒録一 饒後録二

十 黄㽦 字子耕 豫章人 五九 戊申 所聞 饒録 九十

□一之

蜀類

黄卓字先之　饒後録十五

七　潘柄字謙之三山人

五四　癸卯以後所聞　饒録六

廿一　李儒用字仲秉岳陽人

七十　己未所聞　池録卅三　饒録卅四

十六　林學蒙字正卿三山人

六五 甲寅以後所聞 饒録卅二

吴雉 字和中 建陽人

饒後録十八

九十五 張洽 字元德 清江人

五八 六四 丁未癸丑所聞 附池録後

二 何鎬 字叔京 邵武人

四六 乙未以前所聞 饒録二

十六 董拱壽 字仁叔 鄱陽人

六五 甲寅所聞 饒録卅一

一一二四

十三 黃升卿 六二 辛亥 所聞 饒錄 廿一

十四 楊與立 字浦城人道夫從兄 六三 壬子 同劉黻龔栗記見 饒錄 廿四

三十七 李季札 字季子婺源人 四七 六六 丙申乙卯 所聞 池錄 十六

十五 歐陽謙之 字晞遜臨江人 六四 癸丑 所聞 饒錄 廿六

十三 滕璘 字德粹新安人

六二 辛亥所聞 饒錄十七

十三 王力行 字近思同安人

六二 辛亥所聞 饒錄十八

十八 黄士毅 字子洪平江人

六七 丙戌冬所聞 蜀類 徽續錄

二十 郭友仁 字德元山陽人寓臨安

六九 戊午所聞 池錄四十二

十五十六 楊至 字至之泉州人

六四六五 癸丑甲寅所聞 饒錄廿八 饒後錄廿五

十二 劉砥字履之三山人

六一 庚戌所聞 饒後録 十

十三 不知何氏

六二 辛亥同舍共録 饒録 廿

廿一 不知何氏

七十 己未同舍共録 饒録 卅九

不知何氏 饒録 四十 四一 四二